JN174363

第44回総選挙
（2005年9月11日）

投票率	67.51%
争　点	郵政民営化
解散・選挙名	郵政解散
特記事項	「小泉劇場」「刺客候補」 期日前投票の実施

第46回総選挙
（2012年12月16日）

投票率	59.32%
争　点	景気対策　年金 医療・介護　震災からの復興
解散・選挙名	近いうち解散
特記事項	平成8年の小選挙区比例代 表並立制導入以降では最多 の候補者数

第45回総選挙
（2009年8月30日）

投票率	69.28%
争　点	マニフェスト 政権選択
解散・選挙名	がけっぷち解散 追い込まれ解散
特記事項	解散日から40日後の投票日

題
正
地方分権

H16	H17	H18	H19	H20	H21	H22	H23	H24	H25	H26	H27	H28
		9 21	9 26	9 26	9 24	9 16	6 8	9 2	12 26	12 24		
	小泉②	小泉③	安倍①	福田	麻生	鳩山	菅	野田	安倍②	安倍③		

04	2005	2006	2007	2008	2009	2010	2011	2012	2013	2014	2015	2016

回通常選挙
（4年7月11日）

率	56.57%
	景気・雇用対策　北朝鮮問題 自衛隊のイラク多国籍軍参加 年金制度改革
項	期日前投票の実施

第22回通常選挙
（2010年7月11日）

投票率	57.92%
争　点	景気　雇用　年金　介護 消費税引き上げ
特記事項	首相交代直後の選挙

第24回通常選挙
（2016年夏）

特記事項	選挙権年齢の18歳引き 下げ 「投票権の空白」の解消 「共通投票所」の設置 投票所への子ども同伴解 禁

第21回通常選挙
（2007年7月29日）

投票率	58.64%
争　点	政治とカネ 年金問題
特記事項	在外投票を選挙区選挙で実施 4月統一地方選挙

第23回通常選挙
（2013年7月21日）

投票率	52.61%
争　点	景気　年金　医療・介護 憲法改正　衆参のねじれ解消
特記事項	インターネット選挙運動の解禁 成年被後見人の選挙権回復

実践 学校模擬選挙マニュアル

編集 早稲田大学マニフェスト研究所
シティズンシップ推進部会

投票

ぎょうせい

従来の発想を超え、新しい民主主義の創造を

　イギリスのウィンストン・チャーチル元首相は「民主主義は最低の政治手法である。ただし今までのあらゆる政治手法を除いてね」と民主主義の限界を皮肉を交えて表現した。多数決による決定方法は、必ずしも理論通りの結果が得られるものでない。しかし、長いスパーンで見れば、民意を反映した結果が生み出される可能性が最も高い手法である。あらゆる場面で様々な民意を鏡のごとく的確に写す決定的な方法がない以上、現在のところ、長い歴史の中で人類の知恵が生み出した多数決で決定する民主主義の制度をより高め充実させていくことが重要なことである。

　選挙制度を高めていく手法として、選挙権の拡大は最も大きな要素である。日本で初めて民意を反映する多数決で選ぶ選挙という手法が用いられたのは、1890 年（明治 23 年）のことである。選挙権を与えられたのは、国税 15 円（当時）以上を納める多額納税者で、25 歳以上の男性に限られた制限選挙であった。その後、幾多の改革が行われ、1945 年 20 歳以上の男女に選挙権が与えられ普通選挙が実現した。それから 70 年間、幾多の議論は重ねられてきたが、民意をより広くすくい上げる選挙権の拡大は実現しなかった。

　今回、国民投票法の選挙権が 18 歳以上と定められ、その関連もあり、また長寿命化に伴うシルバーデモクラシーの弊害が取り沙汰され、ネット選挙解禁で選挙公報の進化が進むなどの国内的な選挙の状況変化と、世界の約 90％の国が 16 歳から 18 歳に選挙権が与えられているなどの海外事情もあって、18 歳選挙権が実現した。当然、投票権が与えられた以上は、成人としての義務をどうするかも大きな問題である。18 歳からの飲酒、喫煙をどうするか、刑法、民法の適用はどうするか等の課題を残して、先に 18 歳選挙権はスタートした。関連する諸法律や諸制度の早期実現を期待したい。

　山形県遊佐町では町長が少年議会を認めて、町議会の本会議場で少年議会を開催している。町内の高校生と中学生で選挙をして、町長と町議会議員を選出する。少年町長、少年議会に 50 万円ほどの執行予算を与えている。少年たちが「部活動で帰りが遅くなった時、防犯灯が壊れていて危険だ」「雨で通学路が壊れて危険だ」等の少年でなければ気付かないような視点で議論を進め、成果を出している。「自分達の言ったことが実現した」「自分達の考えた政策は広い視点に立って考えれば考えが浅かったことが議論を通じて分かった」「自分達で決めたことだから守ろう」等の主体的な自立心が少年議会の議論を通じて芽生え育ってきた。若い子どもたちには任せられないと思ってきた大人も少年議会が立派に運営され成果を出していることに感心して、今まで少年の人権を無視してきたのではないかと思いを巡らせ始めた。今までの固定

観念で、子どもはまだ世の中を俯瞰してみることはできないと思い込んできた大人たち、社会のことは自分達には関係ないと思い込まされてきた子どもたちが具体的な事例を経験することによって、新たな地平を開いた。

　今、学校に18歳選挙権に伴う主権者教育が導入され、選挙教育の抜本的な改革が始まろうとしている。

　従来、学校教育は良い上級学校や良い企業に多く入学や入社をさせることが評価の基準になっていた面は否めない。そんな雰囲気の中で、18歳選挙権のシティズンシップ教育などを教えることは、社会が複雑になり、学校に対する要望が多くなって教員の仕事量が増えている状況から、これ以上は無理だという状況に学校現場はなっているのではないか。これ以上負荷を加えることは、やめて欲しいというのが教員の本音ではないか。指導要領の改定や評価の基準の改革も避けて通れない課題だ。

　選挙は社会の縮図が映し出されるものであり、人間の業が赤裸々に表出する戦いであるとも言える。公民の教育における政治や選挙の教育方法に関しても、様々な角度から厳しい意見や批判が繰り返されてきた。中には、自分達の期待に反する教育が行われているという、一方的な的外れの批判も多く見受けられた。現在の限られた人員の中で、厳しい批判にさらされる可能性がある選挙に関する教育を教員だけで担うのは相当無理がある。18歳選挙権の実施は、見方によれば民主主義の抜本的な見直しにつながる可能性は高い。だとすれば、政府、地方自治体、国民あげて、その条件整備を徹底的に図らなければ混乱を招くことになる。

　18歳選挙権は、教育委員会のみならず、国、地方をあげて従来の発想を超え、新しい民主主義創造に全力をあげて取り組まなければいけない課題だ。今回の改革に当たって、文部科学省も相当思い切って取り組んでいることは心強いことであるが、選挙管理委員会や民間の明るい選挙推進協議会をはじめ、あらゆる機関とどう協働していくのか。選挙に関することは批判があるからと踏み込んだ教育というよりは、形式的で表面的な教育に終始してきたところをどう克服していくのか。解決しなければいけない課題は山積している。一つの方法として山形県遊佐町の町長と町議会と教育委員会との協働で体験、実践を通じてのシティズンシップ教育の実践例を紹介した。今、全国でこのような画期的な実践活動を通じた民主主義を深める活動が、教育委員会のみならず官民協働で様々な形で主体的に取り組み始めている。

　日本が先人の努力によって成長社会から成熟社会に到達し、かつて成功したことが、場面が変わって新しい課題を生み出している。長生きという夢を達成して次なる課題、少子高齢化、社会保障費の増大、経済成長を達成して生まれた所得格差が教育、地域、世代間、職業間等の格差の創出、中央集権から地方創生への転換、紙の文化からネットの文化への移行等、抜本的構造改革が避けて通れない時代を迎えている。これを解決しなければ、新たな地平を切り拓けない。解決できるのは、人々の叡智だけである。

それを実現できるのは、代議制で選ばれる民意を代表する政治家である。無責任なお任せ政治、白紙委任の政治が 1,000 兆円を超える借金を作り、未来の子どもたちにそのツケを回そうとしている。

　18 歳選挙権に転換したこの機会を日本の民主主義を更に高める機会に輪を広げなければいけない。様々な先進的な実践例を紹介して、読者に気付きのきっかけとなり、教育委員会だけでなく、それが連鎖反応して広く、大きな国民運動となって一歩も二歩も前進した民主主義が実現することを期待する。

早稲田大学マニフェスト研究所顧問

早 稲 田 大 学 名 誉 教 授

北 川 正 恭

■目　次■

第4章　これからのシティズンシップ教育

はじめに
〜この書籍の使い方〜

選挙権年齢の改正は1945年に「25歳以上」から「20歳以上」に引き下げられて以来71年ぶりとなった。この歴史的な選挙権拡大は、若年者層の声を政治に反映させ、かつ政治への信頼を高めることが目的である。日本が抱える政治課題はそうした若年者の未来と直結している。今後、その世代が中心となってわが国を担っていくので、将来の政策もその声に耳を傾けた上で、決めなければならない。もちろん、現時点では若者の投票率は低い上に人口も少ないため、投票率が上がったところで、大した影響はないという見方もある。しかし、制度が改正され「選挙」や「投票」そして「若者の参画」にスポットが当たっているこのチャンスをいかすことができなければ、おそらく、国民と政治の関係について見直すチャンスはなかなかこないだろう。それゆえ、この大改革が機能するためには、今後の未来を担う世代が社会とのつながりを感じ、政治に関心を持ち、投票に行くということにならなければならない。

今回の改正案の実施には大きな期待が集まるが、一方で選挙権年齢の引下げがどれほど選挙結果に影響を与えるかは未知数である。というのも前述のようにもともと20代の投票率は高齢者に比べて相対的に低く、今回の改正で増える約240万人も有権者全体からすれば約2％に過ぎない。特に「選挙に行かない若者」は深刻な社会問題となっている。2012年の衆議院議員総選挙で選挙に行った20代は、10人中わずか4人だった。これが意味するのは、選挙権年齢の引下げだけではなく、若者の政治への意識を高めることが日本の課題だということだ。若者が自分ごととして政治へ関心を持ち、自ら考え、投票する意識をどのように醸成していくのか、学校現場や社会の中でその熟考する機会や手法が模索されている。

本書は、特に学校教育にフォーカスし様々な事例を紹介している。これまでの学校現場では政治的中立性への過剰な意識により「生きた政治」に触れないで社会へ巣立っていく学生が多かったのではないだろうか。現在、いくつかの地方議会では、議員がグループを組み、住民を対象に議会報告会や意見交換会を実施している。たとえば、こうした取組を学校現場に応用し、議員が児童や生徒と意見交換をする場を設けたり、議会の活動について分かりやすく説明する授業をつくるなどの取組ができるだろう。

また、公職選挙法の課題もある。「していいこと」と「してはいけないこと」の線引きがきわめて曖昧になっているため、学校における政治教育でも判断が難しい場面が多々ある。しかし、このことで学校現場が政治教育に躊躇するようなことがあっては「民主政治の健全な発達を期すること」はいつまで経っても実現できないだろう。

公職選挙法の改正は当然必要だが、現行法にあって「生きた政治」を題材に学校現場で授業を実施している事例は多々ある。今回はそうした事例を多数紹介している。

> **本書の主な対象者**
> 　学校などで「模擬投票」や「模擬選挙」をやってみたいと考えている学校関係者および選挙管理委員会
>
> **本書の特長**
> 　明日から学校現場で授業ができる実例を多数掲載した。これにより、事前に準備すること、授業の進め方、授業のポイント、生徒たちの反応、注意点などについて実際に授業を実施した当人に執筆していただいた。
> 　また、専門家による選挙の歴史やシティズンシップについての理論を分かりやすく解説していただいたので、基礎知識の習得にもお使いいただくことができる。

　政治に対する関心は、社会人になったからといって、また、大人になるにつれて急速に高まるものではない。したがって、選挙権を持つことになる高校3年生だけに政治教育をするのではなく、小学校の頃から計画的にする必要がある。しかしながら、現在の議論では、選挙権を持つことになる18歳に対して高校でどのような教育をするかが話し合われている。本来、いきなり高校生になったから教えるということではなく小学校の時から地域のことに関心を持たせるなどの工夫が必要だ。

　本書は、先進国の中でも最も早く人口減少（少子高齢化）という誰も経験したことのない未知の社会を担っていく若者たちが、自分たちが生活する社会に目を向け、自分たちで話し合って選択していくことが常態化され、民主主義の成熟に寄与することを目指したものだ。少しでも皆様の問題意識の解決の一助となれば幸いである。

第1章

実践のための基礎知識

　模擬選挙を行う上で、知っておくべき背景知識にはどのようなものがあるでしょうか。

　生徒たちは、なぜ社会に参加し、地域のことを自分ごととして考え、行動していく姿勢を身に付けていく必要があるのでしょうか。この章は、生徒たちに対して、これらの問いの答えを語り掛けていくためのガイドとなっています。この章では、次の項目を紹介しています。

・18歳選挙権の対象者となる若者を取り巻く環境、これまでの選挙制度の歴史

・日本における模擬選挙の歴史、特にその狙いと今後の展望

・18歳選挙権を見据えたうえでの日本における主権者教育の課題

1 政策型選挙の歴史と実践

(1) 民主主義の危機

「お任せ民主主義」でいいのか？　2014年12月14日に行われた第47回衆議院議員総選挙は、与党が圧勝する結果になったが、投票率は戦後最低となる52.7％に終わった。「熱狂なき圧勝」という言葉が与党内からも出るように、盛り上がりに欠ける選挙だった。大まかに言えば、有権者の二人に一人しか投票に行かなかったことになる。選挙に行かなかった理由の第一位は、「選挙にあまり関心がなかったから」（23.4％）だった。続いて、「仕事があったから」（18.3％）、「適当な候補者も政党もなかったから」（17.5％）、「解散の理由に納得がいかなかったから」（15.3％）、「選挙によって政治はよくならないと思ったから」（15.3％）となっている（公益財団法人明るい選挙推進協会「第47回衆議院議員総選挙全国意識調査」）。2012年に行われた前回の総選挙と比較すると、「選挙にあまり関心がなかったから」という理由が大幅に増えていることがこの総選挙の特徴をよく表しているといえるだろう。

わが国における投票率の推移をみると、一時的な例外はあるものの、年々、低下傾向にあることが分かる。その原因は様々な理由が考えられるが、政党や政治家がもっている票を集める力が弱くなっていることがあげられる。その時々の選挙によって、投票率が上下することとあわせて考えると、国民の政治に対する関心度合いが冷めてきているということになるだろう。ただし、これは、わが国だけではなく、1980年代以降、先進国に共通してみられる現象である。このことから、政治不信が蔓延し、民主主義の危機につながっているという見方さえも出ている。

もともと、民主主義はそれ自体が万能な制度ではなく、その歴史をみても、好意的な評価を受けてきたわけではない。たとえば、古代ギリシアの政治思想家のアリストテレスが衆愚政治に陥る危険性を指摘していたことがよく知られている。また、アメリカ合衆国第16代大統領のリンカーンの有名な演説に、「government of the people, by the people, for the people」という一節がある。「人民の、人民による、人民のための政治」と訳されるが、これは民主主義の本質を的確に表現したものとされている。現在の政治において、最も問題となるのが、「by the people」の部分である。かつて、フランスの政治思想家であるルソーが、「イギリス人が自由なのは、選挙しているときだけであって、議員が選ばれてしまうと、奴隷となってしまう」という批判をしたが、これは、まさに「by the people」にかかわる重要な指摘である。状況が違うとはいえ、現代にも通じる問題といえよう。「選挙に行っても何も変わらない」とか「選挙に行かなくても、何とかしてくれる」という「by the people」の意識が抜け落ち

た「お上への白紙一任」、いわば「お任せ民主主義観」がこの根底にあるといっていいだろう。

「ないものをねだる」時代は終わった　わが国では、2008年から人口減少が始まった。このまま進むと100年後には約4,000万人になるとする推計も出ている。また、地域別にみると、40を超える道府県で人口が減少することになり、東京圏への一極集中がますます進むことになる。人口減少がただちに経済の衰退につながるわけではないが、これまで人口が増えることを前提としてきた国のあり方を見直し、人口減少を前提とすることが求められる。当然のことだが、税収は減り、社会保障などの支出が増加することになる。政治家と国民が、「あれが足りない」「これが足りない」と言い合い、「ないもの」をねだる時代は終わりを告げた。政治のパラダイムは、「富の分配」から「負担の分担」へと変わったのである。

(2)　55年体制と政治改革

衆議院選挙制度の変遷　わが国では、戦後に行われた第23回衆議院議員総選挙から、中選挙区制が採用されてきた。中選挙区制とは、1選挙区から3～5人を選出する制度である。この選挙制度の下では、1つの選挙区で同じ政党の候補者が議席をめぐって争うことがおきる。したがって、選挙で候補者がアピールすることは、政党の掲げる政策ではなく、「候補者個人のこと」であった。それゆえ、選挙には多額のお金が必要となり、政官財の「鉄のトライアングル」ができあがっていった。しかし、この癒着の構造は、「政治と金」の問題を引き起こし、国民の信頼を失った。そこで、1993年に政治改革の一環として選挙制度改革が行われ、中選挙区制に代わって、小選挙区選挙と比例代表選挙を並行して行う小選挙区比例代表並立制が導入された。

小選挙区比例代表並立制　小選挙区制は、選挙区で最も多くの得票を得た候補者が当選する制度であり、多数派の民意を反映するので、政治的安定性をもたらすという利点がある。その反面、当選した候補者以外の得票は死票となるので、民意の正確な反映という点では問題があることが指摘されている。これに対し、比例代表制は、政党の得票率に比例して議席配分を決定する制度であり、民意を正確に反映するという利点がある。ただし、少数者の民意も反映されるので、小政党も議席を獲得する可能性があり、多党制になりやすく、議会運営が難しくなる可能性があることが指摘されている。

　小選挙区比例代表制は、多数派と少数派という異なる民意の反映に重きをおいた選挙制度を組み合わせており、お互いの長所をいかしたバランスのとれた制度といえる一方で、どのような民意を重視しているのかが分かりにくいという見方もある。この

制度が選ばれた背景には、選挙制度改革が議論されたときに、小選挙区制に対する強い反対意見があり、そのことに配慮する必要があったことから、妥協案として出されたという事情があった。

　ただし、小選挙区制を採用した理由には注意が必要である。政治改革を選挙制度改革に特化したという批判もあったが、採用した理由は、政治に国民の信頼を取り戻すこと、より具体的にいえば、「政権交代なき民主主義」はありえないということだった。小選挙区制の導入を通じて政党と政治家の体質改善を行い、政党間競争のルールを明確にし、総選挙を政権選択の選挙へとすることを改革の出発点としたのである。

マニフェスト型選挙　　　小選挙区制が導入された結果、逆風が吹き、大物といわれる現職議員が落選したり、比例復活でようやく当選となることもみられるようになった。組織を固め、街頭をこまめにまわっても、個人の力ではどうしようもない選挙になってしまうと否定的にとらえる見方もある。これは、一見、正しいようで、正しくない見方である。小選挙区制は、二大政党制を生み出しやすく、その下で行われる選挙は、必然的に政権選択選挙という意味を帯びるのである。そこで重要となるのは、候補者個人の資質というよりは、政党の掲げる政策ということになる。このことを担保するのが、マニフェスト型選挙である。

(3)　マニフェストが導入された背景

選挙「公約」＝「口約」？　　　選挙制度改革に特化した政治改革により、「政治と金」の問題にメスが入り、新しい政治モデルの確立が期待された。ところが、政党や政治家は、その成果を十分に使いこなすことができなかった。政治主導を確立する観点から新しいツールやルールをつくり、選挙から政権運営に至るサイクルをつくりかえようという動きも出なかった。この問題は、政党がつくる「選挙公約」によく表れている。「選挙公約」といえば、「選挙までの約束」とか「口約」などと言われ、あまり重視されない存在だった。つくる過程では、みんなの希望をあれもこれも盛り込み、その内容は抽象的であいまいな目標を羅列したものに過ぎなかった。当然のことながら、その実行体制や評価のあり方が考えられることもなく、政党や政治家が責任をもって実現する仕組みにはなっていなかった。

　こうした問題を解決するためのツールとして、マニフェストが考えられた。その導入が強く求められた理由は、マニフェストが政治主導を具体的な形で作動させるための起点となり、行き詰まったこの国の未来を変えるための道具になりうると考えられたからである。

マニフェストとは？　　　教科書的な定義によれば、マニフェストは、「政権任期中に目指す理念、それを実現する手法を明示した政策集」のことであり、事

後検証可能な具体的な目標（数値、期限、財源や工程表）を明示した「有権者との契約」である。また、国政選挙において政党が掲げる「パーティー・マニフェスト」と地方選挙において、首長や地方議会議員候補者が掲げる「ローカル・マニフェスト」に大別することができる。一般的には、「パーティー・マニフェスト」の方がよく知られているが、わが国におけるその歴史は、2003年4月に行われた統一地方選挙から始まった。

マニフェストの広がり　2003年4月13日に行われた統一地方選挙前半戦では、北海道、岩手、神奈川、福井、福岡、佐賀県知事選挙でマニフェストを掲げた候補者6人が当選した。さらに、4月27日に行われた後半戦では、杉並区、大和市、犬山市、多治見市、枚方市長選挙において、マニフェストを掲げた候補者5人が当選した。この時点では、新しい選挙公約程度にしか思われていなかったが、この年に行われたその後の知事選挙においても、マニフェストを掲げた候補者が当選している。最終的には、2003年に行われた18知事選挙のうち11選挙でマニフェストを掲げた候補者が当選した。

　地方が多くの「サクセス・ストーリー」を蓄積するまでもなく、この流れは国政にも波及した。もともと、マニフェストの母国であるイギリスでは、国政選挙の選挙公約こそがマニフェストの本道であると考えられている。わが国でも、イギリスをはじめとする諸外国の事例を参考にし、国政で導入することを検討してきた。しかし、新しい道具をいきなり持ち込むことは厳しいので、地方政治レベルにおいて「サクセス・ストーリー」をつくり、それを国政に持ち込もうという作戦が展開されたのである。

　2003年11月に行われた総選挙では、各政党がマニフェストを掲げ、わが国初となる「政権選択選挙」となった。この総選挙は、「マニフェスト選挙」と名付けられ、年末には、流行語大賞を受賞した。政策を本位とする選挙の流れは、2004年の参議院議員選挙を経て、郵政民営化の是非を問うた2005年の総選挙、市町村合併に伴う首長選挙へと継続し、わが国の選挙に欠かせないツールとなった。その流れは、地方から始まったが、「機関銃程度かと思ったら、大砲だった」という表現からも分かるように、その威力は想像以上で、急速に広がっていくことになった。

「お願い」から「約束」の選挙へ　マニフェストが一般に認知されるようになると、選挙で選ばれる人も変わり始めた。たとえば、個人や団体へのお願い行脚は行わず、ひたすら政策を訴えて、当選する新人があらわれ始めた。「地盤、看板、カバン」を候補者の条件とした「人物中心」の選挙から、政策を中心に据え、有権者を本位にした選挙へと政治文化が転換し始めたのである。従来の選挙文化では、圧倒的に不利であった候補者が、地域の問題点を抽出し、その解決方法を明示したマニフェストを掲げ、予想を覆す結果を導き出すこともみられるようになった。この結果だけから判断するのは短絡的であるという批判もあるが、選挙文化が「お願い」から「約束」へと

シフトしつつあるのは確かだといえるだろう。

　マニフェスト導入当初は、「今の政治はおかしい、何とか変えたい」という想いと「まずやってみよう」という期待が合わさり、それがうねりとなって広がっていった。現在は、その当時に比べれば事例や理論の蓄積がなされ、想いの方がやや弱くなり、政治の科学的合理性の方が優先されているような面があるのも事実である。もう一度、「政治家と有権者との契約」という原点に立ち返り、様々な問題を検討し直す必要があるだろう。

⑷　マニフェスト型選挙に必要な基盤整備

マニフェスト＝選挙の標準装備に　　従来の選挙は、候補者の人柄や経歴で選ぶ、いわゆる属人選挙だった。選挙公約は総花的なスローガンでしかなく、「破られるためにある」などといわれることもあった。これに対し、マニフェストとは、有権者に政策の選択を迫るもので、有権者の投票は、契約書にサインすることによく似ている。

　選挙と言えば、「国民は、政策に関心はないし、難しいことは理解できない」という意見がよく聞かれる。しかし、世論調査をみると、投票の際にマニフェストや政策を重視するという意見は、全体の6～8割も占めている。この数字からみると、「国民はマニフェストを読まない」という見方は、「選挙はこんなモンだ」と思っている「モンだ」の人たちの思い込みにすぎないのかもしれない。もちろん、よいマニフェストを書いただけでは当選できないし、人柄も重要なのはその通りだ。ただし、マニフェストが選挙の標準装備になってきた点には配慮すべきだろう。

「バラ色の大風呂敷」ではダメ　　マニフェストはそれ自体が万能な解決策ではないし、単なる有権者の票を集めるツールでもない。マニフェストは、民主主義を向上させるための必要条件であり、十分条件ではない。重要なポイントの1つとして、有権者と約束したことを着実に実行に移すことがあげられる。そうすると、これまでに「こんなモンだ」と思いこんできた様々な障壁に気付く。たとえば、マニフェストを書く際に、多くの首長候補者が政策を具体的に書けないと不満を漏らした。国に財源を握られ、地方交付税や補助金の見通しが立たないので、4年間の約束などとてもできないというのである。そこで、マニフェストを書ける環境を整えようということになり、補助金返還運動から三位一体の改革へとつながっていった。

　マニフェストはいくら内容がよくても、それだけでは意味がない。選挙になれば、他の候補者と比較され、その中身だけでなく、その人が書いていることは本当に重要だと考えているのか、その人なら実行できるのかということもチェックされる。そのリトマス試験紙となる機会が、マニフェスト型公開討論会である。公開討論会で2時間ほど候補者が議論すると、その人の情熱、政策、あるいはスタンスがかなりの程度

まで明らかになる。ある候補者が、「私が当選したら、道路をつくります。学校も建てます」と言ったら、それを見ている側は、「道路や学校もいいですが、老後の面倒もみてくれるのでしょうか」とか、「そのために税金がいくら使われるのでしょうか」と客観的な根拠を求めるようになる。バラ色の大風呂敷を広げるだけでは信頼は得られず、苦い薬も入っていないと、実現性が薄いことが見抜かれるようになった。

**公職選挙法と
マニフェスト**　　しかし、まだまだ障壁がある。一番の問題は、公職選挙法である。公職選挙法には、マニフェストに関する規定はなく、「文書図画」に分類されていた。このため、2003年の統一地方選挙では、告示前に、政治活動の一環として配布するなどの方法がとられた。しかし、これでは、政策本位の選挙にはならない。そこで、2003年の総選挙を前にして、政党間での話し合いが行われた結果、公職選挙法が改正され、国政選挙では選挙期間中にも配布できるようになった。さらに、2007年2月には公職選挙法が改正され、首長選挙でもマニフェストを記載したビラが配布できるようになった。マニフェストは、「あってもいいもの」から「選挙での標準装備」になったといえるだろう。

　また、2013年4月に公職選挙法が改正され、インターネットを利用した選挙運動が解禁された。これにより、選挙期間中に、ホームページ、ブログ、SNS、動画などのウェブサイトを利用する方法した選挙運動が可能となった。電子メールについては、政党や候補者が、一定の条件の下で利用できることになったが、一般の有権者が利用することは禁止されている。現在の所、まだまだ制限があるが、有権者に政策を届けるための基盤が整備されつつあるといえるだろう。

(5)　「現実の政治」を避けた教育

なぜ低投票率？　　　投票率が低下した要因の一つとして、都市化があげられる。高度経済成長を経て、わが国は経済的に豊かになり、衣食住の心配はほとんどなくなった。それに伴い、政治の力に頼らなくても、ほとんどの人が健康で文化的な最低限度の生活を送ることができるようになり、都市からかつての共同体的な機能が失われていったということが指摘されている。

　投票率を上げるために、啓発のためのポスターを町中に張り、宣伝カーで「投票に行きましょう」と訴えるだけでは、当然のことながら効果はない。費用対効果を考えることもなく、そういった広報活動が続けられてきた。マニフェストが普及したからといって、選挙に行く人が急に増えるわけではないし、投票率が低いままでは、民主主義にとって意味のあることではない。マニフェストは民主主義を支える必要条件ではあっても、十分条件ではないのである。十分条件を整えていくことを考えていかなければならない。その一つが教育のあり方である。

これまでの学校教育　戦後教育を振り返ると、高度経済成長のための画一的な教育に重点が置かれてきた。イデオロギー論争を避けるという時代的な背景もあり、社会における人間のあり方を問うような内容は避けられ、知識の習得が重要な目標となった。

　1947年に制定された旧教育基本法第8条第2項では、「法律に定める学校は、特定の政党を支持し、又はこれに反対するための政治教育その他政治的活動をしてはならない」と定め、政治から中立である教育を学校に求めた。これは、教育の政治的中立性を明らかにしたものとされているが、この規定に過度に重きを置いた結果、学校教育の中で「現実の政治」を扱う機会はなくなってしまった。本来、間違った教育とは、「子どもが自由かつ独立の人格として成長することを妨げるような国家的介入、たとえば、誤った知識や一方的な観念を子どもに植えつけるような内容の教育を施すこと」（最大判昭和51年5月21日刑集30巻5号615頁）であるはずである。ところが、学校現場では、政治制度の説明を中心とした政治教育が進められ、現実の世界でいま起きていることや政策の読み方といったテーマは避けられてきたのである。

　学校教育で、主権者に必要となる資質を学ぶ政治教育を行わない以上、20代の投票率が低くなるのは、当然のこととも考えられる。子どもは学習することによって、様々なものごとを判断できる人格を形成していく。しかし、学習する機会がなければ、「投票の仕方が分からない」という初歩的なものから「投票する先をどうやって決めたらいいのか分からない」という疑問が当然出てくる。こういった問題から学校教育が目をそむけてきことが、若年層における政治的無関心をつくってきたともいえるだろう。

18歳選挙権　2015年6月に公職選挙法が改正され、満18歳以上の人が投票できることになった。この目的としては、若年層の政治参加が進むことで若年層の投票率が向上し、民主主義の土台が強化されるとともに、財政再建などの中長期的な諸課題の解決に若年層の声を反映していくこととされている。これにより、2016年に行われる参議院議員選挙から、高校生を含む18、19歳の約240万人が新たに投票できるようになる。この人数は、総人口の約2%に当たり、宮城県や新潟県の人口を上回る人数である。今回の選挙権年齢の引き下げは、かつてのように、選挙権を求める人々が主体的に行動し、勝ち取ってきたという歴史とは違うという側面がある。それゆえ、「何も変わらない」という否定的な意見もあり、学校教育に求められる役割は重要であり、教育内容の根本的な見直しが求められいる。

林　紀行（環太平洋大学次世代教育学部准教授）

選挙権の歴史

　参政権は、主権者である国民が、直接または代表者を通じて間接的に国政に参加する権利である。参政権は、主として、選挙で投票する権利である選挙権や選挙に立候補する権利である被選挙権を通じて行使される。

　大日本帝国憲法第35条は、「衆議院ハ選挙法ノ定ムル所ニ依リ公選セラレタル議員ヲ以テ組織ス」とし、選挙に関する詳細は選挙法で定めるとしていた。大日本帝国憲法が公布された翌年の1890年に、第1回衆議院議員総選挙が行われた。選挙権は、「直接国税を15円以上納めている満25歳以上の男性」に認められたが、これは全人口のわずか1%にあたる人だった。選挙の役割は、国民の代表としてふさわしい人物を選ぶことに力点が置かれていたため、選挙権には、「財産（納税）」「教養（年齢）」「性別（男性）」による制限がつけられていた。その後も制限選挙が続くが、最初に「財産」の要件が緩和されることになった。1900年には直接国税10円以上、1919年には直接国税3円以上となったが、それでも総人口に占める有権者の割合は、わずか5%しかなかった。

　大正時代に入ると、大正デモクラシーによって民主主義の考え方が広まり、選挙権の拡大を求める声が大きくなった。その結果、「財産」の要件がなくなり、1925年には、全ての満25歳以上の男性に選挙権が認められた。いわゆる「男子普通選挙制」の確立である。総人口に占める有権者の割合は、約20%になった。

　戦後、わが国の占領政策を担ったGHQは、徹底した民主化の方針をとった。1945年には、衆議院議員選挙法が改正され、選挙権の年齢要件が満25歳以上から満20歳以上に引き下げられるとともに、女性にも認められた。選挙権に対する制限であった、「教養」の要件が緩和されるとともに、「性別」の要件が撤廃されたのである。

　1946年に成立した日本国憲法は、その前文で、「そもそも国政は、国民の厳粛な信託によるものであつて、その権威は国民に由来し、その権力は国民の代表者がこれを行使し、その福利は国民がこれを享受する」とし、第15条では、「公務員を選定し、及びこれを罷免することは、国民固有の権利である」と定め、国民主権原理と代表民主制による国政の運営を原則とすることを明らかにしている。大日本帝国憲法と比べると、国民の意見を国政に反映させることに重きを置き、参政権の保障がより充実したといえるだろう。

　選挙権を持てる年齢は、国によって異なる。イランでは15歳、ブラジルやキューバなどでは16歳となっている。これに対して、シンガポールやマレーシアなど、21歳という国もある。ヨーロッパ諸国をみると、18歳となっている。世界の国々の状況をみると、18歳が1つの主流になっているが、これが正解という年齢が

あるわけではない。その国の歴史や状況によって、成人年齢、国民の義務とともに選挙権の年齢をどう位置づけるかは変わってくるようである。

　わが国では、1945 年に、普通選挙制が確立したが、よくよく考えてみると、選挙権は、満 20 歳以上の人だけに認められており、20 歳未満の人は、投票することはできない。「財産」や「性別」による制限はなくなったが、「教養」という面からみると、主権者としての資質が十分にある 20 歳以上に限定していたのである。

　選挙に行く人の割合は、年代によって異なる。たとえば、2014 年の衆議院議員総選挙では、60 歳代の投票率は 68.3％だったが、20 歳代は 32.6％しかなく、3 人に 1 人しか投票に行っていない。このため、政治家は、選挙に行かない若者よりも、高齢者を重視した政策

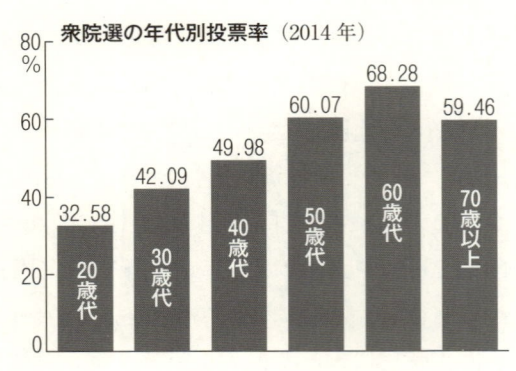

衆院選の年代別投票率（2014 年）

20歳代	30歳代	40歳代	50歳代	60歳代	70歳以上
32.58	42.09	49.98	60.07	68.28	59.46

を重視してつくる傾向があるという指摘すらある。そうなると、高齢者に痛みを伴う政策には遠慮がちになり、若年者層にそのしわ寄せがいくといわれている。

　2007 年に成立した国民投票法は、投票年齢を 18 歳以上とし、その附則で満 18 歳以上 20 歳未満の者が国政選挙に参加できるよう必要な法制上の措置を講ずるものとした。これを受け、2015 年 6 月に公職選挙法が改正され、2016 年に実施される参議院議員選挙から 18 歳選挙権が実現することになった。選挙権年齢が 25 歳から 20 歳に引き下げられたのが 1945 年なので、2 歳下げるのに 70 年かかった。諸外国で 18 歳に引き下げられたのが 1970 年代のことなので、ずいぶんと時間がかかった印象がある。

（**林　紀行**<ruby>林<rt>はやし</rt></ruby> <ruby>紀行<rt>のりゆき</rt></ruby>　環太平洋大学次世代教育学部准教授）

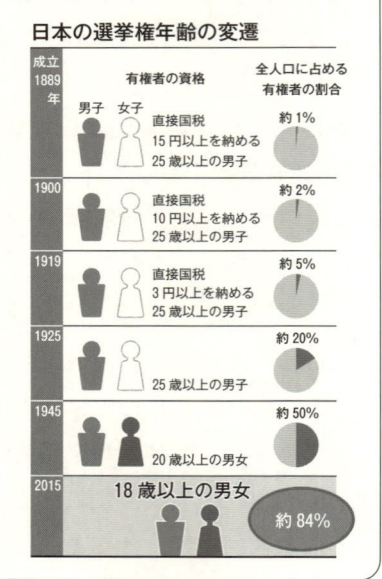

日本の選挙権年齢の変遷

成立年	有権者の資格	全人口に占める有権者の割合
1889	直接国税 15 円以上を納める 25 歳以上の男子	約 1％
1900	直接国税 10 円以上を納める 25 歳以上の男子	約 2％
1919	直接国税 3 円以上を納める 25 歳以上の男子	約 5％
1925	25 歳以上の男子	約 20％
1945	20 歳以上の男女	約 50％
2015	18 歳以上の男女	約 84％

2　模擬選挙の歴史と実践

(1)　「18歳選挙権」によって変わること

日本のいま　世代間格差、増え続ける赤字国債、ワーキングプア、児童虐待、いじめ、子どもの貧困…。さらには 2013 年の 19 歳以下の自殺者数は 547 人[注1]。3 日に 2 人、自殺していることになる。また、8 割の中高生が疲れを感じ、自分を「ダメな人間」だと思う中高生が 5 割を超え、他国よりも自尊感情が低いと言われてもいる。"明るい未来"を描こうにも"課題"が山積しているのが日本の現状である。

そうした中、2015 年 6 月 17 日、参議院において公職選挙法改正案が可決され、1 年後の 2016 年 7 月から「18 歳以上」が国政選挙、地方選挙などで投票することができるようになった。今回の法改正により、新たに約 240 万人の有権者が誕生する計算になる。参政権の拡大は女性参政権が保障された 1945 年以来 70 年ぶりのことである。

少子高齢社会が到来し、若年層の政治参加の必要性が強く言われてはいるものの、2014 年の衆議院議員総選挙の投票率は、50 歳代が 60.1%、60 歳代が 68.3% で、20 歳代は 32.6% であり、若年層の低投票率は続いている。

そもそも、ISSP 国際比較社会調査（2010 年）によると、日本の 20 代の政治不信率は 86.0% と世界トップで、他の先進国を大きく引き離している[注2]。

教育の必要性　こうした状況を鑑みると、何よりも 20 代が選挙や政治に関心を持つような働きかけが必要であり、さらには有権者となる前の段階からの教育が重要となる。だからこそ、文部科学省と総務省では、18 歳選挙権実現を踏まえて、すべての高校生を対象にした＜政治参加等のための学習教材＞として、『私たちが拓く日本の未来　有権者として求められる力を身に付けるために』（以下「副教材」という。)[注3] を作成した。ちなみに僭越ながら私も、"作成協力者"として、副教材の作成に関わってきた。

もちろん学校においては、教育基本法第 14 条「政治教育」の第 2 項に政治的中立性が規定されていることを踏まえ、副教材の教師向け「指導用テキスト」の中では、「指

（注1）内閣府『平成 26 年版自殺対策白書』
　　　　http://www8.cao.go.jp/jisatsutaisaku/whitepaper/w-2014/html/index.html
（注2）ISSP の 2010 年の環境意識調査で「たいてい、政府の人間のすることは正しいと信じられる」という項目に対する反応を調べている（Q5a）。各国の 20 代の若者のうち、「そう思わない」ないしは「全くそう思わない」と答えた者の比率
（注3）http://www.mext.go.jp/a_menu/shotou/shukensha/1362349.htm

導上の政治的中立の確保に関する留意点」についても触れられている。

　いずれにせよ、現在 17 歳の " 子ども " が、2016 年 7 月から参政権を得るということは、2016 年 3 月に高校を卒業する高校生は有権者となり、2016 年度の高校 3 年生のクラスの中に有権者がいることになる。大学進学や就職を機に故郷を離れてしまう人が多い中、高校へは、住民票がある自宅から通学する子がほとんどである。そうした中、高校在学中に自分が生まれ育った地元で投票することにより、地元のことを深く意識し、友達や家族と選挙や政治に着いて話す機会が生まれやすくなる。こうした機会を有効的に活用することが求められている。

⑵　模擬選挙とは

投票するために考える
　　　　模擬選挙とは、実際の選挙を題材にして、その選挙期間に、有権者ではない未来の有権者が自分の支持政党や候補者に投票する、というプログラムである。

　当然、実際の選挙を題材とするわけで、特定の政党・政治家を非難したり推薦したりすることは一切せず、「中立・公平・公正」

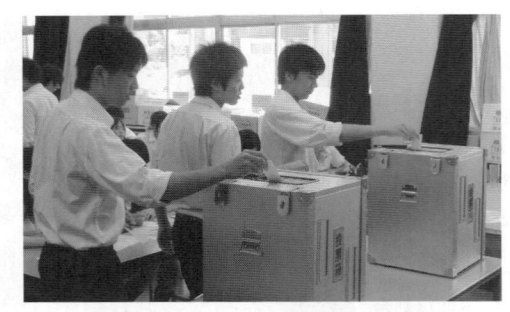

模擬選挙の様子（千葉県立鎌ヶ谷高等学校）

には注意を配って行っている。また、模擬選挙の投票結果の公表は実際の選挙後に行うことが必要である。

　模擬選挙は、投票することが目的ではなく、投票するために考える機会を生み出すところに意味がある。つまり、「投票」という「選択」をするために「考える」のである。ですから、突然、授業中に模擬選挙を行うのではなく、あらかじめ未来の有権者に対して「○○日に模擬選挙を行うから、家族や友達と話したり、新聞やニュースを見て調べてくるように」という投げかけを行う。今までは有権者ではないということで選挙は他人ごとで、「選挙カーがうるさい」「ポスターで街中の景観が汚い」というように批判的にとらえていた未来の有権者が、「そういえばあの人、毎日駅前で話していたなぁ」「今度、チラシをもらってみようかな」というように、自分ごととしてとらえるようになる。

　また、教室でも、生徒たちがグループごとに議論する場を設けることで、普段は政治について話したりすることがない中、実は、それぞれが政治的課題について関心を抱いていることに気付く。そして、互いの考え方の違いを知るとともに、自分たちが住んでいる地域や日本のこれからについて、" 熱い議論 " が交わされるのである。

**政治の話
＝意識高い系？**　　　そもそも日本の若者の現実として、「政治」について友達同士で話すということは日常ではありえないことである。「政治」について話すこと＝「ダサイ」「マジメ」「変な奴」「意識高い系」と受け止められがちではないだろうか。しかし、これまでに模擬選挙で投票した5万人以上の未来の有権者は政治に対してきちんと向き合い、自分の意見・考えをしっかり持っている。それは、渋谷駅前で模擬選挙の呼びかけを行った際に、突然の呼びかけにもかかわらず、街行く多くの中学生・高校生が投票してくれたことが実証している。

　2014年12月の衆議院議員総選挙においては、全国から8000人を超える未来の有権者が投票したが、その結果は、割合的には実際の選挙結果と大差はなかった。

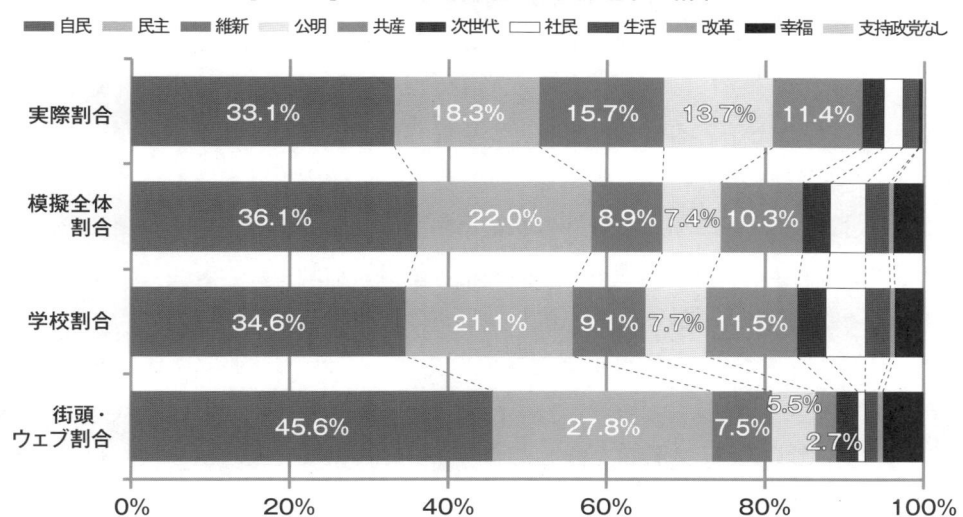

【図表1】　実際の選挙結果と模擬選挙の結果

■ 自民　■ 民主　■ 維新　□ 公明　■ 共産　■ 次世代　□ 社民　■ 生活　■ 改革　■ 幸福　■ 支持政党なし

実際割合	33.1%　18.3%　15.7%　13.7%　11.4%	
模擬全体割合	36.1%　22.0%　8.9%　7.4%　10.3%	
学校割合	34.6%　21.1%　9.1%　7.7%　11.5%	
街頭・ウェブ割合	45.6%　27.8%　7.5%　5.5%　2.7%	

**自分ごととして
とらえる**　　　現実に起きている出来事を学校現場で学ぶことができずに、果たして“生きる力”は身に付くのだろうか。「中高生は未熟だから判断できない」といった理由で生の政治について考える機会を保障しないのではなく、子ども時代から主権者としての自覚と責任を抱き、シティズンシップを育むためには、模擬選挙をはじめとした教育環境を積極的に整えていくことが不可欠である。

　有権者である大人が関わることで自分たち子どもには関係ない、ととらえていた政治や選挙を、自分にも関係することだととらえる機会を創り出す模擬選挙は、まさに未来の有権者を育てるとともに、未来の有権者が政治を身近に感じる機会を創出し、さらには、次代を生きていく未来の有権者の声を社会に届けていくことにつながっている。

(3)　模擬選挙の歴史

　実際の「生の政治」「選挙」を取り扱う模擬選挙は、数年前までは「子どもに政治のことが分かるのか」「政治は遊びではない」「そもそも模擬選挙は公職選挙法に触れる行為であり、たとえ有権者ではない子どもであっても違法だ」といった声が強かったのも事実である。

　日本における模擬選挙にはどのような歴史があり、どのような背景で拡がってきたのだろうか。

　実際の選挙に合わせて実施する模擬選挙は、海外では「シティズンシップ教育」「主権者教育」としてポピュラーで、2008年のアメリカ大統領選挙では700万人以上の子どもが投票し、各地の学校（小学校〜高等学校）では、生徒が共和党と民主党に分かれてディベートをしたり、議員を招いての討論会が行われた。その他、イギリスやドイツ、フランス、スウェーデン、コスタリカなどでも選挙のたびに取り組まれており、学校や家庭など子どもにとって身近な場面で政治について話すことが当たり前となっている[注4]。

　日本の模擬選挙は、こうした海外の取組を参考にしつつ、日本の教育制度や、学校現場への生の政治の持込を忌避する風潮の中、独自に活動を進めてきているが、全米の700万人規模の模擬選挙と比較すると、日本の取組はまだまだである。

海外の模擬選挙の歴史　　アメリカの模擬選挙の歴史は古く、1911年にワシントン州の小学校で大統領選挙の模擬選挙を経験したという記録が残っているほどだ。ドイツでは、ナチス独裁を許した悲惨な経験を踏まえ、政治を良く知り、政治に積極的に参加するための教育としての政治教育に力を入れており、その一つのプログラムとして模擬選挙が位置付けられている。また、スウェーデンでは、1960年代くらいから民間団体の取組として実施されていたものが、1990年代後半から国が関与するようになった。いずれにしても、民主主義を子ども時代から体験し、学ぶことを通して、主権者を育てていこうとする国柄を感じることができる。

日本における模擬選挙の歴史　　日本における「未成年"模擬"選挙」は、1980年の参議院議員選挙において学習院女子高校で模擬選挙を実施していた記録が残っており[注5]、その後も、一部の教師による学校内での取組として実践されていたが、全国的に広まるものではなかった。

　そうした中、選挙権年齢引下げを目指して活動を始めたNPO法人Rightsが、政治教育の一環として、2002年の町田市長選挙を皮切りにして、各地の首長選挙や国

（注4）海外の模擬選挙の取組については、『未来を拓く模擬選挙』（悠光堂、2013年）、p136–141 参照。
（注5）学習院女子高校については、高柳英雄「選挙を軸とした政治単元の学習」『学習院女子部論叢』（1981年1月）参照。

政選挙の際に模擬選挙の実施を呼び掛けた。そして、模擬選挙の実施をより公正・中立・公平に行うために、NPO法人Rightsから模擬選挙事業を切り離し、2006年12月に模擬選挙推進ネットワークを設立。以後、模擬選挙推進ネットワークが模擬選挙の推進に取り組むこととなる。これまでに、国政選挙（2003年衆院選、2004年参院選、2005年衆院選、2007年参院選、2009年衆院選、2010年参院選、2012年衆院選、2013年参院選、2014年衆院選）、地方選挙（首長選挙、議員選挙）といった40以上の選挙で取り組まれ、延べ5万人以上の未来の有権者が投票している。

　2003年の衆議院議員総選挙では「マニフェスト」が注目され始めたこともあり、「政策を比較する」ということが一般的になり始めた時でもあった。未来の有権者にとっても「人気投票」ではなく、「政策を比較して投票する」ということが今まで以上に取り組みやすくなったこともあり、インターネットの普及に伴って情報発信がこれまで以上に容易となり、この年の模擬選挙を契機にして日本における模擬選挙の取組が広まるようになる。

　そしてメディアでも模擬選挙が取り上げられたり、明るい選挙推進協会などが主催する研修会などで模擬選挙に取り組まれている先生方が講師として招かれるなど、模擬選挙が注目されるようになった。模擬選挙に取り組む学校は回を重ねるごとに増えている。

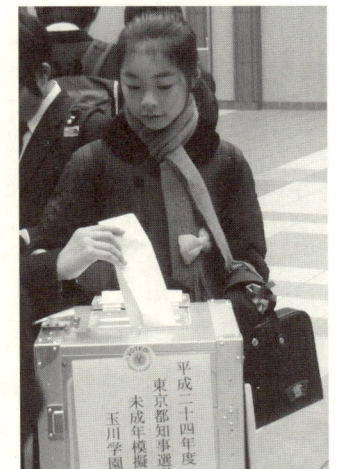

模擬選挙の様子（私立玉川学園
中学部・高等部　東京）

　初回の参加校はたったの7校だったが、2014年には小学校から大学まで全国42校が参加し、有効投票数は8,343票であった。また、2014年の模擬選挙では、高校生の団体「Teen's Rights Movement」が呼びかけ、横浜や渋谷の街頭でも投票が行われた。同世代が呼びかけることで、予想以上の子どもたちが投票してくれた。

⑷　模擬選挙の意義

　子どもが民主主義や政治の仕組みを学ぶ格好の機会である模擬選挙は、まさに未来の有権者が成熟した市民社会を築くために重要な機会であり、市民参画を進めていくために不可欠となる「シティズンシップ教育」「民主主義教育」の充実に資する。

　模擬選挙は、単に楽しんで投票するだけではなく、次のようなメリットがあると、学校の先生方からは寄せられている。

①国民の一人と実感し民主主義を体感する

　実際に“一票”を投じることで、有権者になることを実感する。選挙はおとなだけのものではなく、「子ども＝市民、主権者」。国民としての役割を実感し、よりよき

国民、参加する市民としての意識が高まる。

②賢い有権者を育てる

　マニフェストや政策を調べるうちに、投票するための指標を自分なりに考える。生きた教材としての選挙を通して、国や地域の政治や現状、そして未来について考えることで、現実政治の理解を深め、異なる意見、多様な意見に触れることができる。

③投票率アップ

　若者の低投票率は政治不信の現れで民主主義を形骸化させているが、模擬選挙で現実の選挙の重要性を知れば、若年層の投票率向上に役立つ。さらには、家庭や地域で選挙について話をすることで、保護者や兄・姉等といった実際の有権者の投票行動につながる。

④考えるための資料（選挙公報、新聞、テレビ、ウェブ等）が豊富

　何より、現実に動いている選挙をテーマにすることで、その地域が抱えている課題が争点として明確になる。新聞やテレビなどで取り上げられることによって、授業で扱う際にも、一から資料を作成する手間が省ける。

(5)　模擬選挙のパターン

　「模擬選挙」と一口にいっても、図表2のように複数のパターンがある。

【図表2】　模擬選挙のパターン

A　「仮（架空）の選挙」を扱うパターン	①　「歴史上の人物」や「動物」などに投票するパターン
	②　自分たちで「仮の政党」（平和党、スポーツ党などテーマを設けたものや、自分たちの名前をつけたものなど）をつくったり、「仮の選挙」に立候補することをイメージして、それぞれが政策を掲げて立会演説会などを行い、最後に投票するパターン
B　「実際の選挙」を扱うパターン	①　実際の選挙の時期に合わせて実施しないが、実際に行われた選挙を題材にして、その当時の資料などを使用して実施するパターン
	②　実際の選挙の時期に合わせて実施するパターン

A　仮（架空）の選挙を扱うパターン　Aの場合は、「仮（架空）の選挙」で模擬選挙を行う、つまり「生の政治」を扱わないタイプである。いわゆる「選挙体験」という形式で行われるもので、実施時期にとらわれることがなく融通が利く。選挙啓発・有権者教育の一環として、明るい選挙推進協会や選挙管理委員会などが以前から、出前授業として学校を訪問したり、自治体イベントなどで実施するなど、実際の政治情勢を

意識することなく取り組める手軽さもあり、こうした形態での模擬選挙は、戦後の比較的早い時期から学校で取り組まれていたようである。

　また、今回の副教材においては、「未来の知事選挙」をテーマにしたA②のパターンが取り上げられている。

　Aの場合は選挙制度を学んだり、投票方法を体験することができる。架空とはいえ「政策を選ぶ」ということを通して、政策の選び方や自分なりの優先順位等を考えることもできる。しかし、実際の選挙や政治を題材にするわけではないため内容に現実性がなく、「体験」に終始してしまうという側面がある。

B 「実際の選挙」を扱うパターン　一方、Bは「実際の選挙」を扱う場合である。「実際の選挙」はどうしても時期が限られてしまうため、授業で選挙について教えていない時期だったり、夏期休暇期間などそもそも授業が行われない時期に選挙が行われたりする。そこで、過去に実施された選挙をテーマに、その時の新聞記事や資料などを活用して、実際の政党や候補者に投票をするのが①だ。ただし、実際の選挙後に行うため「結果が見え」ており、臨場感や新鮮さが薄まってしまう面がある。

　そうした中で、単なる「体験」だけではなく、実際の社会動静について自分たちなりに考えることを目的として実施しているのが、B②の、実際の選挙の時期（実際の公示日・告示日の翌日から投票日までの期間）に、学校や地域で模擬選挙を行う「模擬選挙」である。実際の選挙を扱うということは、“生きた教材”を通しての学習となる。生の政治の世界が動いているという“今”を感じとり、次代を生きていく未来の有権者である子どもたちが政治や社会について考えることは、生活に密着した課題を深めるまたとない機会だ。当然、実際の選挙・政治を取り上げるということで、公職選挙法との関係もあり、実施時期や実施方法については配慮が必要となる。

　なお、Bパターンのように「実際の選挙」を扱う模擬選挙は、日本においては1980年代くらいから中学や高校で実践され始めた。前述した学習院女子高校で1980年の参議院議員選挙において模擬選挙を実施していた記録が残っている。また、東京都立大泉高校では1989年から模擬選挙に取り組み、当初から実際の選挙を題材に政治経済の授業を受けている3年生を中心に昼休みと放課後時に投票を行うスタイルを取っている[注6]。

(6)　教育現場と「生の政治」の関係

慎重な教育現場　教育現場における「生の政治」の取扱いについては、戦後の「民主主義教育」においては、積極的に扱ってきたものの、義務教育諸

(注6) 都立大泉高校での実践については、政策シンクタンク構想日本ウェブサイトなどを参照。
　　　http://www.kosonippon.org/temp/020430musashikou1.pdf

学校における教育の政治的中立の確保に関する臨時措置法[注7]、公職選挙法[注8]などによって、教員などの一定の行為の禁止というものが定められていく。

　そして、1960年代後半、日米安保闘争に端を発した高校紛争の広がりに伴い、生徒の政治活動を恐れ、生徒会連絡組織を禁止し、文部省（当時）が高校生の政治活動禁止の通達（「高等学校における政治的教養と政治的活動について」昭和44（1969）年10月31日　文部省初等中等教育局長通達）[注9]を出した。このことを契機に、教育委員会や学校現場が積極的に教育の場において政治を取り上げることから距離を置き、"生の政治"を授業内で扱うことについて学校現場が慎重になっていったという歴史的経過がある。

　このような状況を基にして、"生の政治"を授業内で扱うことについて学校現場を慎重にさせていった。

シティズンシップ教育の役割が期待　そうした中、第一次安倍内閣時代の教育再生会議（2006年10月～2008年2月）で「主権者教育」としての模擬選挙の実施が検討され、総務省に設置された「常時啓発事業のあり方等検討委員会」（2011年4月設置）が、子ども時代からの社会参加や政治参加を通じてのシティズンシップ教育の必要性を報告書にまとめた。また、平成25年度文部科学省予算（案）の「未来の主権者育成プログラム」で『国政選挙や地方選挙と連動した模擬選挙の実施』が挙げられ、「第2期教育振興基本計画（答申）」（中教審第163号／2013年4月）で「未来の有権者たる子どもたちに、主権者として国や社会の問題を自分の問題として意識し、自ら考

（注7）　義務教育諸学校における教育の政治的中立の確保に関する臨時措置法（昭和29年法律第157号）第3条の規定は、次のとおり。

　　　　（特定の政党を支持させる等の教育の教唆及びせん動の禁止）

　　　第3条　何人も、教育を利用し、特定の政党その他の政治的団体（以下「特定の政党等」という。）の政治的勢力の伸長又は減退に資する目的をもって、学校教育法に規定する学校の職員を主たる構成員とする団体（その団体を主たる構成員とする団体を含む。）の組織又は活動を利用し、義務教育諸学校に勤務する教育職員に対し、これらの者が、義務教育諸学校の児童又は生徒に対して、特定の政党等を支持させ、又はこれに反対させる教育を行うことを教唆し、又はせん動してはならない。

（注8）　公職選挙法（昭和25年法律第100号）第137条の規定は、次のとおり。

　　　　（教育者の地位利用の選挙運動の禁止）

　　　第137条　教育者（学校教育法（昭和22年法律第26号）に規定する学校及び就学前の子どもに関する教育、保育等の総合的な提供の推進に関する法律（平成18年法律第77号）に規定する幼保連携型認定こども園の長及び教員をいう。）は、学校の児童、生徒及び学生に対する教育上の地位を利用して選挙運動をすることができない。

（注9）　今回の18歳選挙権実現を踏まえて、1969年に出された文部省初等中等教育局長通知「高等学校における政治的教養と政治的活動について」は廃止となり、新たに「高等学校等における政治的教養の教育と高等学校等の生徒による政治的活動等について（通知）」が、2015年10月29日に出された。この、新通知においては、①高校生の政治活動については「学校教育活動としては禁止」「放課後や休日等は違法なものは禁止」、②高校生の選挙運動は尊重する、といった内容になっている。

え、自ら判断し、行動する力を育成する実践的な取組を通じて、社会参画を促すとともに、国会・社会の責任ある形成者としての自覚を育むことが求められる」と明記された。2014年6月に閣議決定された『平成26年版　子ども・若者白書』においては「若者が主体的に社会の形成に参画しその発展に寄与する態度を身に付けるため、社会形成・社会参加に関する教育をはじめ社会形成への参画支援を一層進めることは、誇りある自国に役立ちたいという若者の思いにも応えることになるであろう。」と記載されており、実際の教育の現場において主権者を育てることが求められるようになったのである。

　実際、神奈川県においては、2010年の参議院議員選挙からすべての県立高校で「シティズンシップ」教育の一環として模擬選挙が行われるようになり、さらに2013年7月の参議院議員選挙における模擬選挙では文部科学省が後援名義を付与するなど、模擬選挙そのものが市民権を得てきた。

　もちろん、前述した義務教育諸学校における教育の政治的中立の確保に関する臨時措置法や、公職選挙法を遵守し、政治活動や一定の党派のための政治教育を学校現場に持ち込むことはあってはならないことだが、生徒に政治的素養を身に付けさせることは必要なことである。文部科学省や総務省などによる、このような模擬選挙への評価は、これまで"生の政治"を扱う教育の実施に苦労してきた学校現場にとって追い風となったことは事実で、シティズンシップ教育としての役割を期待されるようになったと言える。

⑺　高校生向け副教材『私たちが拓く日本の未来　有権者として求められる力を身に付けるために』について

**政治教育
＝暗記中心？**　　　民主主義は、子ども時代からの経験によって培われていくものであり、手間がかかろうともしつこいくらいに民主主義を意識し、子どもに働きかけることが重要である。だからこそ、「政治教育」「主権者教育」の充実が望まれているわけだが、これまでの「政治教育」「主権者教育」というものは半ば形骸化し、多くの学校においては知識偏重・暗記中心となっていたのも事実である。

　もちろん、実質的な「政治教育」「主権者教育」を実践されてきた先生方も各地にいるが、「○○先生だからできる実践」「△△学校は余裕があるから取り組める」というような言い方をされる方もいる。

**日常の教育で社会
の諸問題を考える**　　「18歳選挙権」の実現によって、これまで実践的に取り組むことに対して後ろ向きだった「政治教育」「主権者教育」に対して、今回作成された副教材では、模擬選挙（実際の選挙と連動するパターンと、架空の選挙で実施するパターン）や模擬議会、模擬請願など、実際の政治的事象を授業の中で取

り上げ、今まで以上に公民としての資質を育むことを目指している。ワークシートを工夫したり、日常の授業中に、社会で起こっていることを取り上げることが求められている。知識偏重・暗記中心だったこれまでの現状を踏まえると、大きな一歩であり、評価すべきだと考える。とはいえ、この副教材においては、模擬選挙や模擬議会等の＜プログラム紹介＞の側面が強く、模擬選挙や模擬議会を行うことが政治教育、というように受け止められてしまう可能性もある。また、日常の教育活動を通じて社会の諸問題について考えることについて、副教材で明確に触れていないことも課題の一つである。

何より大事なのは、日常の教育活動を通じて、地域や社会で起こっている出来事について考えたり、話したり、調べたりする機会を設けることである。選挙があるから政治教育に取り組むというのではなく、防災の日に災害対策について考え、体育の日の周辺でオリンピック・パラリンピックのこれからのあり方について話すなど、その時々のニューストピックに関連させることも可能。大事なのは、そうした、日々の事象について、考えたり話す習慣をつくることで、主権者としての考えを深めていく場を生み出すことなのだ。

⑻　模擬選挙を実施するうえで、取り組むべき課題

①教育委員会や管理職などの拒否反応に向き合う

　模擬選挙に取り組む学校は増加していますが、実施を検討していた学校において「中学生、高校生が実際に投票を行うのは"政治的過ぎる"」との管理職や教育委員会などの反対によって、模擬選挙の実施を断念せざるを得ないことが複数あった[注10]。マスコミや大人は「子ども・若者は政治に無関心」と決め付けている。大人社会においても、家庭や職場での政治の話はタブーとなっている。子どもに政治について考えさせる機会を奪っているのも事実である。

　子どもは有権者ではなくても、その地域で生活している一人の市民であり、主権者

(注10) 2009 年 6 月の東京都議会議員選挙において、東京青年会議所（東京 JC）江戸川区委員会が中学生に政治や選挙に関心を持つきっかけにしてほしいと企画した模擬投票が、江戸川区教育委員会の判断で中止された。候補予定者の討論を聞いた上で投票するという内容について、区教委は「教育基本法に抵触する恐れもある」として認めなかった。
http://www.tokyo-np.co.jp/hold/2009/09togisen/news/CK2009062002000238.html
　2013 年 7 月の参院選において、青森県弘前市の公立中学校で、実際の政党を題材にした模擬選挙を予定していたが、直前になって弘前市教育委員会が、「特定の政党の由来や綱領の細かい事柄に触れないとする学習指導要領に抵触する懸念がある」と判断し、実際の政党名を使うことに難色を示したため、架空の政党名での模擬選挙となった。
http://www.yomiuri.co.jp/kyoiku/news/20130710-OYT8T00422.htm

である。なにより、18歳になれば有権者。未来の有権者が、選挙や政治について考える機会を奪っていては、賢い有権者は育たない。

②他教科などと連携する

「模擬選挙」は優れたプログラムだが、それを取り組めば政治教育が完了するわけではない。日頃の学校生活の中で、政治や社会課題を意識させる働きかけが不可欠である。そして、「公民科」「社会科」だけではなく、教科の枠を越えて学校全体で政治教育に取り組むことが求められる（図表3）。

【図表3】　教科の枠を超えた取組例

数学、理科	図表を読み解く、社会課題を視覚化するためのグラフや表の作成
国語	論述や論説を読み取る、自分の主張をまとめて発表する、著名な演説を聴き人の心に残る話し方を体得する
英語	英字新聞や英字ニュース等を読み国際的な社会の動向を学ぶ、演説（キング牧師、オバマ大統領等）を聴く
家庭科	ワークライフバランス、少子高齢化、消費者、貧困などを取り上げる
美術、情報	効果的なポスターデザインとは何か、広報資料の作り方、情報発信の工夫

③地域、家庭ととともに取り組み、多様な考え方やモノの見方に触れる機会を創る

政治教育を学校任せ・丸投げするのではなく、家庭や地域の中でも取り組むことが大事だ。選挙や政治について、家庭で話すことを呼び掛けたり、子ども議会等の開催を通じて子ども世代の意見を行政施策に反映する場を設けることも重要である。何より、児童公園、コミュニティバスのルートなど、子どもも関わる政策は子ども参加が基本である。

実際、被災地の自治体では、復興計画の会議に子どもが参加している取組もある。子ども自身も、一人の住民として参加することで、主権者を意識するとともに、郷土愛も育まれてくる。

こうした意味においては、「学校」は政治を学ぶ場を提供し、学ぶ内容を地域とともに創りあげれば、教員が「政治的中立性」を過剰に気にしないで済む。選挙管理委員会、明るい選挙推進協会、PTA、町内会、自治会、新聞記者、青年会議所等、多様なセクターが学校に入って、一緒に取り組むことで、子どもたちも多様な考え方に出会うことができる。

④教員の政治的中立性

教師が個人的な主義主張を述べることを避けるよう求められていることもあり、生の政治を扱うことに躊躇する学校現場もあるようだ。教師自身が自分自身の考えや主義主張を持つことは大事だが、その考えとは異なる政策を否定するような授業になると、生徒から考える機会を奪ってしまう。多角的、多面的な考え方を示すのが教育の

場であり、教師がどう思うかではなく生徒がどう思うか、違う考えがあることを示して多角的に考えさせることが、賢い有権者を育てることにつながる。

(9) 「若者が政治から離れている」のではなく、「政治が若者から離れている」

若者の政治離れ？政治の若者離れ？ 「選挙権年齢引下げ」に関して、引下げに賛成する10代が少ないとの調査もあるが、それは、政治を身近に感じることがなく、政治や選挙について考えてきたことがなければ、そのように答える10代が多くても当然のことだろう。こうした環境の中で「若者の政治離れ」を嘆くのは、単なる大人のエゴである。若者が勝手に政治から離れていったのではなく、政治が若者から離れていってしまった結果、若者の低投票率を招いていることを、大人社会は謙虚に受け止める必要がある。

　選挙で投票する際は子どもと一緒に投票所に向かい、投票する姿を子どもに見せる。テレビに総理大臣が出ていれば顔と名前くらいは一致するように話す。買い物の時に消費税のことや食料自給率、あるいは地産地消について話す。子ども会や町内会の地域清掃に参加する。そうした、たいしたことではなくても小さな積み重ねが、子どもの時から政治、そして社会を身近に感じるためには大切なことだと思う。

政治と向き合う若者 2015年夏には安保法案反対のためのデモに参加した高校生、大学生が注目を集めたが、実際の政治活動に参加することも意味がある。デモに参加しなくとも、募金活動や被災地でのボランティア活動なども、地域課題や政治に向き合うことの一つである。

　私は2008年アメリカ大統領選挙の時にニューヨークとワシントンの幼稚園、小学校、中学校、高校で行われた模擬選挙の現場を見学したが、アメリカの子どもたちは当たり前のように模擬選挙に参加し最終的には700万人が投票していた。5歳なら5歳なりに考え判断しており、考える機会がきちんとあれば「子どもの視点できちんと判断できる」ことを実感した。

(10) 模擬選挙を通して主権者意識が醸成され、将来への責任を自覚する

一票のために真剣に悩む 「この一票で日本が変わるかもしれない」と思い、誰の名前を書こうか。どの政党を選んだらいいのかと、必死に悩む中学生。投票用紙を前にして30分以上悩む高校生もいます。実際の選挙結果に何の影響力をもたない文字通り「模擬の選挙」にもかかわらず、なぜそんなに真剣に悩むのだろうか。

　「政治について話す」だけであればどこでもできますが、模擬選挙は政治について

話すだけではなく、成績に関係なく最後に、自分の意志で選ぶ。そして自分が選ぶ立場にいることを自覚する。一票を投じる自分の存在価値を感じとり、ゆくゆくは有権者として大人となることを自覚し、主権者なんだということを意識していくようになる。

　模擬選挙は、「自分で考え、自分で選択する」という、民主主義にとってはなくてはならない機会を創出しているからこそ、子どもたちは一票の価値を感じ、真剣に悩むのだろう。一人の人間として尊重し、自分が主権者だと自覚できる時間を持てるかどうか。市民性を育てるためには欠かせないことであり、子ども時代からそうした場を保障することが大事なのである。

子どもを市民として育てる　「若年層（有権者）の選挙に対する無関心な態度が問題になっているがこのような若い時期から教育として考える事は非常に重要で大切であると実感できた（中学教諭）」、「『選挙権が早くほしい。投票に参画したい』旨の意見が多数出た。「社会科」の授業だけではなく、様々な角度により、他教科に渡って切り込んでいっても興味深いと感じた（高校教諭）」といった声に代表されるように、未来の有権者である子どもたちが生の政治を身近に感じ、政治教育を通して政治リテラシー（政治に対する判断力や読み解く能力）を高めていくことは、学校現場でも求められている。

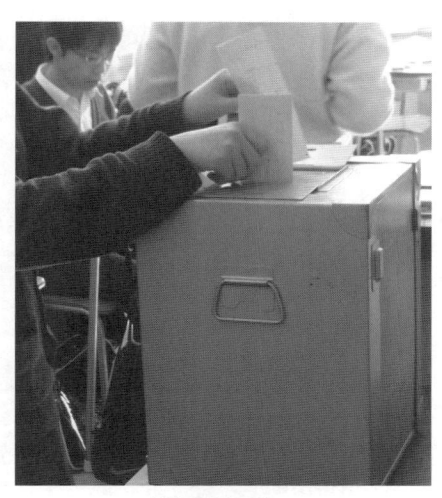

模擬選挙の様子
（八王子市立上柚木中学校　東京）

　「政治リテラシー」は、何も模擬選挙だけではなく、金融教育、キャリア教育、消費者教育、司法教育、国際理解教育、平和教育、グローバル教育、環境教育、人権教育、メディア教育など多様である。

　いずれにしても18歳選挙権が実現した今、「子ども」だからといって特別な教育をするのではなく、「子どもを市民として育てる」ためにも、将来を担う子どもたちに対し、主権者としての自覚を促し、将来への責任を自覚するために必要となる知識と判断力、行動力の習熟を進める政治教育を充実させることは、早急に取り組むべき課題であるのは言うまでもない。

林　大介（東洋大学社会学部助教）

3 シティズンシップ教育の課題整理

⑴ 日本におけるシティズンシップ教育を取り巻く環境

　18歳選挙権の実現に前後して、日本におけるシティズンシップ教育をめぐる環境は、大きく変化している。例えば、中央教育審議会は、全ての高校生に身に付けさせる資質・能力として、「市民性（市民社会に関する知識理解、社会の一員として参画し貢献する意識など）」を位置付けている。そこでは次期学習指導要領が実現されるまでの間は、『私たちが拓く日本の未来　有権者として求められる力を身に付けるために』（以下「副教材」という。）を用いて、政治参加のための実践的な政治教育を行うこととされている。また、シティズンシップ教育関係者のネットワークの立ち上げや書籍などの刊行も続いている。このように、シティズンシップ教育に取り組むための環境整備は進められているが、実践現場では、日々様々な課題が発見されている。本節では、それらについて概括してみることとする[注1]。

⑵ 政治的中立性をめぐる課題

政治的教養＝制度知識の習得だけ？　　教育基本法は、教育の政治的中立性を求めつつも、政治的教養は教育上必要であることを規定している。政治的教養は、①民主政治、政党、憲法、地方自治等、民主政治上の各種制度についての知識、②現実の政治の理解力およびこれに対する公正な批判力、③民主国家の公民として必要な政治道徳および政治的信念を意味するものとされている。政治的教養に関する教育が、特定の党派的政治教育とならないよう政治的中立性に関する事柄も併せて規定されている。

　過去、教育現場に特定の政治的主張が持ち込まれたことや、一部の生徒たちが学校自治とはかかわりのない政治的テーマにおいて激しい政治的活動を行った事例があったこと、保護者や世論からの偏向教育に対する圧力が生じたことなどもあり、学校での政治的教養の教育範囲を①の制度知識に限った教育が多く行われるようになっているのではないか、との指摘がなされているところである。

　この政治的中立性をめぐる課題として、授業で取り扱う対象、授業で使用する情報、考え方のそれぞれの観点から、課題を抽出してみたい。

意見の分かれる問題をどう扱うか　　授業で取り扱う対象については、意見の分かれる問題の取り扱い方が課題となる。政治的な事項の多くは意見の分かれる問題であり、絶対的に正しい意見を導き出せるものではない。そのため、副教材では、結論よりも議論の過程に焦点を当てることや、多様な考え方を紹介すること、特定の事柄を強調

しすぎないことなどに配慮しつつ、これらのテーマを扱うこととしている。しかしながら、授業で使用した教材の適切さが地方議会で問われた事例[注2]や、模擬選挙の実践に当たり、県教育委員会の意見により模擬選挙の実践を見送るよう暗に強調されたといった事例も生じており、依然として現場の教員が現実の政治的テーマを取り上げることに躊躇せざるをえない状況が存在している。他国における主権者教育では、意見の分かれる問題を扱うことは避けられないこととして、争点の扱い方に対する基準やそれを支える道具を用意することで、政治的中立性を保つようにしている。この点は、日本における実践でも見習うべき点があるのではないだろうか。

投票の判断材料となる情報の入手と活用　授業で使用する情報と考え方の課題については、模擬選挙を題材に考えてみたい。

　模擬選挙を行う際、ポイントとなるのは投票の判断材料となる情報をいかに準備するのかといった点である。特に地方政治は国政に比べて、メディアで報じられる情報量も限られ、新聞等からの情報入手が難しい。選挙公報には、速報性や確実性、情報量の課題がある[注3]。加えて、教員が授業で使用する範囲内において印刷、使用した場合でも、文書図画の頒布に該当してしまう可能性もある[注4]。また、本書が活用を提起しているマニフェスト・スイッチの書式については候補者から記述を拒否されてしまう不確実さが存在している。動画についても課題がある。政見放送は放映される選挙が限られていることに加え、校内施設を使っての録画放映はできない。インターネット選挙運動の解禁に合わせ、演説の動画をウェブ上に公開する候補者が増えたものの、その長さやテーマ設定、全候補者が公開するとは限らないといった不確実さがここでも生じている。

(注1) 常時啓発事業のあり方等研究会（2011）は、社会の構成員としての市民が備えるべき市民性を育成するために行われる教育であるシティズンシップ教育のうち、市民と政治とのかかわりを扱うものを主権者教育と定義している。本書は模擬選挙を主題として編まれているため、以下では主権者教育に焦点を当てて論じることとする。

(注2) 2015年6月に山口県の県立高校で行われた安全保障関連法案に対する模擬投票では、授業で使用した資料の政治的中立性への配慮が不十分であったとして教育長が県議会に対して謝罪している。

(注3) 選挙公報の発行は自治体ごとに決定するため、選挙公報が発行されない自治体もあり、選挙公報の提出は義務付けられているわけではない。（確実性）また、選挙公報は立候補締切後に印刷、配布されるため、各世帯に届くまでに立候補締切後1〜2日要することになる。インターネットで公表される場合には、立候補締切日の翌日に掲載されることが多いようである。（速報性）期間の短い選挙では、実際の選挙に合わせた模擬選挙を企画した際に、実施できる期間がかなり限られてしまう、といった問題が生じる。（例えば、町村長選挙は選挙期間が5日間しかないため、最大でも4日間しか模擬選挙を行う期間が取れなくなる。）

(注4) ほかの資料では、国政選挙や首長選挙において、政党や候補者が出す公約集（マニフェスト）を使用する場合でも、当該資料には配布場所及び配布が可能な者の制限があるため、授業で使用する際には生徒が印刷、持参するようにするなどの工夫が必要である。

考え方の課題は、公平性の問題として顕在化することが多く見られる。例えば、政策情報について、誰か一人でも提出を辞退した場合、その資料を使用することができなくなるのかどうか、といった判断を求められた事例や、最終的に全ての候補者を扱うために、立候補者が確定するまでは模擬選挙等を行うのは控えるべきだ、といった判断がなされるケースなどである[注5]。他にも、報道資料を使用する場合でも、主要候補と目される複数名の候補者の演説のダイジェストは紹介されているが、それ以外の候補者は名前だけの紹介にとどまっているため、当該資料は公平性に欠け、授業では使用できない、といったことも生じかねない。

　各候補者に対して、情報提供を義務付けることはできない。そのような中で、どのように投票の判断材料となる情報を集め、授業で活用をしていくのか。政治的中立性を強調するあまり、政治性のない政治教育となっているとさえ言われることのあった日本の主権者教育が、18歳選挙権をきっかけに変化を遂げようとしている。政治的中立性の代わりに、公平性が政治的なテーマを扱えなくする縛りとなってしまうことがないように、何らかの基準を設ける必要があるのではないだろうか。

⑶　海外の事例との比較から

　本書でも海外の事例を扱っているが、海外の主権者教育と比較したときに見出される課題もある。主権者教育に携わるアクターと、若者のエンパワーメントの2点を紹介したい。

主権者教育に関わるアクター　海外では、財団やNPO、大学などの学校以外の様々な主体が主権者教育を重層的に支援している。特に日本との比較においては、主権者教育のプログラムや授業で使用することのできる教材の提供、主権者教育に関する情報発信などの手厚さが特徴的だ。日本においても、明るい選挙推進協会や選挙管理委員会などによる取組が行われているが、さらなる充実が期待されるところである[注6]。特に、選挙管理委員会や地域の明るい選挙推進協議会については、政治・選挙に関する知識や投票義務感などの社会的・道義的責任の啓発活動に加え、社会参加の促進や政治的リテラシーの向上に取り組んでいく必要性が指摘されている[注7]。韓

(注5) マニフェスト・スイッチなどの民間による取組や新聞社に対する情報提供、選挙公報など、様々な場面で候補者が提出を辞退したケースがある。

(注6) 地方政治の政策コンテストである「マニフェスト大賞」では、過去、トークイベントなどで政治家と若者をつなぐイベントを行う団体（学生団体ivote、僕らの一歩が日本を変える。）や、学生を対象とした合宿形式での政策コンテストを行う団体（学生団体GEIL）、議会が主催者として地域の業界団体と学生との意見交換会を開催した事例（岐阜県可児市議会）等が受賞している。他にも、全国の生徒会有志が集まり、議論するイベント（全国高校生徒会総会など）も確認されている。これらの取組が定着するとともに、全国的な広がりを持つことや、多様なカリキュラム、教材の開発などが期待される。

国では、市民教育のハブ機能を果たすことを目指して選挙管理委員会が積極的な取組みを行っている^(注8)。このような活動も参考に、選挙管理委員会や地域の明るい選挙推進協議会を中心に様々な団体が連携し、充実した主権者教育が行われる環境が形作られていくことが期待される。

**若者の
エンパワーメント**　　　　　日々の暮らしを通して民主主義や政治的教養を学ぶ機会として、学校運営や、若者自身に関わる事柄への政策提言を行うことが考えられる。日本においても、生徒会活動は行われているが、活動の活発さや権限などに問題があると指摘されることがある。他国では学校の経営協議会に生徒の代表が参加することや、若者の声を集約、発信する組織が学校外で組織され、若者自身によって運営されることなどが行われている。また、これらの活動に臨むためのトレーニングや国からの財政的支援も行われている。

　日頃の活動を通して、自らの声が自分たちの生活を変える経験をするということは、民主主義への理解や自治意識を高めるきっかけとなる。若者自らに関する事柄のみを取り扱うこととするなど、無分別な政治活動とならないよう工夫をした上で、これらの取組を実践することで得られるポジティブな効果もあるのではないだろうか。

　70年ぶりとなる選挙権年齢の引下げという大きな転換点を前に、生徒たちにどのような学びの場を提供していくのか。現場で取り組む教員が孤立し、試行錯誤を強いられることがないような環境整備が期待される。また、本書が、実践事例や、他国の事例など、具体的な実践のヒントを得るきっかけとなることを願っている。

原口　和徳（埼玉ローカル・マニフェスト推進ネットワーク）

(注7) 常時啓発事業のあり方等研究会（2011）

(注8) 高（2013）によれば、韓国の選挙管理委員会では市民教育の分野において以下の活動を行っている。①ネットワークづくりを通した市民教育の環境と体制を作り出すこと、②市民教育のコンテンツ、資金、プログラムを提供、支援すること、③シティズンシップ関連の人材を育成すること、④有権者や学生に対する直接の市民教育活動。これらの活動は継続的に行われており、例えば学校と市民教育の現場で活用できる教材として開発された「市民教育ハンドブック」は2008年から毎年発行され、市民教育活動の受講者は毎年100万を超えている（2009年約122万人、2010年約138万人）。

参考文献

- 『未来を拓く模擬選挙』編集委員会「未来を拓く模擬選挙」悠光堂、2013 年
- 総務省．文部科学省『私たちが拓く日本の未来　有権者として求められる力を身に付けるために』2015 年
- 18 歳選挙権研究会監修『18 歳選挙権に対応した先生と生徒のための公職選挙法の手引』国政情報センター、2015 年
- 常時啓発事業のあり方等研究会（2011）「『常時啓発事業のあり方等研究会』最終報告書」2011 年
- 高選圭「韓国の選挙管理委員会のもうひとつの役割―市民教育」『選挙管理の政治学』有斐閣、2013 年
- 明るい選挙推進協会『Voters No.26』2015 年
- マニフェスト大賞〔http://www.local-manifesto.jp/manifestoaward/〕
- 全国高校生徒会総会〔http://www.nscc3.com/〕

第2章

実践プログラム

この章では、政策型選挙を念頭においた模擬選挙の基本的なモデルと、それを補強するワークを紹介します。ワークは、5つの観点から編まれ、すぐ使えるようにワークシートや指導例、解答例も併せて掲載しています。模擬選挙をきっかけに政治的リテラシーを涵養していくために、ぜひワークを活用ください。

- ・選挙の基本的な事柄を学ぼう……選挙制度や、選挙に際して行えること・行えないことなど、基本的な知識を学ぶワーク
- ・主権者意識を高めよう……主権者として主体的に政治や選挙に参加していくための意識を喚起するワーク
- ・地域とのつながりを考えよう……自分が暮らす地域のことや、自分と地域とのつながりを発見するワーク
- ・選挙への臨み方を考えよう……主体的に選挙に臨み、活用するための知識、スキルを身に付けるワーク
- ・地域の問題を解決してみよう……選挙以外のタイミングでも主権者として地域の問題解決に参画する方法を学ぶワーク

※本章に掲載したワークシートは、ダウンロードすることができます。ダウンロード方法は、最終ページをご覧ください。

1　基本ワーク　　実施形態：[レクチャー] [ディスカッション] [個人ワーク]

模擬選挙をやってみよう

難易度 ★☆☆　[45分]

単元の目標

　選挙制度を理解し、投票に親しむことを目的として実施する。

構成のねらい・授業の工夫

　本ワークは、模擬選挙を通して選挙制度に関する理解を深めることや投票に際しての生徒の心理的な障壁を緩和することを主たる目的としている。

　そのため、選挙の仕組みを知った上で、シンプルに投票体験ができるように1時限（45分間）を想定した構成となっている。

　より深い観点、学びの体験については、適宜ワーク等を組み合わせて、実践していただきたい。

授業計画

時間	学習内容	生徒の学習活動
10分	選挙制度の学習	選挙制度や投票の意義、対象としている選挙の日時などを学習する。
25分	候補者の比較	①　選挙に関する資料（政策情報や新聞記事）を配布し、読み込む（10分）。 ②　配布した資料に対して気が付いたこと、気になることなどをグループでディスカッションする（10分）。 ③　グループディスカッションで出た意見をクラス内で共有する（5分）。
5分	投票所の様子の紹介	有権者として投票することになった時に慌てないように、投票所がどのような場所に設置されているのかといったことや投票所の様子、投票箱などを学習する。
5分	模擬投票	配布された模擬投票用紙を用いて、投票を行う。
－	18歳選挙権へ向けて	授業の進み具合に合わせて時間的余裕が得られた場合などに、投票の感想および問いかけを行う。

準備物

【必要なもの】
- [ ]　政策情報（選挙公報、マニフェスト（候補者マニフェスト／マニフェストスイッチ））
- [ ]　新聞記事（告示日の夕刊などで第一声を報じたもの）
- [ ]　投票用紙
- [ ]　投票箱

【あると便利なもの】
- [ ]　選挙の雰囲気を高めるグッズ（政党や候補者のポスター、記載台等）
- [ ]　生徒名簿（有権者名簿として使用）

（注）本取組では、マニフェストについて、情報が簡素化され同じ項目で比較できるようになっていることなどを考慮し、市民の立場からの取組であるマニフェストスイッチ書式の活用を推奨している。

【参考】マニフェストスイッチ

URL：http://www.manifestojapan.com/

（注）実際の選挙の公示後に、実選挙の候補者とそのマニフェストに関する資料を材料にワークを行うことを前提に解説した。

(1) 展開のしかた

○ 説明　選挙制度の学習（地方自治体の首長選挙の場合）

　模擬選挙を行うに当たって、日本の地方自治制度を確認する。

説明例「日本の地方自治制度は、首長（知事・市町村長）と議会がそれぞれ住民を代表する二元代表制となっています。今回の選挙では首長を決定します。」

☞参考　WORK 1 39ページ、WORK 11 122ページ

　投票に当たって、選挙制度についても確認する。

説明例「首長選挙は4年に一度、満18歳以上の日本国民を有権者として実施されます。選挙では、選挙の4原則（普通選挙、平等選挙、秘密選挙、直接選挙）が重視されます。」

○ 活動　候補者の比較

　投票の基準となる情報を得るために、選挙に関する資料を配布し、読み込む。

説明例「選挙では公職選挙法の定める範囲内で、候補者の考えをまとめ、有権者に配布することができます。今日は、候補者の作成したマニフェストに関する資料を読み込みましょう。」

☞参考　マニフェストスイッチ書式、選挙公報等

　配布した資料に対して気が付いたこと、気になることなどを、グループでディスカッションする。

説明例「配布資料について、気が付いたことや気になることをグループで共有しましょう。」

☞参考　副教材 P32〜37

　グループディスカッションで出た意見をクラス内で共有する。

説明例「候補者のマニフェストを比較してどのような気付きがあったのか、クラス全体で共有しましょう。」

　　　挙手ないしは教師による指名を通してグループの意見を共有する。

○ 説明　投票所の様子の紹介

　投票所がどのような場所に設置されているのか、また投票所の様子や投票箱などを紹介する。

説明例「投票は所定の投票所で行うことができます。投票時間は7時から20時までです。なお、投票日に都合がつかない人に向けて、期日前投票や不在者投票といった仕組みが設けられています。」

☞参考　副教材 P14〜18

○ 活動　模擬投票

配布された模擬投票用紙を用いて、模擬投票を行う。

説明例「選挙には、候補者の名前を書く選挙（小選挙区や選挙区選挙）と、政党等の名称を書く選挙（比例代表選挙）があります。今回の模擬選挙は小選挙区選挙です。したがって、投票用紙には候補者の名前を書いてください。」

「投票の秘密は憲法によって守られた重要な権利です。投票先を強要したり買収したりすることは法律違反となります。」

☞参考　副教材 P14〜18　副教材 P98

※副教材 は、総務省・文部科学省『私たちが拓く日本の未来　有権者として求められる力を身に付けるために』を指す。

(2)　必要な物品の準備方法

模擬選挙を行うに当たって準備した方がよい物品は次のとおりである。

物品	調達先	備考
投票箱	選挙管理委員会	選挙管理委員会の連絡先は、市町村のウェブサイトに掲載されている。なお、選挙管理委員会の中には、模擬投票の出前講座など、主権者教育のメニューを準備している団体もある。模擬選挙を検討される際は、確認されることを推奨する。
投票記載台		
選挙公報		
候補（表明）者のマニフェスト	マニフェストスイッチ http://www.manifestojapan.com/	共通書式による候補（表明）者のマニフェスト及び政策分野に対する注力度を確認することができる。
模擬選挙マニュアル 投票用紙イメージ　等	模擬選挙推進ネットワーク http://www.mogisenkyo.com/	過去に様々な学校で実践された模擬選挙による授業の構成例など具体的な情報を参照することもできる。

マニフェストスイッチのウェブサイト

| マニフェストスイッチとは　　ロゴを使う　政策を登録する　政策を見る・活用する　利用方法・FAQ　協力・チーム　政策一覧 |

—— マニフェストスイッチとは ——

2015年4月の統一地方選挙からスタートした、全国の政治家にマニフェストの共通フォーマットを提案し、わかりやすく見やすい形で政策を公開・利活用(オープンデータ化)するプロジェクトです。
» 詳しくは　こちら
»紹介資料はこちら

このサイトでは...

「政策を登録すること」「政策を見る・活用する」ことができます。
● 登録したい人は »「政策を登録する」へ
● 見たい・活用したい人は »「政策を見る・活用する」へ

マニフェストの多くは、内容があいまいで比較できず当選後には忘れ去られています。つまりマニフェストは機能しておらず「OFF」の状態でした。このサイトでは、共通フォーマットで、政策の比較・活用・検証を可能にし、マニフェストを「ON」にします。

(3) 模擬選挙の実践に当たり注意すべき事項

模擬選挙を実践するに当たって、次の3点については特に注意する必要がある。

政治的中立性 特定の党派や主張に偏った指導にならないように留意する必要がある。政治的な事項の多くは意見の分かれる問題であり、絶対的に正しい意見を導き出せるものではないことを念頭に、①結論よりも議論の過程に焦点を当てること、②多様な考え方を紹介すること、③特定の事柄を強調しすぎないこと、④生徒の議論において特定の考えのみが提示されている場合は異なる見解を紹介すること、などの配慮が考えられる。

文書図画の配布 選挙期間中に配布することができるビラやパンフレット、ポスターなどの文書類の配布には、公職選挙法上の制限が発生している。特に、各党や首長候補者の政策をまとめたマニフェストについては、配布できるものや配布できる場所に制限が課せられているため、注意する必要がある。（副教材では、生徒が自ら街頭演説の会場で入手することやウェブサイトからダウンロードして持参することが推奨されている。）

人気投票の公表の禁止 模擬選挙の結果の公表は、公職選挙法が禁じている「人気投票の公表」に当たるため、実際の選挙結果が確定するまでは公表することができない。

実際の選挙における投票結果が確定するまでは、生徒や教員が、模擬選挙の結果（自分自身が誰に投票したかを含む。）を不特定多数に発表しないように注意する必要がある。

☞参考 　**副教材活用のための指導資料 P48～53**

(4) 模擬選挙の実践に向けて

副教材等でも取り上げられているように、模擬選挙は将来の有権者である子どもたちの主権者意識を醸成するための手段として、注目されている。

民主主義社会において、選挙は人々の間の多様な価値観の対立を乗り越える主要な機会として、大きな役割を担ってきた。その重要性もあって、特に若年層に対して語られる有権者像は、あるべき姿としての側面が強調されることが多いのではないだろうか。

しかしながら、実際に有権者の投票態度やそれらに対する識者の評価を見てみると、全ての有権者が望ましいとされるような情報収集や検討を行い、投票しているとは限らないようである[注]。そもそも、不確実な社会における意思決定では、完全に合理

的な意思決定は科学的なモデルとしても確立することができていない。

　人は、経験を通して学んでいくこともある。経験や継続的な学習を通して「地域の課題について自ら考え、判断する」ことのできる主権者となっていくこともよいのではないだろうか。

　初めて選挙に携わる生徒たちが、投票することに対して親しみを持てるようになるため、また家庭や学校という閉じた世界から自らの意思で飛び出し、地域の中で、自分ごととして地域の将来を考え、問題解決に取り組んでいくようになるための第一歩として、まずは模擬選挙に取り組んでいきたい。

各国模擬選挙模様

> 　本書がテーマとしている模擬選挙は、主権者教育の有力な手段として、特に諸外国でも広く実践されている。
>
> 　本書の第4章（197ページ〜）でも言及しているが、アメリカ、イギリス、ドイツ、オランダ、スウェーデン、ポーランド、コスタリカ等々、世界の様々な地域で大規模に行われている。実現の仕方は国により様々だが、深い学びを促す際には、生徒間の模擬討論会や、候補者や政党へのインタビュー等が行われている。また、模擬選挙を支援する仕組みとして、学校での使用を想定した争点解説資料や教材、ボートマッチ（福祉や教育、産業振興など、政策分野に関する複数の質問に回答すると、自分の考えに最も近い政党や候補者、マニフェストを回答するサービス）、教員向けのガイドなどが、模擬選挙の支援団体から提供されていることも特徴的である。
>
> 　日本でも、国政選挙や、一部の地方自治体の選挙において、毎日新聞やYahoo！みんなの政治などによって、ボートマッチの仕組みが提供されている。ほかにも、模擬選挙の支援団体が提供するサービスもある。これらを適宜活用しながら、充実した模擬選挙としていくことが期待される。

（注）2015年度に行われた埼玉県知事選挙での模擬選挙において有権者の投票基準を収集したところ、精緻なものから簡素なものまで、様々な投票基準が用いられていることが明らかになった。投票するコストを下げる意味では簡素な基準が合目的なものとなり、多分野にわたる自分自身の政策的な要求の実現度を重要視する場合は、精緻な分析が合目的なものとなる（実際に収集した投票基準は、さいたま賢人（http://saitama.manifestojapan.com/）内の模擬選挙に関する資料にて参照することができる。）。また、「『常時啓発事業のあり方等研究会』最終報告書」でも指摘されているように、高齢者の投票態度についても、政治的リテラシー（政治的判断力や批判力）について改善の余地が指摘されている。

2 選挙の基本的な事柄を学ぼう　　実施形態：個人ワーク

WORK 1
選挙制度を知ろう

難易度 ★☆☆　15分

単元の目標

　模擬選挙に当たって、選挙の基本的な原則や制度について学ぶ。

▶

構成のねらい・授業の工夫

　模擬選挙の実施は、選挙制度を学ぶ格好の機会となる。選挙制度に関する情報について穴埋め問題を通してより深い理解および知識の定着を図る。

授業計画

時間	学習内容	生徒の学習活動
15分	選挙制度の学習	ワークシートを解き、選挙制度の概要を学習する。

準備物

□　ワークシート

(1) 本ワークの意義

主権者教育と本ワーク　　主権者として賢く振る舞うために、選挙制度や統治機構について理解しておく必要がある。例えば選挙制度についても、国政から地方政治まで、日本の中だけでも、様々な種類の制度が混在していることが分かる。

　最近の選挙を見ていると、衆議院議員総選挙の度に政党の得票率と議席数の割合にかい離が見られる過大（過小）代表について言及される場面をしばしば目にする。しかしながら、これは小選挙区制度の仕組み上、予想されていたことでもある。また、小選挙区制度に期待されていた政権交代も、2000年代に入ってから既に2度行われている。

　選挙制度は、そのこと自体が選挙の争点になることもあるし、有権者が自らの意思を政治に反映させるためにどのように振る舞うべきかを規定することもある。後々、こんなはずではなかったのにという思いを持たないで済むように、選挙の原則や基本的な仕組みを知っておくことは重要である。

本ワークと選挙の関係　　例えば、自分自身が少数政党を支持している場合を考えてみる。自分自身の思いがより多く反映されるように投票しようと考えた際の合理的な振る舞いが、小選挙区制と比例代表制では変わってくることが想定される。最も多くの票を集めた者しか当選することができない小選挙区制では、自分自身の一票が死票になることを嫌い、当選の見込みのない自身の支持する少数政党の候補者ではなく、当選の見込みのある大政党の候補者のなかでより志向が近い政党の候補者に投票し、比例代表制ではそのまま自身の支持する政党の候補者に投票することになるのではないだろうか。また、小選挙区制では少数意見の反映が難しくなるが、社会的な分裂を招かないためにはそれらの意見にも耳を傾ける必要があるし、比例代表制では意思決定のスピードが遅くなりがちである。

　このように、選挙制度1つをとってみても、それぞれに特徴があり、その特徴を知っておくことで、自分自身の投票行動を変更し、政治的有効性感覚を高めることが可能になっていく。

(2) 展開のしかた

○　説明
　　説明例「模擬選挙に先立って、選挙制度について復習しましょう。」
　　　「投票に当たって重要になる『選挙の基本原則』『参政権』『選挙制度』『政党』『選挙の諸問題』をまとめたワークシートに記入しましょう。」

○ 活動 ワークシート（15分）
　・適宜、教科書などを参照しながら、ワークシートへの記入および答え合わせを行う。
　・その際、模擬選挙で対象としている選挙の選挙制度や、選挙制度と政党制の関係など、複数の物事をつなげて説明することで、深い理解を促していく。

○ まとめ・振り返り
　特になし

CASE［選挙のルールって？］

　模擬選挙に当たって、生徒たちが何か話し合っているようです。

> うーん、誰に投票しようかな。
> そうだ、Aくんは誰に投票したのだろう。参考にしたいから、聞いてみよう。

> ごめんね、誰に投票したかは教えたくないんだ。それに、誰に投票したかを明らかにすることは強制されないんだよ。これは近代選挙の大切な要素の1つとされて保護されているんだ。

> ほかにも選挙の時に守られるべき原則（権利）があるよね。選挙に関する制度やルールにはどんなものがあるのだろう？

　年齢の条件を満たした日本国民はみな選挙権を得ますが、この選挙はどのようなルールの下で行われるのでしょうか。模擬選挙を行う前に、選挙のルールを確認してみましょう。

問1：選挙の基本原則について、下の語群から最も適合する語句を選び、空欄を埋めてください。

_____選挙：一定の年齢に達した国民に選挙権・被選挙権を認める制度

_____選挙：票の価値が等しい、一人一票の選挙制度

_____選挙：投票の自由を確保するために、投票者の氏名を記入しないで投票すること

_____選挙：選挙人が直接被選挙人に投票する制度

秘密　　普通　　直接　　平等

問2：日本における参政権の拡大について、下の語群から最も適合する語句を選び、空欄を埋めてください。

　大日本帝国憲法が制定された際の選挙制度は、_____選挙であり、投票権を与えられたのは、25歳以上の男子で_____以上の者だけでした。その後、1925年に_____の普通選挙制度が、1945年に_____の普通選挙制度が導入されました。

男女　　一定納税額　　男子　　制限

問3：選挙制度について、下の語群から最も適合する語句を選び、空欄を埋めてください。

　選挙制度には、選挙区内の立候補者の中での得票数の多さで当選者を決定する_____選挙と、政党の得票数に比例して議席が配分される_____選挙があります。

　選挙区選挙は、一選挙区から一人の議員を選出する_____制と複数の議員を選出する_____制に分けられます。

　小選挙区制では、選挙区内で最も多くの票数を集めたものが当選するため、幅広く支持を集める大政党に有利に働き、_____制になる傾

向にあります。また、小選挙区制では議席の過半数を占める政党の出現が容易になるため、安定した政権が生まれやすく、同時に政権交代が生じやすくなると言われています。

　一方、比例代表制では、少数政党でも議席獲得の可能性が高くなるため、＿＿＿＿＿制になる傾向にあります。選挙民の政党支持の分布がそのまま議席に反映されるため、＿＿＿＿＿が減り、社会の多様な利害が議会に反映されるようになる半面、＿＿＿＿政権が生まれやすく、小党分立の傾向が出た場合は政治が不安定化すると言われています。

　日本の選挙制度は、衆議院は小選挙区と全国11ブロック単位の比例代表制とを組み合わせた＿＿＿＿＿＿＿＿＿＿制であり、参議院は全国を単位とする＿＿＿＿＿＿＿代表制と原則として都道府県を単位とする選挙区選出制度が並立しています。

　なお、衆議院と参議院の選挙制度では、＿＿＿＿＿＿を衆議院では認めている点や、比例代表の選挙区において全国を11に分けるブロック制を採用している衆議院、全国を＿＿＿＿＿＿としている参議院であるといった点、比例代表選挙において＿＿＿＿＿名簿式を採用している衆議院、非拘束名簿式を採用している参議院といった違いがあります。

> 選挙区　重複立候補　大選挙区　多党　比例代表　拘束　二大政党
> 連立　1つの選挙区　非拘束名簿式比例　小選挙区　死票
> 小選挙区比例代表並立

問4：政党について、下の語群から最も適合する語句を選び、空欄を埋めてください。

　政党とは、政治的な主義・主張の近い人々が集まって政権の獲得や自分たちの政策の実現を目指すための政治活動を行う集団です。制限選挙下では政治に参加できる余裕（教養や財産）をもった有力者からなる＿＿＿＿＿＿政党が中心でしたが、選挙権の拡大に伴い多くの選挙民大衆（一般の人々）を組織した＿＿＿＿＿＿政党が台頭し、影響力を発揮しました。その後、社会の発展に伴い、階級対立があいまいになる中で登場し、広く国民全体を対象としているのが＿＿＿＿＿政党です。複数の政党が政策実現を競い合う政治のことを＿＿＿＿＿政治といいます。

なお、政党に対して強い影響力を持ち、特定の利益の実現のために地域をこえて恒常的に政治や行政に働きかける団体は＿＿＿＿＿＿（圧力団体）と呼ばれています。

> 政党　大衆　利益集団　包括　名望家

問5：選挙をめぐる諸問題について、下の語群から最も適合する語句を選び、空欄を埋めてください。

都市部への人口集中を背景に、日本の選挙では＿＿＿＿＿＿問題と呼ばれる定数不均衡が永らく問題となっています。他にも、金権汚職事件の発生は、＿＿＿＿＿＿＿＿の改正により政治資金の透明化が図られるようになり、＿＿＿＿＿＿＿＿には一定の制限がかけられています。一方、これらの制限を補う形で、＿＿＿＿＿＿により政党は政党交付金が国庫から支払われるようになりました。

また、選挙運動における違反は、公職選挙法によって規制されており、選挙期間前に選挙運動を行う＿＿＿＿＿＿や、各家庭を訪問して投票を依頼する＿＿＿＿＿＿＿の禁止などが定められています。

日本の選挙における諸問題において、近年特に深刻な問題とされているのが投票率が長期低落傾向にあることであり、国民の＿＿＿＿＿＿＿への対応はマニフェストなどの導入を促すことになりました。

> 政治資金規正法　政治的無関心　事前運動　政党助成法
> 一票の格差　政治献金　戸別訪問

(3) 指導のポイント

解答 ワークシート（穴埋め問題）の解答は、次のとおりである。

問1：選挙の基本原則について、下の語群から最も適合する語句を選び、空欄を埋めてください。

　　　普通　　選挙：一定の年齢に達した国民に選挙権・被選挙権を認める制度

　　　平等　　選挙：票の価値が等しい、一人一票の選挙制度

　　　秘密　　選挙：投票の自由を確保するために、投票者の氏名を記入しないで投票すること

　　　直接　　選挙：選挙人が直接被選挙人に投票する制度

問2：日本における参政権の拡大について、下の語群から最も適合する語句を選び、空欄を埋めてください。

　大日本帝国憲法が制定された際の選挙制度は、　制限　選挙であり、投票権を与えられたのは、25 歳以上の男子で一定納税額以上の者だけでした。その後、1925 年に　男子　の普通選挙制度が、1945 年に　男女　の普通選挙制度が導入されました。

問3：選挙制度について、下の語群から最も適合する語句を選び、空欄を埋めてください。

　選挙制度には、選挙区内の立候補者の中での得票数の多さで当選者を決定する　選挙区　選挙と、政党の得票数に比例して議席が配分される　比例代表　選挙があります。

　選挙区選挙は、一選挙区から一人の議員を選出する　小選挙区　制と複数の議員を選出する　大選挙区　制に分けられます。

　小選挙区制では、選挙区内で最も多くの票数を集めたものが当選するため、幅広く支持を集める大政党に有利に働き、　二大政党　制になる傾

向にあります。また、小選挙区制では議席の過半数を占める政党の出現が容易になるため、安定した政権が生まれやすく、同時に政権交代が生じやすくなると言われています。

　一方、比例代表制では、少数政党でも議席獲得の可能性が高くなるため、＿多党＿制になる傾向にあります。選挙民の政党支持の分布がそのまま議席に反映されるため、＿死票＿が減り、社会の多様な利害が議会に反映されるようになる半面、＿連立＿政権が生まれやすく、小党分立の傾向が出た場合は政治が不安定化すると言われています。

　日本の選挙制度は、衆議院は小選挙区と全国 11 ブロック単位の比例代表制とを組み合わせた＿小選挙区比例代表並立＿制であり、参議院は全国を単位とする非拘束名簿式比例代表制と原則として都道府県を単位とする選挙区選出制度が並立しています。

　なお、衆議院と参議院の選挙制度では、重複立候補を衆議院では認めている点や、比例代表の選挙区において全国を 11 に分けるブロック制を採用している衆議院、全国を＿1つの選挙区＿としている参議院であるといった点、比例代表選挙において＿拘束＿名簿式を採用している衆議院、非拘束名簿式を採用している参議院といった違いがあります。

問 4 ：政党について、下の語群から最も適合する語句を選び、空欄を埋めてください。

　政党とは、政治的な主義・主張の近い人々が集まって政権の獲得や自分たちの政策の実現を目指すための政治活動を行う集団です。制限選挙下では政治に参加できる余裕（教養や財産）をもった有力者からなる＿名望家＿政党が中心でしたが、選挙権の拡大に伴い多くの選挙民大衆（一般の人々）を組織した＿大衆＿政党が台頭し、影響力を発揮しました。その後、社会の発展に伴い、階級対立があいまいになる中で登場し、広く国民全体を対象としているのが＿包括＿政党です。複数の政党が政策実現を競い合う政治のことを＿政党＿政治といいます。

　なお、政党に対して強い影響力を持ち、特定の利益の実現のために地域をこえて恒常的に政治や行政に働きかける団体は＿利益集団＿（圧力団体）と呼ばれています。

問5：選挙をめぐる諸問題について、下の語群から最も適合する語句を選び、空欄を埋めてください。

　都市部への人口集中を背景に、日本の選挙では<u>一票の格差</u>問題と呼ばれる定数不均衡が永らく問題となっています。他にも、金権汚職事件の発生は、<u>政治資金規正法</u>の改正により政治資金の透明化が図られるようになり、<u>　政治献金　</u>には一定の制限がかけられています。一方、これらの制限を補う形で、<u>政党助成法</u>により政党は政党交付金が国庫から支払われるようになりました。

　また、選挙運動における違反は、公職選挙法によって規制されており、選挙期間前に選挙運動を行う<u>　事前運動　</u>や、各家庭を訪問して投票を依頼する<u>　戸別訪問　</u>の禁止などが定められています。

　日本の選挙における諸問題において、近年特に深刻な問題とされているのが投票率が長期低落傾向にあることであり、国民の<u>政治的無関心</u>への対応はマニフェストなどの導入を促すことになりました。

　選挙制度について説明するときは、政党制の特徴と関連づけて説明するなどの工夫をするとより深い理解を促すことができる。

　例えば、小選挙区制では二大政党制になりやすいといわれているが、これはなぜだろうか。小選挙区制では、選挙区から1人しか当選できないため、支持者の多い大政党に有利になる。政党政治において、政党は政権の獲得を目指すものであるため、有権者は当選した議員が与党の一員として政権運営に影響力を発揮することを通常期待する。そのため、第1党や第1党に真剣に挑戦する政党として認識された第2党以外は、当選後に政権に及ぼす影響が限られると判断され、当選の見込みが薄くなっていく。

　このような状況が続くと、少数政党の支持者は自分自身の投票が死票となることを避けるために自分自身の選好により近い大政党に投票するようになり、大政党には純粋な支持者の数よりも多い票が集まるようになる。そのため、小選挙区制は二大政党制を生み出しやすい、とされている。実際、日本においても小選挙区比例代表並立制となってから、自民党と民主党の二大政党化が進み、民主党（2009年）、自民党（2012年）と二度の政権交代が起きている。

　その後、自民党が優位な状況となっているが、今後どのような政党体制が築かれていくのか、注目が集まっている。

参政権の拡大

　大日本帝国憲法が公布され、国民が初めて投票権を得たときの有権者数は、全国民の 1.1％、約 45 万人に過ぎなかったといわれている。

　これは、当時の選挙が制限選挙であり、性別に加え納税額による厳しい制限があったためである。また、被選挙権も選挙権と同じ要件を満たした満 30 歳以上の男子に限られており、投票方法も記名式の投票であった。なお、1890 年に実施された第 1 回目の衆議院議員総選挙の投票率は 93.7％であり、これは歴代の国政選挙における最も高い投票率となっている。

　その後、産業が発達し、近代化が進むにつれ、国民の政治への関心が次第に高まり、普通選挙を求める運動が盛んになり、選挙権の制限や投票方法の改善が進められていく。

　1900 年には、納税要件が緩和されるとともに、記名投票が秘密投票へと変更された。その後も納税額の制限が段階的に緩和されていき、1925 年には男子普通選挙が実現された。この時の有権者の割合は全国民の 20％ほどとなっている。1945 年には男女普通選挙が実現され、全国民に占める有権者の割合は 48％となり、直近の衆議院議員総選挙では 83％までになっている。

　なお、2016 年に選挙権年齢が「18 歳以上」に引き下げられた結果、新たに 240 万人が有権者となり、国民全体に対する割合でみると約 2％、有権者が増えることになる。

2 選挙の基本的な事柄を学ぼう 実施形態： レクチャー 個人ワーク

WORK 2
選挙のルールを知ろう

難易度 ★☆☆ 20分

【単元の目標】
　生徒達が選挙にあたって自分たちがやって良いこと、やってはいけないことを学ぶ。

▶

【構成のねらい・授業の工夫】
　本ワークでは、○×形式のクイズを通して、主に選挙期間において生徒たちに認められる活動と、そうでない活動を、実際に起こりうる状況を想定して具体的に学ぶ。
　また、クイズの実施後に、政治活動と選挙運動の概念的な整理を行うことで、本質的な理解を促していく。

【授業計画】

時間	学 習 内 容	生徒の学習活動
15分	選挙運動の学習	ワークシートを解き、選挙期間に認められる活動／認められない活動を具体的に学習する。
5分	政治活動と選挙運動	選挙運動と政治活動について、定義や概念的な区分について学習する。

【準備物】
☐　ワークシート
☐　副教材

⑴ 本ワークの意義

主権者教育と本ワーク　18歳選挙権の実現により、学校内に選挙運動を認められた者と認められていない者とが混在することになる。このような状況において、問題の発生を防ぐシンプルな方法は、最も厳しい水準の規制を一律に適用することである。

しかし、一方的に与えられた基準に従うだけでは、新しい主権者像のキーワードである「政治的リテラシー（政治的判断力や批判力）」を身に付けることは難しい。また、自分自身が政治に対してどれだけの行動ができるのかというテーマは生徒たちにとって身近な争点であり、リアリティを持ったテーマであるともいえる。このため、一方的に基準を当てはめてしまうことは、生徒たちが自ら考え、行動することで政治的リテラシーを育んでいく最大の機会を奪ってしまうことにもなりかねない。

多様化する人々のライフスタイルや価値観を背景に、社会的な問題の解決はますます高度なものとなっている。そのような中で、主権者の一人として能動的に問題解決に取り組んでいくためには、日々の経験を通して自らの政治的リテラシーを高めていくことが重要になる。

本ワークで扱うような身近なテーマの検討を通して、生徒たちが政治的リテラシーを獲得、向上させ、他の社会的問題にも積極的に取り組んでいくことが期待される。

本ワークと選挙の関係　学校内に選挙運動が認められた者と認められない者とが混在した環境では、生徒たち一人ひとりが、自分自身は何ができて、何ができないのかを知り、主体的に認められた権利の範囲内で活動をすることが重要になる。

例えば、18歳未満の者の選挙運動は一切禁じられているため、18歳未満の生徒が、18歳の生徒の様子を真似てなんとなく選挙運動を行ってしまう、といった事態は避けなければならない。

生徒一人ひとりが「自分ごと」として地域のことを考え、学校以外の場所でも適切に行動できるようになることが期待されている。地域の社会的問題解決の手段として選挙は重要な機会を提供している。生徒たちの思いが地域に向けられたときに、問題を起こすことなく地域で活躍できるようになるために、本ワークが扱うような選挙でできること・できないことを学ぶことは重要な意味を持つ。

⑵ 展開のしかた

○ 説明
　説明例「民主主義において選挙は重要な仕組みですが、特定の人に有利
　にならないように様々な配慮がなされています。」
　「選挙期間中に行われる選挙運動についても一定のルールがあります。
　この学校にも、すでに選挙権を持っている人がいますし、皆がルール
　を破ることなく政治や選挙に向き合えるよう、私たちにできること・
　できないことを学びましょう。」

○ 活動
　①ワークシート「○×クイズ」（15分）
　・ワークシートを基に、選挙においてできること・できないことを○×ク
　イズ形式で学ぶ。
　・クイズ終了後、教員による解説を行う。

　②選挙運動と政治活動の違いについて学ぶ（5分：レクチャー）
　・選挙運動と政治活動の違いについて、副教材なども用いながら学ぶ。

○ まとめ・振り返り
　特になし

CASE ［選挙のルールって？］

　無事、満18歳となって初めて選挙権を得た生徒たち。週末には、初めての投票日を迎えます。

> B君、前にA候補者のことを応援しているって言ってたよね。僕も同じなんだ。一緒に投票に行って、A候補者に投票しない？

> ごめんね、誰に投票したかは教えたくないから、一人で投票に行こうと考えているんだ。

> そんなこと言って、A候補者に投票しないつもりでしょう。そんなことがないように一緒に投票所に行こう。それに、投票の時、名前の下に〇印（まるじるし）を付けておいてね。A候補者の陣営の開票立会人の人にその票があったか確認してもらうんだから。

　さて、このやり取りは、問題があるでしょうか。

　選挙は一定のルールの下で行われています。特に、一部の行為は法律で禁止されており、違反した場合には刑事罰が科せられることもあります。

　「知らないうちに違反を犯してしまった」といったことがないように、他にはどのようなルールがあるのかを学んでいきましょう。

❖ワークシート

1

問：選挙運動について述べた次の文章について、正しいものには○を、誤っているものには×を、下の解答欄に記入してください。

① 選挙権を持つのは 18 歳からである。
② 選挙の投票日までに 18 歳になる人だけが選挙権を与えられる。
③ 18 歳および 19 歳の有権者の投票の対象となる選挙は、国政選挙（衆議院議員選挙、参議院議員選挙）だけである。
④ 選挙運動は年齢に関係なく行うことができる。
⑤ 部活動や塾、家族の予定などがあって投票日に投票に行けない場合でも、投票することができる。
⑥ 自宅に郵送されてきた投票所入場券をなくしてしまっても、投票することができる。
⑦ 部活動の OB である卒業生からの求めに応じて、選挙運動のために部員の連絡先一覧を提供してもよい。
⑧ 17 歳以下であっても、友人から誘われた場合は候補者の演説会の手伝いをすることができる。
⑨ 18 歳以上であれば、法律の範囲内で候補者の選挙運動を手伝うことができる。
⑩ 18 歳以上であれば、選挙事務所で投票を依頼する電話掛けのアルバイトをすることができる。
⑪ 18 歳以上であれば、候補者への投票を呼び掛けるビラを街頭で配るアルバイトを行うことができる。
⑫ 18 歳以上の生徒が選挙運動を手伝ったお礼に、ファミリーレストランで食事をごちそうになったが、このことは問題がない。
⑬ 18 歳以上の者は誰でも選挙期間中に電子メールで支援する候補者に対する投票依頼をすることができる。
⑭ 18 歳以上の者であったとしても、facebook などの SNS を用いて選挙運動をすることはできない。
⑮ 18 歳以上の者であれば、自分自身のブログに候補者や政党のポスターを掲示することができる。
⑯ 選挙権のない 18 歳以下の生徒でも他の生徒の twitter 上の選挙運動に該当するつぶやきをリツイートすることができる。
⑰ 実際の選挙を題材にした模擬選挙の結果を facebook や twitter で公開することができる。
⑱ 自分自身が作った政治家（政党）を応援するポスターを学校内に掲示することができる。
⑲ 選挙運動を禁じられた 18 歳未満の者でも、特定の候補者を当選させる目的でそれ以外の候補者を落選させるための行動をすることができる。
⑳ 有権者として初めて迎える選挙。初めての選挙運動として、同じ有権者の同級生の自宅を訪ねて選挙運動を行うこととした。このことに問題はない。

解答欄

1	2	3	4	5
6	7	8	9	10
11	12	13	14	15
16	17	18	19	20

選挙運動の定義
　「特定の公職の選挙につき、特定の立候補者または立候補予定者に当選を得させるため投票を得もしくは得させる目的をもって、直接または間接に必要かつ有利な周旋、勧誘その他諸般の行為をすること」

政治活動の定義
　「政治上の主義もしくは施策を推進し、支持し、もしくはこれに反対し、または公職の候補者を推薦し、支持し、もしくはこれに反対することを目的として行う直接間接の一切の行為」

選挙運動と政治活動の関係を示す図

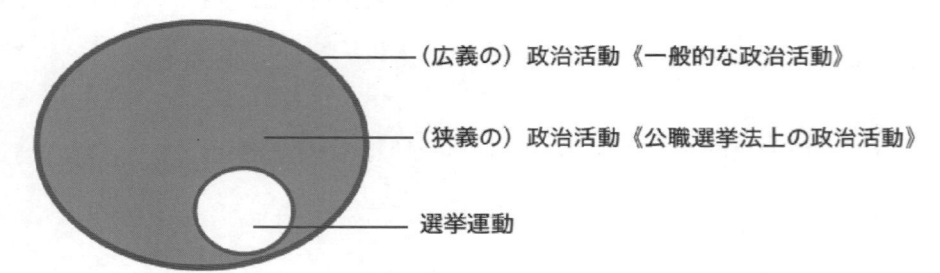

出所：総務省、文部科学省「私たちが拓く日本の未来」2015 年

　選挙運動は政治活動の一部であるものとして、理論的に区別されている。具体的な行動が選挙運動に該当するかどうかは、行動が行われた状況を踏まえて総合的に判断されることになる。選挙運動に違反する行為には、罰則も設けられている。違反したときの影響も認識した上で、違反しないように十分に注意する必要がある。

一般的に選挙運動とみなされる行為

- ● 電話やインターネット（電子メールを除く。）、たまたま街中などで会った人に直接働きかけるなど、投票を依頼する行為
- ● ビラ配りや連呼などの選挙人に働きかける行為
- ● 個人演説会の弁士
- ● 労務提供（指示をされて行う自動車の運転や演説会場の設営、手紙のあて名書き、ポスターの掲示等）
- ● 選挙運動資金の寄付（ただし、政治資金規正法の制限がある。）

(3) 指導のポイント

1 のクイズの解答は、次のとおりである。

①：○

②：×

投票は、選挙権を有し、選挙人名簿に登録されている場合に行うことができる。選挙権は、日本国民である年齢満 18 歳以上の者に与えられる。満 18 歳以上であるかどうかの算定は、投票日時点において行うこととされている。満年齢では、生まれた年の翌年の誕生日の前日に満 1 歳になるとされていることから、投票日の翌日に満 18 歳の誕生日である人まで選挙権を持つことになる。

以上を踏まえて、設問①は正しく、設問②は投票日の翌日に 18 歳の誕生日を迎える者が選挙権を持つことになるので正しくないということになる。

なお、選挙人名簿への登録は、その市区町村において住民票が作成された日又は転入届を行った日から引き続き 3 か月以上住民基本台帳に記載されていることが必要となる。進学や就職などに伴い住所が変わる場合などは、速やかに住民票を移すようにする必要がある。

参考図「誕生日と選挙の関係」

※第 23 回参議院議員通常選挙（平成 25 年 7 月 21 日執行）の例

| 公示日 | | 選挙運動可能期間
公示日 ～ 投票日前日 | | 投票日前日 | | 投票日 | | | |

| 7月4日（木） | | | | 7月20日（土） | | 7月21日（日） | | 7月22日（月） | | 7月23日（火） |

満18歳の誕生日	選挙権	選挙運動	選挙運動の注意点
7月5日（金）以前	○	○	7月4日（木）（公示日）から7月20日（土）（投票日前日）まで選挙運動を行うことができる。
7月6日（土） ～21日（日）（投票日）	○	△	誕生日前日から7月20日（土）（投票日前日）まで選挙運動を行うことができる。
7月22日（月）	○	×	誕生日前日は投票日のため、選挙運動はできない。
7月23日（火）以降	×	×	

出所：総務省、文部科学省「私たちが拓く日本の未来」2015 年

③：×

選挙権は、国政選挙、地方選挙の区別に関わらず、全ての選挙に対して付与される。そのため、設問③は選挙権の対象を国政選挙のみに絞っているため正しくない。

④：×

選挙運動を行うことができるのは、18 歳以上の者に限られている。18 歳未満の者同士で選挙運動が行われることや、18 歳未満の者が 18 歳以上の者に選挙運動を行う

ことは禁止されているので、注意が必要である。

⑤：○

　期日前投票の仕組みを用いることで、期日前投票所において投票することができる。投票日に予定があるからと言って投票をあきらめてしまうのではなく、期日前投票を活用し、政治的意思表明を行っていくことが期待される。

⑥：○

　投票所では、誤って二重に投票されることがないように、事前の本人確認が必要となっている。事前に郵送される投票所入場券は、本人確認を円滑にするために発行されているものである。
　したがって、紛失などにより、投票所入場券を持参できない場合は、投票所を訪れた際に生年月日や住所等を用いて選挙人名簿と照合し、本人であることが確認できれば、投票することができる。

⑦：×

　部活動などの連絡先一覧は、緊急時の連絡など、選挙とは異なる目的で作成されているものである。個人情報の目的外利用に当たる可能性もあるので、名簿の提供はしないのが適当である。

⑧：×

　設問⑧は、選挙運動に該当する。18歳未満の者は選挙運動ができないので、設問⑧のように演説会を手伝うことはできない。

⑨：○

　満年齢18歳以上の者は選挙運動を行うことができる。選挙運動に当たっては成人と同様に公職選挙法等が定める法規に従う必要がある。

⑩：×

　電話で直接有権者に投票を依頼する行動は選挙運動に該当する。選挙運動の対価として報酬をもらうことは禁じられているため、設問⑩は不適切である。
　なお、選挙に当たって報酬を受け取ることができるのは、選挙運動用自動車のいわゆるうぐいす嬢や手話通訳者などの一部の選挙運動員、選挙事務所内で事務作業に従事する選挙事務員、自動車運転やお茶くみ、会場設営などの単純作業に従事する労務者のみとなっている。

※労務者：指示をされて行う自動車の運転や演説会場の設営、手紙のあて名書きなど、自分自身の判断を伴わない単純労働を行う者。なお、ビラ配りや連呼などの有権者に直接働きかける行為は、指示に従って行った場合でも労務とは認められないので注意が必要である。

⑪：×

　候補者への投票を呼び掛けるチラシ（選挙運動用ビラ）を配ることは、他の者から指示されたとおりに機械的に行ったとしても、一般的には選挙運動になる。公職選挙法では選挙運動の対価として報酬を得ることが禁じられているため、設問⑪は不適当である。

⑫：×

　選挙運動の見返りに金品を贈ったり、飲食でもてなしたりすることは、公職選挙法に違反する。選挙運動のお礼として提供されたものであれば、食事やサービスの価格の高低は問題にならないため注意が必要である。

⑬：×

　電子メールは基本的に受信者しか読むことができず、秘密性が高く不正が横行しがちであることなどから、電子メールを利用した選挙運動ができるのは候補者本人と政党に限られている。設問⑬では、電子メールを用いて選挙運動を行っているため適切でない。

⑭：×

　18歳以上の者であれば、facebook や twitter、LINE などのウェブサイト等を利用する方法による選挙運動を行うことができる。ただし、ウェブサイトを利用した選挙方法を行う場合、電子メールアドレスやその人に連絡するために必要となる情報（twitter のユーザー名や返信用フォームの URL 等）を表示することが義務付けられている。虚偽の氏名や身分を表示した場合は罰せられるため注意が必要である。

⑮：○

　ブログもウェブサイトの1つとして選挙運動に使用することが認められている。ウェブサイトを用いて選挙運動を行う際の主なルールは、「電子メールやアドレスその他のインターネット等を利用する方法によりその者に連絡する際に必要となる情報」を表示することである。そのため、電子メールアドレスや返信用フォーム等、何らかの連絡先を表示しておけば、設問⑮のように自分自身のブログに候補者政党のポスターを掲示することができる。ただし、ブログに掲載したポスターなどの画像を印

刷して配布や掲示を行うことは公職選挙法上の文書図画の頒布・掲示の規制に当たることから認められない。

⑯：✕

　一般的に選挙運動に該当するつぶやきをリツイートすることは選挙運動に該当する可能性が高いため、18歳未満の生徒は注意する必要がある。なお、選挙運動に関する情報へのfacebookの「いいね」やtwitterの「返信」は、直ちに選挙運動とみなされる可能性は低いが、状況によっては選挙運動用文書の文書図画の頒布とみなされる可能性がある。

⑰：✕

　選挙期間中に、実際の候補者への投票として模擬選挙を行う場合、実際の選挙結果が確定する前に模擬選挙の結果を公表することは、公職選挙法の禁じる人気投票の公表に当たるとされている。そのため、選挙期間中は模擬選挙の結果を公表することができない。また、模擬選挙以外の方法でも選挙期間に実際の候補者を対象に人気投票を行った場合は模擬選挙と同様に結果を公表できないことになるので、留意する必要がある。

⑱：✕

　ほとんどの選挙の場合、選挙運動用のポスターは、公営のポスター掲示場1か所につき1枚など、掲示に当たってのルールが定められている。また、公立の学校などの国または地方公共団体が所有・管理する施設にはポスターを掲示することができない。そのため、設問⑱にあるように選挙運動用のポスターを学校内に掲示することはほとんどの選挙においてできない。

⑲：✕

　単に特定の候補者の落選のみを図る行為は選挙運動に該当しない。そのため、18歳未満の者の選挙運動を禁じた公職選挙法に抵触しない。しかし、特定の候補者を当選させるためにそれ以外の候補者の落選を図る行為の場合は、事情が変わる。その場合には、特定の候補者以外の落選を図った行為が、特定の候補者の当選のための行動とみなされ、選挙運動として捉えられることになる。
　18歳未満の者は選挙運動を行うことが禁じられているので、設問⑲のようなケースは不適切な行動といえる。

⑳：✕

　設問⑳にあるように、相手の家を訪ね、投票依頼や特定の候補者のための落選運動を行うことは「戸別訪問」として公職選挙法で禁じられている。これは、戸別訪問が買収などの違法行為の機会となって選挙の自由や公正を害するおそれがあるためである。ただし、商業施設や電車などでばったりとあった人にその場で選挙運動を行うことは戸別訪問とはみなされず、法で規制されることはない。

　選挙などの機会を活用し、生徒たちが主体的に地域の課題に関わり、解決に取り組んでいくことは、選挙権年齢の引下げにおける趣旨に適う行動といえる。一方で、法治国家に暮らす私たちは、法律のルールの中で行動をする必要がある。特に、選挙や政治にかかわる活動は、明るい選挙を目指して様々な活動が積み重ねられてきたことからも分かるように、意識をしないと問題が生じやすく、また個別のケースに応じた判断が求められる領域でもある。

　生徒たちが、社会的問題解決に向けた自らの行動が法に適っているかどうかを不安に思うことなく行動できるようになるために、「自分たちがしてもよいこと・してはいけないこと」を伝えることも、投票や社会参画の重要性・必要性を伝えるのと同様に重要視して取り組んでいく必要があるのではないだろうか。

明るい選挙から主権者教育へ

　戦後、選挙に関する常時啓発は、昭和 29 年に法制化された。そこでは、①選挙が腐敗や不正なくきれいに行われること（選挙の浄化）、②有権者がこぞって投票に参加すること（投票参加の促進）、③有権者が日頃から政治・選挙に関心を持ち、政党や候補者を見る目を養うこと（政治意識の向上）の 3 つが大きな目標とされた。具体的な活動は、行政と地域の明るい選挙推進協議会等が連携して取り組み、選挙の浄化については、選挙違反件数の大幅な減少など、一定の成果が見られている。

　18 歳選挙権の実現をきっかけとした主権者教育の促進により、投票参加や政治意識向上のための取組が進められていくことになるが、学校が選挙違反の温床となってしまうことは避けなければならない。特に学校はコミュニティの密度が濃いため、他の者の行動を無意識に真似し、有権者とそうでない者が混在する中で無自覚な選挙違反が生じやすい環境にある。加えて、生徒たちにとって身近な存在である SNS などの普及により、これまで流通する範囲が限られていた私的な情報が、広く世の中に発信されやすい環境となっている。このことは生徒たちが選挙違反を犯してしまう可能性を高めているといえる。

　そのような中で、生徒たちが、自信を持って地域の活動に参加し、主権者として政治にかかわっていくことができるようになるために、これまで常時啓発活動に関する多くのノウハウを蓄積してきた各地域の明るい選挙推進協議会や選挙管理委員会には、学校や地域団体との連携、啓発など、より一層の活躍が期待されている。

WORK 3
世代別推定投票者数

難易度 ★★☆　18分

単元の目標

なぜ、自分たちが投票の機会を主体的に活用しようとするのかを学ぶ。

そのための基本的な事柄として、民主主義社会において日本の若年層は参加者数を増やさないと人口構造的に自らの主張を実現しにくいことを体験する。

構成のねらい・授業の工夫

本ワークの主たる取組は、世代別投票率と世代別人口を掛け合わせて、世代別の推定投票者数を可視化することである。さらに、世代別推定投票者数を基に、どういった事態が起き得るのか、その中でどのような行動が求められるのか、といった問い掛けを行うことで選挙に向けた生徒たちへの動機付けを行う。

授業計画

時間	学 習 内 容	生徒の学習活動
3分	進行方法の説明	
10分	世代別推定投票者数の算出	ワークシートを解き、世代別の推定投票者数や割合を算出し、図示する。
5分	意見交換	リフレクション（問いかけ）を基に、意見交換を行う。

準備物

☐ 世代別投票率
☐ 世代別人口

(1) 本ワークの意義

人口構成と投票率　最終的に多数決で物事を決めていく社会においては、数の力が大きな意味を持つ。少子高齢化の続く日本においては、人口構成が逆三角形型になっていることがよく知られている。

　通常、「若者の低投票率」については、世代別の投票率が注目され、世代ごとの母数（＝人口）の違いには言及されないことが多いように思われる。しかしながら、逆三角形型の人口構成となっている日本社会では、若者の危機感はもっと高まってもおかしくない。元々の母数が少ない若者世代は、他の世代よりも高い投票率を実現しない限り、自分たちの立場を慮った政策を実現することは難しくなるからである。

　投票率に加え、世代別人口の要素を加味することによって、より自分たちが投票することの意味を考え、投票に向けた意識付けを行う。

本ワークと
選挙の関係　選挙において自らの立場に根差した主張を実現していくためには、多数を占めることが重要となってくる。自らの立場は、世代に限らず、宗教や文化、経済的な階層など様々な要因によって規定されることが想定されるが、日本は他国に比べて相対的に上記のような社会的亀裂は少ない。政治が希少性のある資源の権威的な配分行為である以上、政治を通してどのような社会的価値の実現を図っていくかについて、異なる立場の者の間では何らかの争いが生じることとなる。その際、比較的社会的な属性の近い日本では、「世代」が政治を通して実現を求めるものへの大きな違いを生み出す主要な要因となる可能性が高い。

　本ワークでは、具体的な数字を用いて、情報の可視化を図ることで、生徒たちが自分たちの世代が投票することの意味を考えることができるように促していきたい。

(2) 展開のしかた

○　説明
　説明例「模擬選挙を行うに当たって、なぜ私たちが投票するのかを考えてみます。」
　「選挙に関係する報道では、『高齢者向けの政策ばかりで私たち若者向けの政策がない』といった主張を目にすることがあります。このような事態はなぜ起こると思いますか。民主主義の仕組みと、有権者の性質から考えてみましょう。」

○　活動
　①世代別の有権者数の割合を図示する（5分）
　説明例「（あらかじめ用意した）世代別人口の割合に基づいて、世代別の

有権者数を、ワークシートに書きましょう。」

②世代別の有権者数の投票率を確認する（3分）

(説明例)「（あらかじめ用意した）世代別投票率を、ワークシートに書いて
ください。」

※ワークシートでは副教材を使用していますが、世代別投票率を取得
する主要な方法としては、以下の2つがあります。

① 総務省「目で見る投票率」
http://www.soumu.go.jp/senkyo/senkyo_s/data/index.html#chapter1

② 選挙管理委員会による調査
選挙管理委員会でも、地方選挙における世代別投票率を掲載して
いることがある。例えば、埼玉県選挙管理委員会では、国政選挙に
加え、県知事選挙および県議会議員選挙の世代別投票率も掲載して
います。
http://www.pref.saitama.lg.jp/e1701/nenreibetsu.html

③世代別の推定投票者数を算出する（5分）

(説明例)「①で示された世代別の有権者数と②で確認した世代別投票率を
掛け合わせましょう。世代別の推定投票者数と推定投票者全体に対す
る世代別の割合が出てくるのでグラフにしてください。」

○ まとめ・振り返り

※レクチャー

・最終的に多数決で物事を決める社会では、数の力が大きな影響力を持ちま
す。他国では、世代に限らず、宗教や文化、経済的な階層などの様々な要
素によって人々の主張が形作られていきますが、日本では他の要因に比べ
て「世代」が持つ影響力が大きくなっています。

・近年、若年層の投票率の低さは他の世代よりも顕著なものとなっています。
日本の人口構成が逆三角形型になっていることと併せて考えると、投票者
全体における若年層の割合は、実際の人口構成における若年層の割合より
も小さくなっていることがわかります。このことによって、若年層の声が、
より政治に反映されにくくなっている可能性があります。

※リフレクション（問いかけ）

・例えば、あなたが政治家だったとしたら、どの立場の人たちに向けた政策
を主張しますか。

・他の世代と共に自分たち（若年層）のことも尊重してもらうためには、何
が必要だと思いますか。

・例えば、自分たち（〜29歳までの若年層）が60歳以上の方たちと同じだ
けの発言力を持つためには、今の何倍の投票率を実現する必要があります
か。

CASE［なぜ投票に行かなければいけないのか］

　選挙のたびに、「若者は選挙に行かない」ことが繰り返し指摘されています。最近では、大学生などが「自分たち若い年代も投票に行こう」と働きかける運動も見られるようになってきました。そもそも、なぜ、若者が投票に行かなければいけないのでしょうか。マニちゃんたちが何かを話しているようです。

　若者が選挙に行かないから投票率が上がらない、と言われるけど、そもそもお年寄りに向けた政策ばかり。僕たちに向けた政策が書かれていない中でどうやって選べというのだろう？

　投票に行ったとしても、どうせ大勢の中の1人にすぎないし、影響力なんてないんじゃないかな。他にもしたいことがあるのに、なんでわざわざ投票に行かなくてはいけないんだろう。

　それぞれの主張は、自分たちの立場がどのように政治に反映されるか、といったところで通じ合いそうです。自分たちの主張を政治に反映していくために必要なことを考えてみましょう。

1 次の数字は、世代別の有権者数と、有権者数の世代別割合です。有権者数の世代別割合（太枠部分）を、次ページの④に、帯グラフで図示してください。

	20歳代	30歳代	40歳代	50歳代	60歳代	70歳以上
世代別有権者数（千人）	12,870	16,058	18,449	15,448	18,121	23,919
④有権者数の世代別割合 （％）	12.3	15.3	17.6	14.7	17.3	22.8

（出典）総務省統計局「「全国：年齢（5歳階級），男女別人口」平成26年12月確定値」

2 次の折れ線グラフは、衆議院議員総選挙における年代別投票率の推移を表したものです。このグラフから平成26年に行われた衆議院議員総選挙の世代別投票率を読み取り、次ページ⑧の欄に記入しましょう。

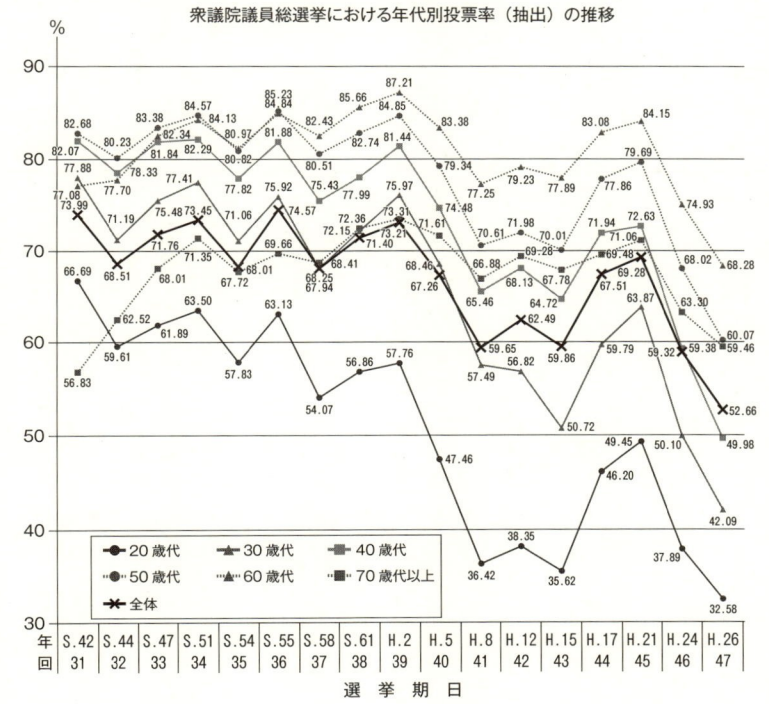

衆議院議員総選挙における年代別投票率（抽出）の推移

（出典）副教材 P25

3 世代別の有権者数と投票率を用いて、各世代で推定される投票者数（推定投票者数）と、全投票者数に占める世代別の割合（推定投票者数割合）を計算して、下の表を埋めましょう。また、推定投票者数割合を、次ページの⑥に、帯グラフで図示してください。

	20歳代	30歳代	40歳代	50歳代	60歳代	70歳代以上
推定投票者数（千人）						
⑥推定投票者数割合 （％）						

ヒント

推定投票者数＝世代別有権者数×世代別投票率
推定投票者数割合＝（求める年代の推定投票者数）÷（20歳代～70歳代以上の推定投票者数の合計）

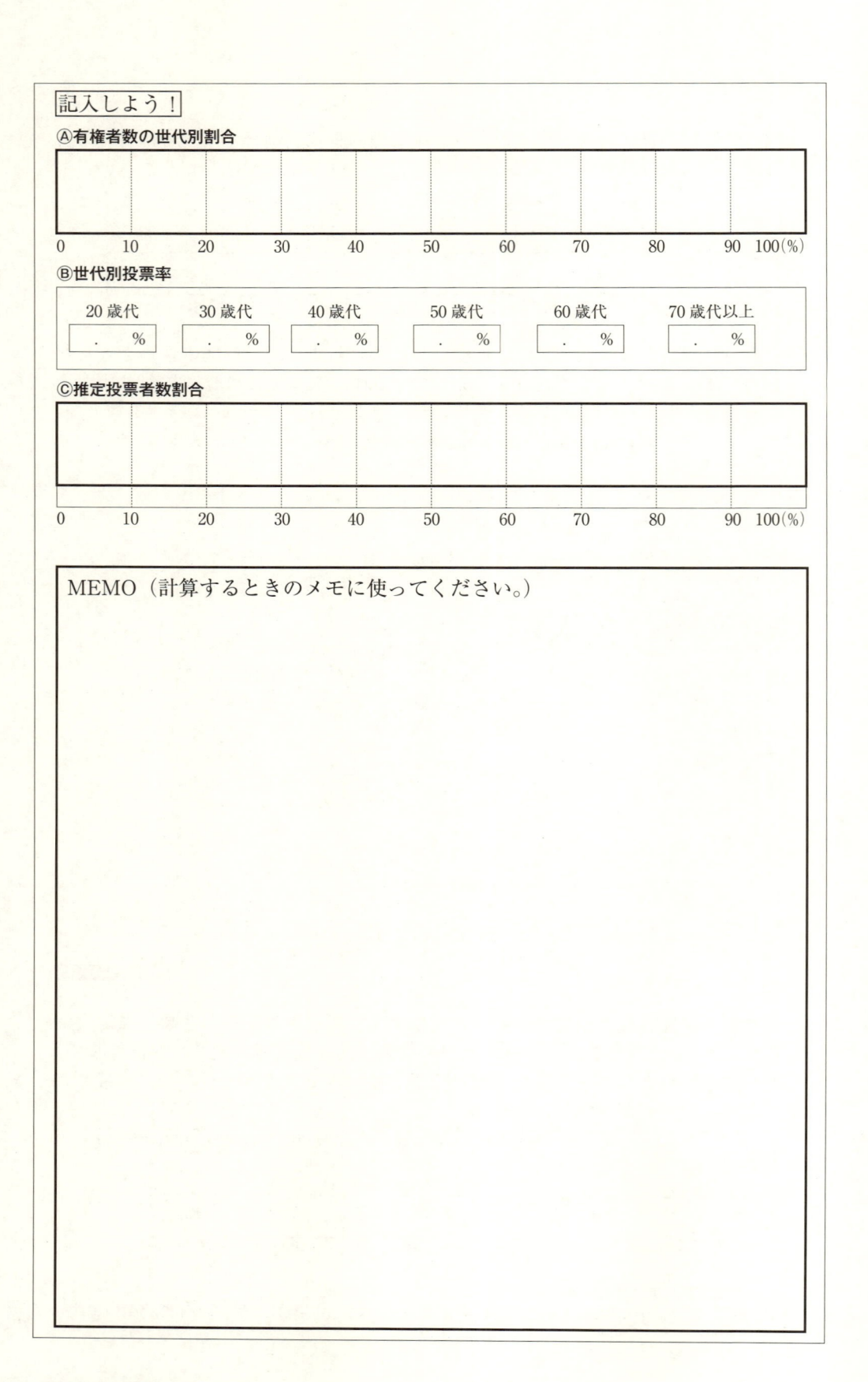

記入しよう！

Ⓐ有権者数の世代別割合

0　10　20　30　40　50　60　70　80　90　100(%)

Ⓑ世代別投票率

20 歳代	30 歳代	40 歳代	50 歳代	60 歳代	70 歳代以上
．　％	．　％	．　％	．　％	．　％	．　％

Ⓒ推定投票者数割合

0　10　20　30　40　50　60　70　80　90　100(%)

MEMO（計算するときのメモに使ってください。）

(3) 指導のポイント

ワークシートの記入例は、次のとおりである。

③推定投票者数と推定投票者数割合

	20歳代	30歳代	40歳代	50歳代	60歳代	70歳代以上
推定投票者数 （千人）	4,196	6,760	9,225	9,284	12,377	14,232
Ⓒ推定投票者数 割合　　　（%）	7.5	12.1	16.5	16.6	22.1	25.4

Ⓐ有権者数の世代別割合

20歳代 12.3	30歳代 15.3	40歳代 17.6	50歳代 14.7	60歳代 17.3	70歳代以上 22.8

0　　10　　20　　30　　40　　50　　60　　70　　80　　90　100(%)

Ⓑ世代別投票率

20歳代	30歳代	40歳代	50歳代	60歳代	70歳代以上
32.6 %	42.1 %	50.0 %	60.1 %	68.3 %	59.5 %

Ⓒ推定投票者数割合

20歳代 7.5	30歳代 12.1	40歳代 16.5	50歳代 16.6	60歳代 22.1	70歳代以上 25.4

0　　10　　20　　30　　40　　50　　60　　70　　80　　90　100(%)

　世代別の投票率に加えて、各世代の有権者数にも着目してみると、選挙における世代ごとの影響率が分かる。

　「投票する人を選びたいけれど、自分たちのための政策が書かれていないから選べない」

　これは、模擬選挙に参加した生徒が口にした言葉である。

　私たちは、選挙を通して、希少な資源を強制的に配分する方法である政治に関わっている。副教材でも取り上げられているように、世代別の投票率は重要である。さらに一歩掘り下げることで、そのことが持つ自分たちにとっての意味に気付き、具体的な行動を考えることができるようになる。また、生徒たちの理解を促すために、答えることのできる質問を用意することも重要である。「特定の世代よりも多くの投票者数を確保するためには、あとどれだけ投票に行けばよいのか」等、具体的な問いを重ねる中で、自分たちにとっての投票の意味を明確にしていきたい。

肩車型社会

　胴上げ型社会、騎馬戦型社会、肩車型社会——これらの言葉が意味するものは何だろうか。

　これは65歳以上の方（便宜上、高齢者と呼ぶ。）に対する20歳から64歳（便宜上、現役世代と呼ぶ。）の世代の方の割合を基に算出した結果をネーミングしたものである。1965年時点では、高齢者の方1人に対して、現役世代は9.1人だった（胴上げ型社会）。2012年時点では、高齢者の方1人に対して、現役世代は2.4人である（騎馬戦型社会）。2050年時点では、高齢者の方1人に対して、現役世代は1.2人（推計）となっている（肩車型社会）。

　20世紀は福祉の時代とも言われ、私たちの生活環境は大きく改善された。一方で、充実した福祉サービスには、支出がつきものである。

　社会の人口構成は長い年月をかけて形成されるものであり、急激に変化させることは難しい。長く続いている少子高齢化の結果として見込まれる将来の社会の状況を踏まえ、社会保障の給付・負担の内容を人口構成の変化に対応したものとしていくことやそのために必要な国民の合意形成を図ること、社会の支え手を増やす努力（子ども・子育て支援や高齢者の方が社会保障の一方的な受け手にならずに長く働き続けられる環境づくりをすること）が重要となってきている。

参考資料
政府広報／内閣官房「明日の安心　社会保障と税の一体改革を考える」
　http://www.mhlw.go.jp/stf/seisakunitsuite/bunya/hokabunya/shakaihoshou/kaikaku.html

　　実施形態：　レクチャー　ディスカッション　個人ワーク

WORK 4
一票の価値

難易度
★☆☆　10分

単元の目標

　若者が投票する意義を考えるために、税金に着目し、一票の持つ価値を自分なりに考える。

▶

構成のねらい・授業の工夫

　総じて社会的経験の少ない若者は、物事を考える世界が自宅や学校等に限られてしまいがちである。その結果、情報をとらえる際に自分の世界にない規模になってしまうと、途端にその情報がリアリティを失ってしまうことがある。

　わたしたちの暮らすまちを支える活動は自分にとってどのくらいの価値があるのかを、規模を身近な尺度へと置き換えていくことで考えていく。

授業計画

時間	学 習 内 容	生徒の学習活動
2分	導入	
5分	1人当たり予算額	ワークシートを解き、住民1人当たり予算の額を算出する。
3分	一票の価値の検討	1人当たり予算額を基に、一票の価値を考える。

準備物

□　対象とする地方自治体の人口・予算が分かる資料
□　ワークシート

(1) 本ワークの意義

一票の価値の可視化　　私たちが選挙の際に投じる一票にはどのような価値があるのだろうか。

そこには、様々な価値が込められているが、1つの表し方として税金の使い道に着目する手段がある。

例えば、地方自治体では二元代表制の仕組みの下、予算案策定（首長）、予算の審議および承認（議会）と、政治家が税金の使い道を決めている。政治家（「案を作る人（首長）」、「案を決める人（議員）」）は選挙を通じて選ばれるため、私たちは投票を通じて間接的に予算の使途を決めているということもできる。

しかしながら、地方自治体の予算は個人の立場で推し量るには規模が大きすぎ、自身がその規模を推し量ることのできる単位へと何らかの変換をすることが必要になる。そこで、「自分のまちの予算＝自分のまちに暮らす全ての人の生活を支えるための資金」と捉え、地方自治体の年間予算を人口で割ることで、一票の持つ金銭的な価値を共有していく。

本ワークと選挙の関係　　社会的経験が少ない若年層の有権者にとって、自分の世界（自宅や学校など）以外の事柄は、自分とは関係のないものとして一緒くたにされてしまう。また、あまりに大きな数も実感が伴わずに表層的な理解にとどまりかねない。

本ワークを通して、住民1人の生活を支えるために使われている税金の金額、ひいてはその原資である私たちが納めている税金について言及することで、投票に対する生徒の関心を喚起していきたい。

(2) 展開のしかた

○ 説明

説明例「選挙の意味を私たちの知っている尺度で推し量るために、金銭的な価値を考えてみます。」

「私たちが選挙を通じて選んだ政治家が、私たちが納める税金を基に予算を決定し、私たちの生活に必要な行政サービス（例えば、身近なところだと教育や消防、警察等が該当します）を行っています。」

「つまり、私たちは選挙（投票）を通して、間接的に予算を決めていることになります。」

「では、この予算での一票当たりの価値がどの程度になるかを確認しましょう。」

○ 活動

一票の価値を計算する（5分）

説明例「○○（自治体名）の人口は、××人です。そして、年間予算は△△億円です。」

「年間予算を人口で割ることで、1人当たりに使われる予算の規模が分かります。」

「実際に、○○（自治体名）の1人当たりの予算の大きさを計算してみましょう。」

▶ 1人当たり予算＝年間予算÷人口

○ まとめ・振り返り

※レクチャー

・私たちが間接的に使い道を決めている予算は、1年間で1人当たり□□万円になります。

・地方自治体の首長、議会議員共に任期は4年ですので、1票は4年分の予算の使い道を決めているとも言えます。そうすると、一票の価値は、「1人当たり年間予算×4（年間）」万円と言えそうです。

・なお、地方自治体の人口には、選挙権を有しない人も含まれていますので、一票の価値は先ほどの割り算よりももう少し大きくなります。

※リフレクション（問いかけ）

・一票の価値を、皆さんのお家（家庭）の単位で考えてみるとどのくらいの金額になりますか。

・皆さんのご家庭でこれだけの金額の買い物をするときに、どうやって買うものを決めていますか。（インターネットや雑誌、口コミや試供品を試しに使ってみることなどが想定されます。）

・皆さんのお家での買い物の仕方を参考に、選挙においてできそうなことは何かありますか。

CASE ［規模の大きい自治体の予算］

　選挙も近づき、生徒たちは自分たちが暮らすそれぞれのまちのことを調べ始めました。

　しかし、調べてみて気が付いたのが、行政が扱う情報の規模の大きさ。自分たちが普段の生活で目にする情報とは単位が違い、なかなか実感を伴った判断ができないようです。

> 授業で紹介された情報を見ていて思ったんだけど、自治体の予算の規模ってすごいよね。毎年、何十億円や何百億円も計上されていて。

> そうだよね。これだけの金額があると、なんでもできちゃいそうだけど。まちの借金が問題、と言われても、規模が大きすぎてあんまりピンとこないんだよね。リアリティがないというか。本当に問題なのかなぁ。

　どうやら、地方自治体が扱う情報の規模が大きすぎて困惑してしまい、自分ごととして捉え直すことができていないようです。どうしたら、地方自治体の予算を身近な情報に捉え直すことができるでしょうか。

あなたのまちの情報を調べてみましょう。

あなたのまちの人口　：＿＿＿＿＿＿＿＿＿＿＿＿人

あなたのまちの年間予算　：＿＿＿＿＿＿＿＿＿＿＿＿＿＿千円

1年間に住民1人に対して使われる予算の金額
（年間予算　／　人口）

：＿＿＿＿＿＿＿＿＿＿＿＿＿＿円

選挙で選ぶ政治家の任期の間に私たち1人に対して使われる予算の金額
（1人当たり年間予算　×　4年（＝首長、地方議会議員の任期）

：＿＿＿＿＿＿＿＿＿＿＿＿＿＿円

⑶ 指導のポイント

　ワークシートの記入例は、次のとおりである（埼玉県の平成27年当初予算を対象とした計算結果）。

　あなたのまちの情報を調べてみましょう。

　あなたのまちの人口（平成27年4月1日時点）　：___7,242,442___人

　あなたのまちの年間予算　：___1,828,998___百万円

　1年間に住民1人に対して使われる予算の金額
　（年間予算　／　人口）

　　：___252,539___円

　選挙で選ぶ政治家の任期の間に私たち1人に対して使われる予算の金額
　（1人当たり年間予算　×　4年（＝首長、地方議会議員の任期）

　　：___25.2万円___　×　4年間　＝　101万円

出典：埼玉県推計人口　http://www.pref.saitama.lg.jp/a0206/03suikei/index.html
　　　埼玉県の予算　https://www.pref.saitama.lg.jp/kense/yosan/yosan/index.html

　実践のヒントとして、次の3点を確認しておきたい。
① 　地方自治体の人口や予算は当該団体のウェブサイトに掲載されている。
② 　毎年、新年度になると、地方自治体の広報誌にその年度の予算（当初予算）に関する記事が掲載され、上記と同様の計算が行われていることがある。
③ 　予算には、当初予算と補正予算があるが、進行を円滑するため本ワークでは当初予算を使用することを前提としている。
　本ワークでは、情報の可視化を促すために、住民1人当たりの単位で考えることにしている。このように、大きな単位のものを小さな単位へと変換することで理解が促進されることがある。
　また、本ワークでは行っていないが、同じ程度の他の具体的なものへと置き換えることも、対象となる事柄（本ワークでは予算）の規模を推し量る上では効果を発揮する。身近な単位へと話を変換することを通して、地方自治体の予算について自分とは関係のない世界の単位・事柄から、自分が関係することのできる世界へと生徒の意識を引き付けるようにしていきたい。

公開討論会での活用事例

　ある公開討論会では、1人当たりの年間予算をより身近なものにするために、一票の価値の計算結果とともに、その金額で買えるものの紹介が行われていた。

　例えば、車を対象に考えると、

　　　1人暮らしの場合……軽自動車

　　　2人暮らしの場合……コンパクトカー

　　　4人暮らしの場合……高級車、外車

　コーディネーターが、「皆さんのご家庭では何人のご家族が一緒に暮らしていますか？」とフロアに投げかけたときの参加者の表情がとても印象的であった。

　さて、これだけの金額に相当する買い物を、私たちはどのように選択して、購入していくのだろうか。他にも様々なもので表現をしながら、一票の価値を考えることも投票の動機付けとしては意義深いことかもしれない。

WORK 5
行政サービスの中身を確認してみよう

難易度
★★☆

15分

単元の目標

　特定のサービスについて、生徒それぞれが居住する地方自治体の現状を調査・比較することで、地域によって行政サービスの内容が異なることを知る。

　行政サービスに違いを生み出す要因として選挙の意味を知る。

構成のねらい・授業の工夫

　よく「政治家なんて誰がなっても同じ。世の中なんて変わらない」という意見が表明されることがあるが、本当だろうか。

　高校生ともなると、様々な地方自治体から生徒が通学していることも考えられる。そこで、特定のサービスについてそれぞれの生徒が住む地方自治体のサービス内容を調査、比較することで、地域ごとの違いおよび違いを生み出す政治・選挙の意味を確認していく。

授業計画

時間	学 習 内 容	生徒の学習活動
	宿題	「子ども医療費無料化施策」について、自分が暮らすまちの取組を調査し、ワークシートにまとめる。
15分	宿題の結果報告と他市の取組みの比較	宿題を基に自身が暮らすまちの取組みを報告するとともに、他自治体の取り組み内容を知る。 　自身が暮らすまちと他自治体の間で生じたサービス内容の違いとその理由について、グループで検討する。

準備物

☐　ワークシート
☐　生徒宿題のまとめ（地方自治体ごとにまとめる）

(1) 本ワークの意義

行政サービスの水準の違い

　永らく続く少子高齢化の中、地方自治体における支出において、社会保障に用いられる民生費の割合が高まっている。そこで、本ワークでは、民生費の使途の１つであり、生徒たちにとっても比較的身近さを感じることができる「子ども医療費助成（子ども医療費無料化施策）」を取り上げ、地方自治体ごとに提供するサービスの水準が異なることを確認していく。

　2000年の地方分権一括法の施行以降、地方自治体はそれぞれの財源や住民のニーズを見極めながら、提供する行政サービスに工夫をしてきている。

　具体的な取組を通じて、その違いが浮き彫りになった後に、なぜそのような違いが生じたのか（制度的な要因（制度的に違いが生まれることを許したきっかけ）や、住民のニーズ、財政面の制約といった政策の方向性を決めるもの）を問い掛けることは、生徒たちに地方自治や、地方自治体の方向性を決めることの意味を考えさせることにつながる。選挙を通して行う自分たちの意思決定が、具体的な行政サービスとして反映されていることを知ることで、まちのことを自分ごととして考えていくことができるようになっていくことが期待される。

本ワークと選挙の関係

　地方自治体の予算は、人件費や地方自治体の借金返済にあたる公債費など、容易に減らすことのできない義務的な支払費用（経常経費）と、それ以外の使途を自由に決めることのできる政策用の費用（政策的経費）に分かれている。

　地方自治体は、政策的経費を用いて独自の行政サービスを提供している。この独自のサービスをどの程度行うのかを決めるのが選挙であり、本ワークにおいて自治体ごとの違いを知ることで選挙に行くことへの理解を深めていくことが期待される。

(2) 展開のしかた

○　| 説明 | 宿題
　　(説明例)「私たちが暮らすまちのサービスは、どこの地方自治体でも同じでしょうか。私たちの暮らしに身近な福祉サービスを取り上げて考えてみましょう。」
　　「皆さんは、『子ども医療費助成』という施策を知っていますか。これは、特定の年齢までの子ども医療費については、無料にするという政策です。さて、この子ども医療費ですが、皆さんのまちでは、何歳まで無料だったでしょうか。また、全ての子どもが無条件で無料だったでしょうか。」
　　「皆さんが今暮らすまちの取組を調べてみてください。」

○ 活動
1 **子ども医療費助成について調べる**
  説明例「子ども医療費助成を比較できるように項目を用意しました。直接、役所に行ったり、インターネットを用いるなどして、皆さんが暮らすまち（もしくは、自分自身で決めた任意のまち）の条件を調べてみてください。」
  「なお、詳細欄には、具体的な条件の詳細や個別の規定がある場合などに記載してください。」
2 **他のまちの状況を知る**
  説明例「クラス内での共有などを通して、自分が調べたまちのサービスが他のまちとどのような点で異なっているか、またその理由はなんであるのかを考えてみましょう。」

○ まとめ・振り返り
※レクチャー
- 地方自治体が提供するサービスには、最低限度の生活を保障するために全国一律で保障されているものと、その地方自治体が独自の予算で行っているものがあります。
- 例えば、健康で文化的な最低限度の生活を保障する生活保護については、全国、どこの自治体であっても同じ水準のサービスを受けることができます。一方、今回調べたように、自治体ごとにサービス水準が異なるものもあります。

※リフレクション（問いかけ）
- 地方自治体ごとのサービス内容の違いはどのような理由から生じていると思いますか。
- 政治によって、地方自治体の取組に違いが生じる場合、私たちはどのようにして望ましい政策を選ぶことができますか。
- 政策的経費の使途を決める際に考慮すべき条件には、どのようなものがありますか。例えば、子育て支援と高齢者支援などの異なる種類の政策では、どちらを優先することにするのがよいと思いますか。

CASE［自治体ごとの行政サービスの違い］

　模擬選挙を間近に控えて、生徒たちは意見交換をしているようです。政治そのものの果たす役割についての議論でしょうか。少し様子をのぞいてみましょう。

> 大人は、このまちをどうしていきたいのかを考えて投票しなさいって言うけれど、政治家なんて誰がなっても同じじゃないのかな。

> 確かに、そういう意見もあるよね。
> そういえば、私は高校に入ってから初めてお昼ご飯に給食以外のものを食べるようになったんだけど、隣町出身のBくんは中学校から給食がなかったんでしょ。

> あれ、みんなそうだったんじゃないの？　そうか、給食1つをとっても地方自治体ごとで違うんだね。他にも、何か違う政策があるのかな。

　中学校で給食が提供されるかどうかは、地方自治体ごとに違います。地方自治体が提供するサービスには、全国同じ水準で提供されるものと、全国で共通した最低限度の水準に各自治体ごとに独自のサービスを上乗せして提供されるものがあります。

　具体的な事例を基にどのような違いがあるのかを調べていきましょう。

❖ワークシート

1 「子ども医療費助成」について、あなたが暮らす地方自治体のサービス内容を調べてみましょう。調べた結果を基に、次の表を完成させてください。

地方自治体名	対象年齢		所得制限		一部負担
	通院 （歳未満）	入院 （歳未満）	通院	入院	

詳細

2 あなたが調べたまちと、他のまちとでどのようなサービス内容の違いがあったでしょうか。また、その理由はなぜでしょうか。

理　由

(3) 指導のポイント

ワークシートの記入例は、次のとおりである。

---

①「子ども医療費助成」について、あなたが暮らす地方自治体のサービス内容を
調べてみましょう。調べた結果を基に、次の表を完成させてください。

地方自治体名	対象年齢		所得制限		一部負担
	通院 （歳未満）	入院 （歳未満）	通院	入院	
I 市	15歳年度末	15歳年度末	無	無	無

詳細

> 他市では所得制限や、窓口払いは500円までとするなどの条件が発生すること
> があると聞いていたが、本市ではそれぞれ負担は生じていなかった（埼玉県
> 内では負担が生じないことが多いようだが、隣のH市では一部自己負担を行っ
> ているようだ。）。

②あなたが調べたまちと、他のまちとでどのようなサービス内容の違いがあった
でしょうか。また、その理由はなぜでしょうか。

理　由

> 中学校までの医療費の無料化は、2012年に行われた市長選挙において、市
> 長のマニフェストにすぐに行う、と約束されていた。市長の思いが反映され、
> 2013年4月から中学生までの医療費無料化が実現されたのではないかと思う。
> ちなみに、I市では、2012年度までは小学校3年生（9歳年度末）までの医
> 療費助成であったとのことである。

実践のヒントとして、次の2点を確認しておきたい。

①　子ども医療費助成に関する全国的な調査結果は、厚生労働省「乳幼児等に係る医
療費の援助についての調査」として公表されている。

②　生徒たちが調べた結果、近隣市で一律のサービス水準となっていた場合は、上記
資料で異なる水準のサービスを行っている地方自治体を示しながら、なぜ差が生じ
ているのか、と問い掛けていくと、議論を深めることができる。

今回のワークを行うことで、地方自治体が行うサービスには、国民の最低限度の暮
らしを守るために共通して守られる水準と、地方自治体独自で工夫をする部分がある
ことが分かる。使用することのできる予算に限りがある中で、各地方自治体は、子育
てに関することだけでなく、高齢者向けの福祉政策や生徒たちが日々学ぶ学校環境の

整備など様々な取組を行っている。

　今回、調査対象とした子ども医療費助成についても、対象範囲を拡大する地方自治体にとっては新たな支出を強いる取組であり、何歳までを対象として、何らかの条件を設定しながら行うべきかどうか、について検討や実施後の検証がなされている。

　まちに暮らす人々の人口構成やニーズ、財政的な事情、個人の価値観などを通して、最終的にその地方自治体の方針が決められていくことになるが、そこでは首長のリーダーシップが大きく影響している。このような取組を通し、「誰がなっても同じ」とは言い切れないことを確認し、投票行動を通して自分たちでまちの将来を決めていくという意識が育まれていくことが期待される。

地方自治体ごとのサービスの違い

　今回は、紹介していないが、地方自治体が保険者となる国民健康保険の保険料なども、地方自治体によって変わってくる（地方自治体がどの程度保険料への支援を行うかによって、住民の支払金額が変わってくるため）。これらの情報についても調査してみることは、地方自治体ごとの違いを学ぶ上では有力な取組になる。ただし、各種保険料については、住民の所得に応じて細かく保険料設定がなされている。そのため、横並びの比較ができるように条件をそろえてから調査を行うなどの工夫が必要になる。

　現代は、かつてに比べると交通インフラが発達し、人々はよりよい行政サービスを求めて、居住する地域を選ぶことを行いやすくなっている（例えば、子育て世代が子どもの学習環境や行政の子育て支援策を基に住む場所を選ぶことなどが挙げられる。）。より良い行政サービスを提供する地方自治体には多くの住民が集まり、うまくすればより多くの税収を得ることも可能になる。また、逆に提供する内容によっては、税金を納めずに福祉サービスを消費するだけの人たちが多く集まってしまう可能性もある。

　地方自治体間の比較を行う際は、なぜそのような違いが生じているのかについてまで考えをめぐらせることで、物事の多様な理解を行うきっかけを得ることができそうである。

WORK 6
まちの中で政治とのつながりを見付けよう

難易度 ★★☆　25分

単元の目標

　意識して探してみることで、日々の暮らしの様々な場面に政治とかかわる事柄があることを発見する。
　気になる社会的な課題（まちの問題点）が人によって異なることを知る。

構成のねらい・授業の工夫

　本ワークでは、意識して探すことで、日頃見落としがちな日常生活の中にある政治との接点を発見することを目指している。
　生徒には、自ら政治と関わりのある物を見付けるように促すとともに、グループディスカッションを通して、より多様な視点で日々の暮らしと政治とのつながりを感じる事ができるようになるきっかけを提供していく。
　また、教師自らも同様の課題に取り組むことで、生徒が気付きにくいような新しい視点を提示していくことが、学習の発展の方向性として期待される。

授業計画

時間	学 習 内 容	生徒の学習活動
―	宿題	通学路など、日常の生活空間において、①政治に関係のあるもの、②政治によって解決してほしい課題を見付け、写真に撮り、提出する。 ※写真の撮影、提出には、携帯電話やデジタルカメラなど身近な道具の活用を図る。
15分	まちの中の政治の発見	自身の撮影した写真について、どこで発見したものか、なぜ選んだのかといった情報をグループ内で共有する。 ※生徒から提出されたデータは、予め教員が印刷、返却する。 ※拡大地図の準備が可能な場合は、生徒のとった写真を地図上に配置する取組みも行う（ガリバーマップの作成）。
10分	政治が取り組むべき課題の検討	グループで、政治が取り組むべきまちの課題を検討する。

準備物

- ☐ ワークシート
- ☐ 生徒の宿題のプリントアウト（生徒に返却する）

(1) 本ワークの意義

主権者教育と本ワーク　　選挙を通して私たちが選ぶ政治家の活動によって、私たちの生活はどのように変化しているのだろうか。そもそも、私たちの日常的な暮らしの中に政治による影響は生じているのだろうか。

　地方自治体では、議会で承認された予算を基に、様々な行政サービスが住民に提供されている。その中には、街灯の修理や道路の修復、子ども医療費の補助等、生徒の生活に身近なものも含まれている。このように、日頃、行政から何らかのサービスを受けているところには、政治の影響があると言えそうである。

　しかしながら、生活の中で政治との接点を認識することは意識をしないとなかなか難しい。そこで、まず街中に潜む政治的なアイテム（ポスターや掲示板等）を見付けることに取り組む。そうすることで政治に対する生徒たちの感度を高めた上で、政治が関わってくるのではないかというまちの課題を見付け、議論することで、私たちの生活と政治の間につながりがあることを発見していく。街中に潜む社会的問題は、意識をしてみないと気付かないものも多い。ディスカッションを通して新しい視点を得ることで生徒の気付きを促し、私たちが暮らすまちの様々な事柄を政治によって改善していけるのだという意識を育んでいきたい。

本ワークと選挙の関係　　明るい選挙推進協会が国政選挙を対象に行った調査において、有権者が選挙に関する情報として最も多く接したものが掲示板に張られた選挙ポスターであったことが明らかにされている。また、選挙が行われていない時であっても、まちの中には政治家のポスターや後援会の看板など、政治にかかわる情報が存在している。そこで、相対的に見て接触頻度が高いであろうこれらのアイテムを題材に、私たちの生活の中に政治との接点があることを見出し、政治との距離感を縮めていく。その上で、政治が関わる可能性のある題材を見付けることを通して暮らしと政治を結びつけることで、自分ごととして選挙を捉える感覚を育みたい。

(2) 展開のしかた

○　説明（宿題の提示）

　　説明例「私たちの暮らしの中に政治がどのように存在しているのか、ということを考えていきたいと思います。」

　　説明例「授業に当たっての宿題として、以下の2つのものを見付け、写真にとって提出してください。」

　　・通学路や、普段の暮らしの中で見付けた政治に関するアイテム（ポスターや看板、ポスティングされた政治家のチラシなど）

　　・通学路や、普段の暮らしの中で見付けた政治に解決してほしい課題

○　説明

説明例「宿題を出したときに説明したとおり、私たちの暮らしの中で、政治はどのような存在なのか、ということを考えていきたいと思います。」

○　活動

①グループディスカッション①（15分）

説明例「はじめに、皆さんがまちの中で見付けた政治に関するアイテムは、どのようなもので、どこで見付けたのか、紹介してください。」

説明例「続いて、皆さんがまちの中で見付けた、政治に解決してほしい課題を紹介してください。なぜ、その写真を撮ったのか、グループ内で共有してください。」

②グループディスカッション②（10分）

説明例「各自が紹介した政治に解決してほしい課題は、本当に政治による解決に適しているものでしょうか。グループ内で意見をまとめてください。その際、なぜ、政治による解決に適している（適していない）としたのかを説明できるようにしてください。」

○　まとめ・振り返り

※レクチャー

▶政治に関する情報は、意識してみるとまちの様々な場所にあるものの、意識しないと気付かないものです。選挙の際は、候補者のポスターや政見放送、選挙公報、新聞への広告など、様々な媒体で情報を得ることができます。

▶政治が取り組むべき課題については、モノ（公共施設や道路やバスなどのインフラなど）だけではなく、ヒト（子どもやお年寄り、その他様々な事情で援助を必要とする人）やコト（まちづくりやコミュニティのためのイベントなど）など、様々なものがあります。その中には、学校で学ぶ皆さんにも関わりのあるものもあるはずです。どのようなものが政治の対象となるのか、日頃から考えてみましょう。

※リフレクション（問いかけ）

・皆さんの生活の中で、政治に解決してもらいたい課題はあるでしょうか。

・また、その課題は、政治が取り組むのが適切でしょうか。企業やボランティア団体などでは、解決できないでしょうか。

CASE ［私たちの暮らしと政治］

　模擬選挙授業に向けて、民主主義社会における選挙の意義を学んだ生徒たち。私たちの暮らしと政治のかかわりについて、話し合っているようです。

> 選挙や政治は重要と教えてもらったけど、自分の生活を基準にするとあまりその役割がピンとこないんだよね。そもそも、誰が政治家かも分からないし。

> 言われてみるとそうかもしれない。選挙の時は、選挙カーなどで支持を訴えていたけれど、その後は、どこで活動しているのだろう。私たちの生活の何が変わったのかしら。

> この間、いろんな政治家のポスターをたくさん貼っている家を見かけたよ。ああいうポスターがあれば、誰が政治家か分かるよね。
> 他にはどんなところに貼ってあるのかな。

　確かに、自分自身の暮らしの中に政治の影響を感じるのは4年に1度、選挙の時だけ、といった人もいるようです。さて、本当に政治は私たちの生活とつながりを持ったものということができるものなのでしょうか。私たちが暮らすまちを題材に考えてみましょう。

1

　あなたがまちの中で見付けた政治に関係するアイテムは何ですか。また、その
アイテムはどこで見付けましたか。

政治に関するアイテム	見付けた場所

　グループの中では、どのようなアイテムが報告されましたか。

政治に関するアイテム	見付けた場所

　あなたが見付けた政治に解決してほしい課題は何ですか。また、なぜその課題
を選びましたか。

政治に解決してほしい課題	理由

　グループの中では、どのような課題が報告されましたか。

政治に解決してほしい課題	理由

　グループの中で報告された政治に解決してほしい課題について、政治による解決に適しているかどうか、検討してください。

	課題	理由
政治による解決に適している		
政治による解決に適していない		

(3) 指導のポイント

　ワークシートの記入例は、次のとおりである。

1

　あなたがまちの中で見付けた政治に関係するアイテムは何ですか。また、そのアイテムはどこで見付けましたか。

政治に関するアイテム	見付けた場所
・政治家のポスター（1つの政党だけ掲示している家、複数の政党のものを掲示している家） ・政治家の後援会の看板 ・投票を呼び掛けるポスター	・通学路の住宅の壁 ・通学路の住宅の前 ・自治会が管理している掲示板

　グループの中では、どのようなアイテムが報告されましたか。

政治に関するアイテム	見付けた場所
・自宅のポストに投函されていた政治家の活動報告 ・新聞記事	・自宅 ・自宅

　あなたが見付けた政治に解決してほしい課題は何ですか。また、なぜその課題を選びましたか。

政治に解決してほしい課題	理由
・電球の切れた街灯 ・煙草の吸殻のポイ捨て	・夜、暗くなり、怖い思いをすることもあるため。 ・駅前の様々な場所で煙草を吸っている人がいて、受動喫煙が心配。また、火事なども心配。

　グループの中では、どのような課題が報告されましたか。

政治に解決してほしい課題	理由
・商業施設のない駅前の風景 ・通学に使う電車の朝の混雑	・帰り道に、ふと立ち寄って友達と話をしたり、買い物のできるお店が欲しいから。 ・通学で体力を使ってしまって、授業に集中できないから。

2

　グループの中で報告された政治に解決してほしい課題について、政治による解決に適しているかどうか、検討してください。

		課題	理由
適している	政治による解決に	・煙草の吸殻のポイ捨て	・様々な自治体で、喫煙禁止ゾーンを設ける条例を制定している例がある。受動喫煙を防ぐためにも、政治が主導してまちのルールを定めるべきと考えたから。その際、行動を制限される人が出ることからも、政治が主導して状況を整理すべき。
適していない	政治による解決に	・通学に使う電車の朝の混雑	・鉄道会社が対策を考えるべき事柄と判断したため。

　日々の暮らしの中で、ふとしたきっかけでそれまで意識していなかったものが急に見え始める（認識できるようになる）ことがある。政治に関する情報は、私たちの暮らしの中に様々な形で存在しているが、最初の意識付けがないとそれらのことに気付くのは難しい。

　また、私たちが暮らすまちが抱える課題について、政治が大きな役割を果たすことは事実だが、必ずしもすべての課題について政治が取り組むのに適しているわけではない。このことは、各地で行財政改革の取組が進められ、民営化や様々な協働の取組が推進されていることからも読み取れる。

　生徒たちが当事者として主体的にまちの社会的課題解決に取り組むために、日々の暮らしの中に潜む政治とのつながりを認識した上で、まちの課題について適切な対応者を見出せるような意識付けが求められる。

　なお、本項では詳しく取り上げていないが、本ワークの取組は、地図情報と組み合わせることでより豊かな学びを得ることができる。様々な道具を活用した実践が期待される。

写真とまちなかの課題解決

　模擬選挙において街中の写真を用いた実践としては、「選挙に関するアイテム」の発見を通して生徒の意識啓発に取り組んだクラーク記念国際高等学校大阪梅田キャンパスの事例がある。

　また、まちの中で撮った写真と拡大した地図を組み合わせ、まちの特徴を可視化、共有する取組は、「ガリバーマップ」と呼ばれ、特にまちづくりの分野で活用されている。

　他にも、千葉市では交通インフラの維持、補修のために、情報通信技術も活用した取組を行っている。「ちばレポ」として提供されているサービスでは、登録した市民が携帯電話で撮影した写真を地図データ上にマッピングし、その対応状況を市民と市職員がオンライン上で随時更新、共有している。

　このように、写真と地図情報を組み合わせていくことで、情報の可視化が進むことに加えて、地域に固有の特徴やその背景にある事情などが発見されていくことが期待されている。

参考情報
ガリバーマップの実践事例
三重県四日市市・三重大学都市計画研究室共同研究
楠町の宝探しマップづくりのための市民ワークショップ報告書
　http://alvar.arch.mie-u.ac.jp/urayama-lab/kusu-report.pdf
ちばレポ
　http://chibarepo.force.com/

5　選挙への臨み方を考えよう　実施形態：レクチャー

WORK 7
投票ゲーム

難易度 ★☆☆　10分

単元の目標

　模擬選挙に当たり、民主的な仕組みの中で投票することの効果や意義を身近なレベルで体得する。
　主権者として主体的に地域づくりに参加していくために、知らないで投票することの怖さや、必要な情報を集め、検討した上で投票先を選ぶ必要があることを学ぶ。

構成のねらい・授業の工夫

　本ワークの主たる取組は、内容を知らないで投票することの怖さを体験から知り、情報を集めることの必要性を学ぶことである。
　加えて、地方選挙では、国政選挙に比べて情報を得ることが難しく、知らずに投票する事態が起きやすいことを伝え、情報を取得する方法についても補足的に学習する。

授業計画

時間	学習内容	生徒の学習活動
1分	ルール説明	
3分	ゲーム実施	ゲームを通して、情報を知らないで投票した結果どのようなことが生じうるのかを体験する。
6分	振返り、選挙における情報源	本ゲームで行われたことが政治・選挙において生じることを知るとともに、選挙における情報源について学ぶ。

準備物

☐　ワークシート
☐　（できれば）インターネットに接続できるパソコン・投影環境

(1) 本ワークの意義

主権者教育と本ワーク　　衆議院議員総選挙の結果に顕著に表れているように、ここしばらくの選挙では、選挙時の争点や雰囲気、報道等によって結果が大きく左右されているようである。

一方、新しい主権者像のキーワードとして挙げられる「政治的リテラシー（政治的判断能力や批判力）」を養うためには、社会参加に加えて、情報を収集し、的確に読み解き、考察し、判断する訓練が必要となる。

本ワークでは、政治的リテラシーを養うための第一歩として、「知らないで投票することの怖さ」を学ぶ。そして、投票のためには候補者の人柄や政策を知り、検討する必要があることを学び、情報の取得方法や比較・分析への動機付けを行う。

本ワークと選挙の関係　　民主主義社会において、選挙は、人々の間の多様な価値観の対立を乗り越える主要な機会として機能している。

「ワンフレーズ・ポリティクス」と言われることもあるように、近年の政治、とりわけ選挙では、政治家の側から短い言葉で情報が発信されることが増えている。よく練られた短いフレーズは的確に状況を表すことがある一方で、時として本来は必要な背景情報を隠し、有権者を自らの本来の意思とは違う意思決定、結果に導いてしまうこともある。

本ワークを通して、与えられた情報をただ受け入れるのではなく、自ら考え、情報を取得する必要性や方法を学ぶことで、自分にとって望ましい投票先を見付けられるようになることが期待される。

(2) 展開のしかた

○　説明
　説明例「模擬選挙を行うに当たって、投票することの意味を考えてみましょう。」

○　活動　投票ゲーム（5分）
　ルール説明
　　説明例「これから、2つの言葉を示します。それぞれ、賛成か反対か、自分の意見を、周りの人に相談せずに、自分の意志で挙手をしてください。」
　設問提示
　　説明例「1つ目は、『宿題』。賛成の人は、挙手をしてください。続いて、反対の人も挙手してください。」

　　　　　「2つ目は『昼休み』です。（同様に繰り返す）」

※レクチャー
・先ほど、「宿題」と「昼休み」とだけ伝えて、挙手を求めましたが、本当はその後ろに別の言葉がついていました。ついていた言葉は、それぞれ「今日は半分にします」です。
　▶「宿題」については反対が、「昼休み」については賛成の挙手（投票）が多くなるであろうことを想定し、これらの結果とは反する文脈となるように前後の言葉を設定するように注意してください。
・実際の選挙では、「郵政解散」などの「ワンフレーズ・ポリティクス」が流行し、情報を発信する政治家の側も、情報を報道するメディアの側もキーワードを多用しています。そのため、注意してキーワードの前後の文脈も把握しないと、結果としてゲームと同じように「知らないで投票する」ことになってしまいやすい環境にあります。
・加えて、地方自治体の選挙では、国政選挙に比べて情報を得ることが難しくなります。
・具体的な情報取得の手段として、本人が発信する情報、公的な情報、私的な情報それぞれの主要なものを紹介します。
・集めた情報の分析は、モノサシ（投票基準）を用いて行います。
　▶「(3) 選挙に関する情報の調べ方」などを活用して、具体的にご紹介ください。
　▶集めた情報の分析は、投票基準（モノサシ）を用いて行うことができます（WORK 9 を参照ください。）。
※リフレクション（問いかけ）
・みなさんの生活のなかで「知らないで投票する」のと同じ経験をしたことはありますか。

(3)　選挙に関する情報の調べ方

主な情報源	主な掲載内容
候補者のウェブサイト	候補者のプロフィール、政策 選挙活動の様子
政党のウェブサイト （公認候補者がいる場合）	候補者および政党の政策 政党および候補者のプロフィール 選挙活動の様子
選挙管理委員会	選挙期日、投票所、選挙公報等
選挙情報のまとめサイト※ Yahoo! みんなの政治	国政を中心とした政治ニュースの配信、電子投票、国会議員の動静等
選挙情報のまとめサイト※ 選挙ドットコム、政治山	各種選挙の情報
検索サイト※ Google（ニュース検索）	新聞、雑誌記事の検索

| 政治家動画※
e-みらせん | 特定のテーマ（重視したい政策等）に関する候補者の動画集 |
| 政策情報※
マニフェストスイッチ | 候補者のマニフェストおよび注力分野のグラフなどの掲載 |

※選挙情報のまとめサイトや検索サイト、その他民間の事業体によるウェブサイトは各種あります。代表的なものを掲載していますが、必要に応じて様々な情報を利用してください。

(4) まとめ

　本ワークは非常にシンプルな内容になっている。生徒によっては、「騙された」などと不満を持つかもしれない。しかし、現実の政治を見てみると、政治家からの情報・発信が足りない中で言葉や文脈を有権者が推測して投票している場面も少なくない。特に生活感覚の薄い生徒たちは、国政選挙よりも報道量の少ない地方自治体の選挙では、何が課題なのか、どんな人が候補者なのか、といった情報もなく投票に臨むことにもなりかねない。

　また、地方自治体における選挙では、身近な事柄が争点となる分、有権者全体に対して政策の目的そのものについて賛成―反対の軸で争うような対立争点は少なく、目的そのものには一般的な合意が存在しており、目的を達成する方法や実施主体等の具体的な実現手段が焦点となる合意争点が多くなる傾向がある。その分、それぞれの主張の違いを注意深く知る必要があるといえる。

　投票に当たっての基本的な意識として、政治家の発する言葉だけで判断するのではなく、詳しい情報を知った上で投票することを意識することは非常に重要である。

アメリカにおける主権者教育

　アメリカの主権者教育では、早期の段階で「知らないで投票することの怖さ」を学ぶ学習が行われている。例えば、日本の小学3年生から5年生に相当する学年を対象としたプログラムでは、以下のようなゲームが準備されている。

① 　生徒たちに、「学校」、「休憩時間」、「アイスクリーム」、「宿題」、「テレビ」と順に質問し、イエスかノーのどちらかに印をつけさせ、その結果を投票させる。

② 　その際、生徒たちには何の情報も与えない。生徒たちが想像しながら印をつけるように促す。

③ 　投票後、次のような詳細な質問が書かれた投票用紙を配る。

　「＜学校＞の夏休み、冬休み、春休みはなくなります」「＜休憩時間＞20分は腕立て伏せと腹筋の時間になります」「＜アイスクリーム＞はニンニク味です」「＜宿題＞は週末には出ません」「教室の＜テレビ＞からはコマーシャルだけが流れます」

　※おそらく、生徒たちの多くは、「学校→イエス」「休憩時間→イエス」「アイスクリーム→イエス」「宿題→ノー」「テレビ→イエス」と回答していることが想定されるため、投票結果に対する失望が表明されることが予想される。

　このようにして、「内容を知らないで投票することの怖さ」が体験できるように工夫されている。ゲームを通して、生徒たちは、投票のための意思決定に候補者と政策の両方を知ることがいかに重要であるかを学び取ることができる。第4章（アメリカの政治教育）でも紹介している意思決定のためのチャートと組み合わせることで、意思決定のための情報取集の質を高めることができるようになる。

　アメリカの主権者教育では、他にも興味深いプログラムが用意され、投票の質を高める取組が様々な団体の協力の下で進められており、日本においても参考になるところの多い事例となっている。

出所：横江久美『判断力はどうすれば身につくのか』PHP新書、2004年等

WORK 8
マニフェスト・ゲーム

難易度 ★☆☆　18分

単元の目標

マニフェストの持つ特徴である「（理念および政策を）はっきりと示すこと」を体験を通して学ぶ。

構成のねらい・授業の工夫

本ワークでは、あいまいな指示と具体的な指示の下でどのような違いが生じるのかを体験した上で、マニフェストの特徴や意義を学ぶ。

マニフェストがはっきりとした、言い換えると具体的な約束であるからこそ、有権者はマニフェストを判断材料の 1 つとして投票先を選び、また当選後の活動をチェックすることも可能になる。

投票率を左右する要因として考えられる政治的有効性感覚も、投票の根拠となる情報があってこそ、得ることができる。本ワークを通してマニフェストの特徴、有権者としての使い方を考え、政治的有効性感覚を高めるきっかけとしていきたい。

授業計画

時間	学習内容	生徒の学習活動
3分	導入・ルール説明	ゲームの目的・ルールを知る。
10分	ゲームの実施	マニフェスト・ゲーム（簡易版／詳細版）を実施し、どのような違いがあったのかをディスカッションする。
5分	マニフェストと従来の選挙公約	マニフェストの特徴と、その活用方法について学ぶ。

準備物

☐　いろがみ（生徒の人数×2枚）
☐　ワークシート

(1) 本ワークの意義

マニフェストの意義　マニフェストと従来の選挙公約を分ける要素として強調されたのは、マニフェストでは「理念および政策がはっきりと示されている」という点である。

公約があいまいなままだと、政治家、有権者ともに都合の良い解釈が可能となり、住民にとっては、自分たちが実現してほしい政策を選択し、支持することができなくなり、政治にコントロールを利かせることができなくなる。その結果として、政治的有効性感覚（自分が政治に対して影響を及ぼすことができるという感覚）が弱くなり投票に向けた動機も失われる可能性がある。また、「こんなことを実現してほしかったわけではない。でも、選んだのは自分たちだ」といったように、責任の所在があいまいになってしまうこともある。

一方、マニフェストを基にした選挙では、候補者から具体的なビジョン・政策が示されるため、住民はそれらの比較を通して、自分たちの実現してほしいまちの姿、政策を選択することができる。また、候補者にとっても、マニフェストを実現する責任が明確に生じることになる。加えて、政策を明確に示した上で当選するため、実現が困難な政策に対しても住民の支持という強力な後ろ盾を得ることも可能になる。

このようにマニフェストの導入により、住民と候補者の間で、決定の責任が共有され、自治意識が醸成されることが期待されている。

本ワークと選挙の関係　本ワークでは、マニフェストが、理念および政策が「はっきり」と、言い換えると「具体的」に書かれた政策集であることを学ぶ。マニフェストは具体的に書かれた政策集であるために、後日検証することが可能である。検証できるということは、有権者が政治家に対してマニフェストを守るよう迫ることも可能にする。

このように、マニフェストはその実現を政治家に対して求めるものでもあり、そこで約束された内容は大きな意味を持つ。

本ワークでは、このようなマニフェストの特徴である「はっきり示すこと」およびその意味・効果について学ぶ。その結果、選挙においてマニフェストを用いることで、政治家への白紙委任ではなく、自分たちの思いを政治に反映できるといった政治的有効性感覚を高めることが期待される。

(2) 展開のしかた

○ 説明
　説明例「模擬選挙の際、判断材料の１つに政策があります。」
　　　　「政策集の呼び方として、マニフェストという名称が使われることがあります。なぜ、公約ではなく、マニフェストというのでしょうか。ゲームを通してマニフェストと従来の公約の違いを学びましょう。」

○ 活動
　・ゴールおよびルール説明
　　説明例「今から出す５つの指示の後、皆が同じ図形を完成させることを目指します。」
　　　　　「このゲームには、次の２つのルールがあります。」
　　　　　「ルール①　質問は禁止です。」
　　　　　「ルール②　隣の人を見ないで行ってください。」
　　　　　「それでは早速ゲームをしてみましょう。」

　①マニフェスト・ゲーム（簡易版）（3分）
　・ワークシートに則り、マニフェスト・ゲーム（簡易版）を実施する。

　②マニフェスト・ゲーム（詳細版）（5分）
　・ワークシートに則り、マニフェスト・ゲーム（詳細版）を実施する。

　③振り返り
　・①と②の結果を踏まえて、なぜ、最終的な図形の姿が違っているのかを考える。

○ まとめ・振り返り
※レクチャー
　・①と②では、指示の内容がはっきりと示されていたかどうか、といった点に違いがあります。
　・選挙の際に、具体的にまとめられた政策集をマニフェストといいます。マニフェストでは、記載する内容を具体的なものにするために、数値目標や期限、財源、工程といった要素が記載されることがあります。
　・マニフェストは具体的に記載された政策集であるため、私たちは選挙の後もマニフェストが実行されているかどうかを確認することができます。その結果、政治家の側もマニフェストの内容を無視することはできなくなり、結果として私たちが選挙で示した思いが実現されていくことになります。
※リフレクション（問いかけ）
　・マニフェストは、どのようにして入手できるでしょうか。
　・マニフェストの実行状況は、どうすれば確認できますか。

CASE [同じ演説を見た二人]

　先日の授業で、きちんと情報を知った上で投票することの大切さを知ったマニちゃんたち。実際に候補者の演説内容をウェブサイトで視聴し、それぞれの感想を話し合っているようです。

> Ａさんの演説を聞いたけど、とても印象的だったよ。
> 「日本で最も若者が働きやすいまちにする」って言っていたし、きっと若者の雇用、特にフルタイムで働く正社員の雇用を増やしてくれるに違いないね。

> フルタイムで働く正社員の雇用を増やすなんて言っていたかしら。
> 「日本で最も若者が働きやすいまち」としか言っていなかったわ。Ａさんは、ワークライフバランスを考えて、雇用の数を増やすことよりも、保育所を整備したりして、子育て環境の充実を進める方針なんだと思うよ。

　同じ演説を見た二人が受け取った公約の内容はどうやら異なっているようです。実際に約束された内容はどのようなものだったのでしょうか。二人のどちらかが正しくて、どちらかが誤っているのでしょうか。約束の仕方に注目して考えてみましょう。

1 マニフェスト・ゲーム（簡易版）

> ゴール 今から出す5つの指示の後、みんなで同じ図形を完成させることを目指
> します。
>
> ルール
> ● 質問は禁止です。
> ● 隣の人を見ないで、実施してください。
>
> ① 色紙を折ってください。
>
> ② 右の方を破ってください。
>
> ③ 片方だけ残してください。
>
> ④ 斜めに破ってください。
>
> ⑤ 広げてください。

2 マニフェスト・ゲーム（詳細版）

> ゴール 今から出す5つの指示の後、みんなで同じ図形を完成させることを目指
> します。
>
> ルール
> ● 質問は禁止です。
> ● 隣の人を見ないで、実施してください。
>
> 下線部に、どのような指示をすると、クラスのみんなが同じ形を作ることができ
> るでしょうか。1つ目の指示を参考に、残りの下線部を皆で埋めてみましょう。
>
> ① 色紙を<u>長方形の長い辺がぴったりとくっつくように真ん中で</u>折ってくださ
> い。
>
> ② _____右の方を破ってください。
>
> ③ _____片方だけ残してください。
>
> ④ _____斜めに破ってください。
>
> ⑤ 広げてください。

最初のゲームと、次のゲームではどのような違いがあったでしょうか。気付いた点をクラスで共有しましょう。

気付いたこと

(3) 指導のポイント

　②について、授業の進行上、下線部の内容をクラス全体で考えることが難しい場合には、あらかじめ下線部の内容を埋めた上でゲームを実行することも可能である。

【記入例】

> ①　長方形の長い辺がぴったりとくっつくように真ん中で折ってください。
>
> ②　折ったまま、長い辺の右から5cmのところからまっすぐ右の方を破ってください。
>
> ③　大きな方を片方だけ残してください。
>
> ④　対角線に沿って斜めに破ってください。
>
> ⑤　広げてください。

③の【記入例】

> 気付いたこと
> 2回目のゲームでは、
> ●　指示内容（＝何をするか）が、
> ●　具体的に、
> ●　はっきりと
> ●　示されたこと
> によって、クラス全員が同じ形を作ることができた。

　マニフェストは、従来型の公約に対して、理念や政策をはっきりと示した点が特徴である。

　選挙の際に、マニフェストが示されることによって、有権者が、候補者の人柄や、日々の生活でのつながりといった要素だけではなく、政策も判断材料として投票することが可能となる。

マニフェストのイメージ図

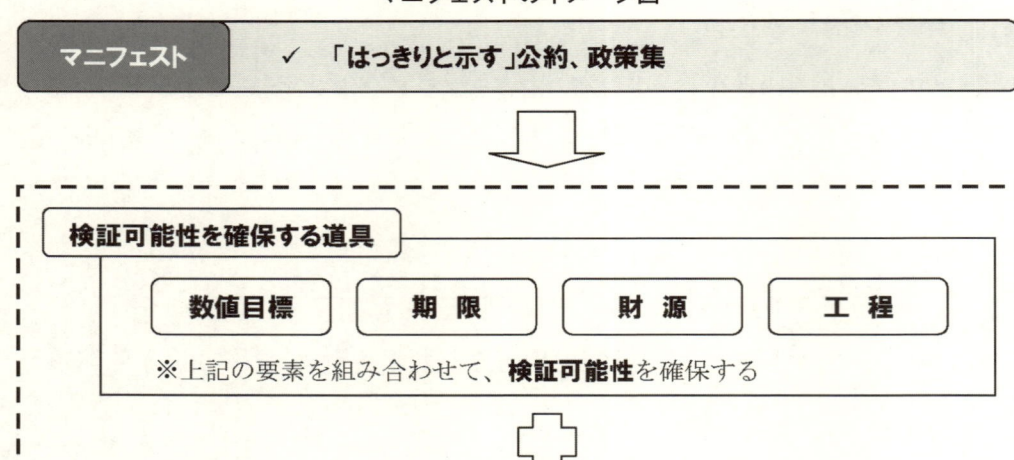

　本ワークでは、簡易版を実施した場合、同じ指示を各自が様々に受け止め、実施することが考えられる。例えば、最初の指示である「折ってください」についても、紙の端の方を折るのか、中心部を折るのかといった折りはじめる位置、辺と辺が重なり合うように折るのか、頂点の2つが重なり、2辺は重ならないように折るのかといった折る方向等、検討の要素が様々にある。その結果、たった5つの指示にも関わらず最終的な図形は様々なものになる。

　翻って、実際の政治や選挙を見てみると、類似する状況がしばしば起きていることが分かる。「子育て環境を改善します」と主張されただけでは、待機児童の問題に取り組むのか、金銭的な支援策に取り組むのかといった内容も、どのくらい取り組むのかといった程度も分からない。これらの情報が政治家と有権者の間で共有されない場合、有権者は政治家の行動を評価することができず、政治家と有権者の心が離れる可能性がある。その結果、有権者の中で、自分自身の思いが政治に反映されるという政治的有効性感覚が失われ、投票率の低迷につながることも考えられる。

　反対にマニフェストの持つ特徴や意義を考え直すことで、主権者としてマニフェストを媒介に政治家に働きかけようという意識が芽生えることも有り得る。本ワークを通して主権者として選挙を積極的に活用するきっかけを得ていきたい。

教育政策をめぐって

　当選後の首長と、職員のやり取りを題材にマニフェストの影響を考えてみたい。首長が次のような公約を掲げていた場合、後日、職員はどのような提案を持ってくるだろうか。

　公約①「教育環境を整備し、教育日本一の街を実現します」

　公約②「教育日本一の街となるために、段階的に少人数教育を導入、4年間で全小中学校で実施します」

　公約①では、次のような提案が考えられる。

「生徒たちの学習環境のためのエアコン設置策」「生徒たちが安心して学ぶための校舎の耐震化」「補習授業の実施策」「少人数教育の実施策」等

　公約②では、次のような提案が考えられる。

「少人数教育の段階的な実施方法」「少人数教育の予算を捻出するために中止する政策案」「コミュニティ・スクールなど、具体的な実現方法」等

　マニフェストの内容を踏まえて、職員が事前に実現のための具体策を用意しておくことは、2003年の統一地方選挙で当選した増田岩手県知事（当時）の経験が報告されて以来有名となった。最近、筆者がヒアリングを行った政令市や一般市の首長からも同様の効果を聞き取ることがあり、マニフェストの内容がはっきりしているほど、目指す方向が共有されることが分かる。

　また、このことは首長と職員だけでなく、首長と有権者との関係においても当てはまる。マニフェストの内容がはっきりしていると、受け止める市民の側も、チェックや市政への参加などを行いやすくなる。

　4年間という限られた任期でマニフェストによって約束されたことの多くが実行されていくためにも、マニフェストの上手な活用が期待される。

WORK 9
私のモノサシ（投票基準）を考えよう

難易度 ★★☆　45分

単元の目標

　有権者が実際に用いた投票基準（モノサシ）を素材に、自分自身に適した投票基準を作成し、より主体的な投票を行えるようになる。

構成のねらい・授業の工夫

　本ワークでは、投票に当たって参考となる情報（政策や候補者の考え方、過去の実績等）を比較する方法を年長者の事例などを通して学ぶ。投票先を決めるときに絶対的に正しい方法があるわけではなく、多様な価値観、考え方を基に投票がなされていることを知るためにも、生徒たちができるだけ多くの多様なモノサシ（投票基準）に触れることができるように工夫することが望まれる。
　本ワークを通して、投票先決定に使用する情報を主体的に判断することで、自らの意思をより明確に投票に結び付けることができるようになることが期待される。

授業計画

時間	学習内容	生徒の学習活動
5分	導入	授業の進行方法を説明するとともに、事前に収集した年長者のモノサシ（投票基準）について、紹介する。
20分	年長者のモノサシ（投票基準）の検討	①教員から配布された年長者のモノサシ（投票基準）について、分類軸を決めて整理し、グループで使用するモノサシを決定する。 ※分類軸を用いた整理はあらかじめ教員が行い、生徒達にはモノサシのメリット／デメリットを検討させることも考えられる。 ②実際に政策情報や新聞記事を基にモノサシを使用し、自分にとっての改善点を把握する。
10分	振返り	モノサシを使用してみて感じたことをクラス内で共有する。
10分	モノサシ（投票基準）作り	振り返りを踏まえて、ワークシートに自分のモノサシを作成する。

準備物

☐　有権者が記入したワークシート
☐　未記入のワークシート
☐　モノサシ（投票基準）の比較表
※有権者が記入したワークシートの収集が難しい場合には、次のウェブサイトから入手できる。
・大阪模擬選挙 2015　http://osakamogisenkyo.strikingly.com/
・さいたま賢人　http://saitama.manifestojapan.com/

(1) 本ワークの意義

**投票基準を
持つことの意義**　マニフェストや選挙公報、政治家個人のウェブサイトや街頭での活動など、選挙に際して候補者側から発信される情報には多種多様なものがある。社会的な経験が豊かな層は、これらの情報を自分の中の基準に照らし合わせて分析・評価をするが、社会的経験の少ない若年層では情報の取扱い方が分からず、整理ができないことも考えられる。

　そこで、様々な世代や職種の有権者の投票基準を知り、それを検討し振り返ることを通して、生徒たちが自分なりの投票基準を作ることを促していく。その際、投票基準は人によって異なることにも言及し、理想的なものを決めてしまうのではなく、多様性の中から自分なりのモノサシを形作っていくことが重要であることも紹介する。

**本ワークと
選挙の関係**　「みんな良さそうなことを言っているし、選ぶことができない」。過去、模擬選挙の会場で聞き、考えさせられるきっかけとなった生徒のつぶやきである。冷戦構造の崩壊以降、明確なイデオロギーの対立は見られなくなり、特に地方自治体の選挙では対立型の争点が設定されることは少ない。多くの分野では、住民の関心の高い政策分野について、取組の重要性を合意した上で、その実現策の内容や程度を競うといった、合意争点に対する政策競争が見られる状況が続いている。このことは社会的経験の少ない若年層にとっては、候補者間の違いが見出しにくい状況であるともいえる。

　本ワークでは、自分なりに政策の評価軸を設けることで、投票に当たって望ましい候補者を主体的に選択できるようになる術を学ぶことを企図している。

(2) 展開のしかた

○　説明
　　説明例「今日の模擬選挙では、自分のモノサシ（＝投票基準）を見付け、投票をすることを目指します。そのために、まずは他の人のモノサシを使ってみて、その良い点や改善点を見付けましょう。」
　　・事前に集めたモノサシの紹介および分類の実施
　　説明例「他の人のモノサシはグループで使用します。まず、グループでどのモノサシを使用するか話し合ってください。モノサシが決まったら、政治家の公約を分析してみましょう。」

○　活動
　　① モノサシの比較（5分）
　　　説明例「示されたモノサシについて、自分の考えに近いものはどれだったでしょうか。分類軸に則り、整理してみた上で、グループで使用す

るモノサシを1つ決めてください。」

②モノサシの試行（15分）
説明例 「自分たちで選んだモノサシを実際に使ってみて、その良いところや改善した方が良いところを見付けていきましょう。」
「配布した政治家の公約（マニフェストスイッチ書式や選挙公報、新聞記事等を想定しています。）を実際にモノサシを用いて評価してみてください。」
「グループで話し合っても分からないことは、質問してください。」

○ まとめ・振り返り
①振り返り（10分）
説明例 「モノサシを使ってみて感じたことについて、クラス全体で共有しましょう。選んだモノサシと、使ってみて感じた良い点と改善点について教えてください。」

②自分のモノサシを作る（10分）
説明例 「振り返りの結果を踏まえて、自分なりのモノサシを作ってみましょう。使用したモノサシなどを参考に、ワークシートに自分のモノサシを記入してください。」

CASE [どうやって候補者を比較するか]

　○○市では、選挙が近づいてきました。生徒たちも選挙に関連した政治家の活動を目にすることが増えているようです。

> なんで、Aさんは子育てのことばかり提唱しているのだろう。他には大事な争点はないのかな？

> でもAさんは内容が具体的だよ。
> Bさんはいろんな分野について取り上げているけど、スローガンばかりで何をしようとしているのかがあまり分からないもの。

> 最近、急に駅前で演説する人が増えていない？ いくら良いことを言っても選挙の時だけだと困るし、定期的に有権者に働きかけしてくれる人は誰だろう？

　生徒たちは、公約の中身と日頃の行いによって政治家を評価しようとしているようです。このような時に、どのような比較のしかたが考えられるでしょうか。

❖ワークシート

私の投票基準を一言で言うと……

[　　　　　　　　　　　　　　　　　　　　　　　　　] です。

Point

[　　　　　　　　　　　　　　　　　　　　　　　　　]

手順

[　　　　　　　　　　　　　　　　　　　　　　　　　]

モノサシの分類表

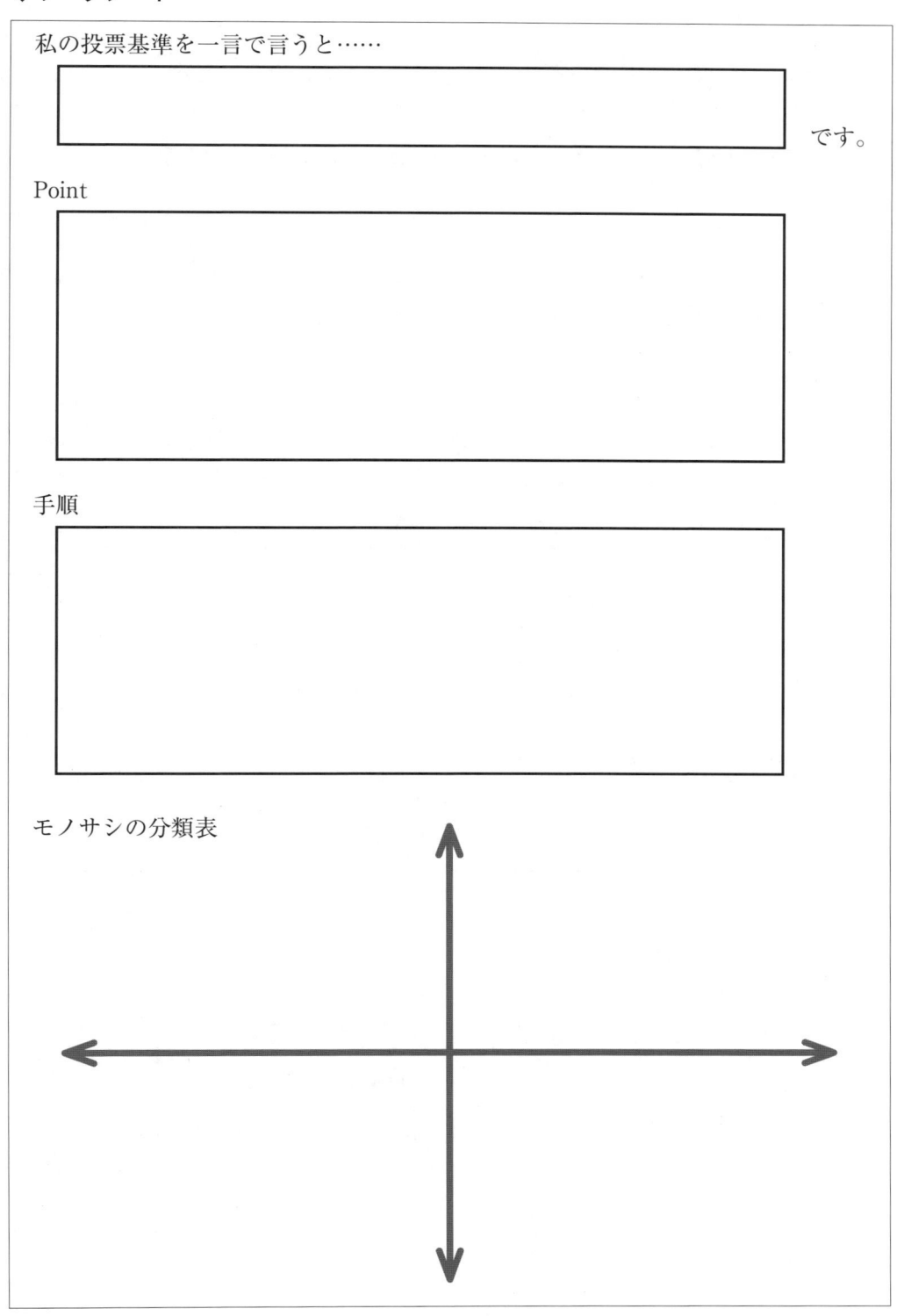

⑶ 指導のポイント

　ワークシートの記入要領は、次のとおりである。なお、過去の選挙において実際に収集、使用し、授業で使用できる形に分類・整理した資料は、ウェブサイト「大阪模擬選挙2015」【URL：http://osakamogisenkyo.strikingly.com/】の授業モデルにて確認できる。

① 「私の投票基準を一言で言うと……」の欄には、「1点重視」「選択と集中」など、投票基準の特徴をとらえたネーミングを考えて記入する。

② 「Point」の欄は、次のように実際に自身が選ぶ時のポイントになる事項を記入する。なお、今回は、どの分野の政策を重視するかよりも、「政策比較をする時の手法」にどのようなものがあるかに焦点を当てて記入する。記載時には例1や例2のように、選択の仕方に着目して記載するとよい。

> 【例1】
> ・ とにかく、特定分野の政策優先（私の場合は環境政策）
> ・ その中でも、再生可能エネルギーをどれくらい重視しているかを検討
> 【例2】
> ・ 自分自身が重視したい分野の発言内容を比較（重視する分野は「〇〇」と「〇〇」）
> ・ それぞれの政策の具体性を検討

③ 「手順」欄には、次のようにモノサシの具体的な使用方法・手順を記入する。

> ア　マニフェストの中で、重視する政策の記載があるかどうかを確認する
> イ　記載があった場合、内容を検討し、自分自身の望ましい取り組みであるかどうかを比較する
> ウ　政策の具体性・実現可能性を検討する

④ 「モノサシの分類表」には、次のように分類軸を記入する。分類軸には検討をする政策の範囲（広範囲−限定された範囲）や検討の深さ（専門的な検討−簡潔な検討）、情報源の種類（複数の情報源−特定の情報源）、検討要素（政策を重視するか、政策以外の要素（人柄、過去の実績等））など、様々なものが考えられる。

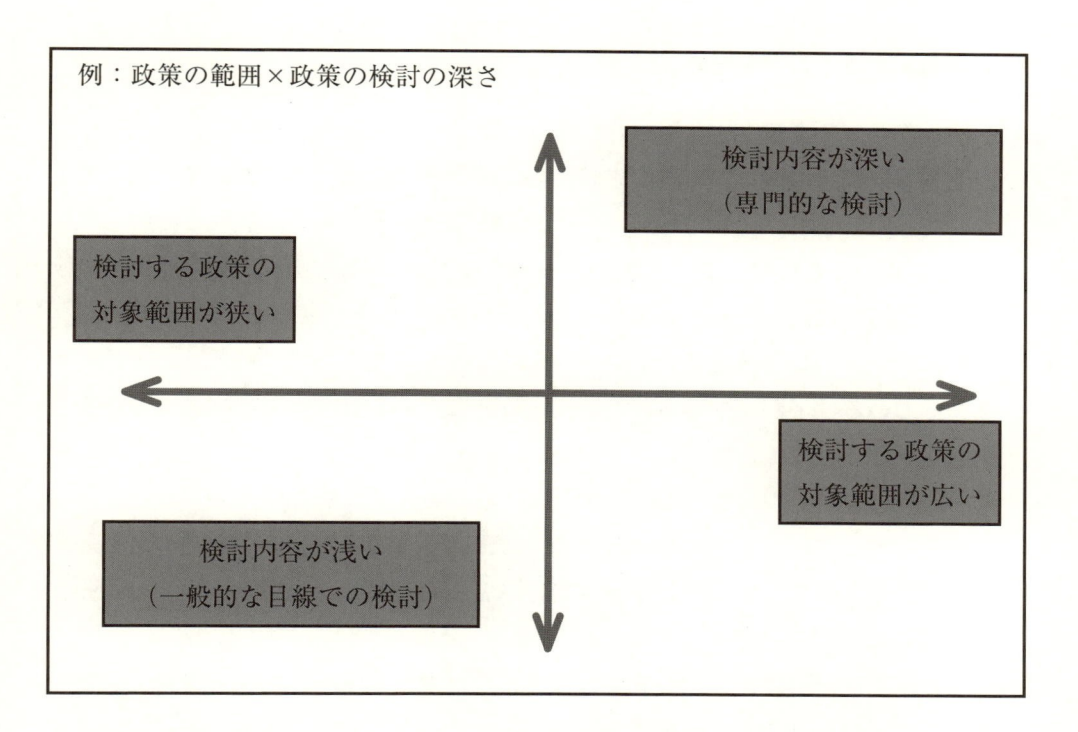

　選挙における投票基準（モノサシ）は個人の価値判断に関する事柄であるため、絶対的な正解を見出すことはできない。

　意思決定の仕方についてはこれまで様々な研究が行われてきたが、将来を見通し、完全に合理的に意思決定をする姿は、モデルとしては描けても、不確実性のある社会の中では実現することはできていない。

　将来に対する見通しや予測はどうしても不確実なものとならざるを得ないことを前提とした上で、選挙にかけることのできる時間や情報が限られている中で、いかにして納得のできる投票活動を行っていくか。既に行っている人たちの取組を真似ることから始めて、生徒たち一人ひとりが情報を整理し、評価する術を身に付けることを目指したい。

埼玉県知事選挙での模擬選挙

　投票基準（モノサシ）を用いた授業は、本書でも取り上げているクラーク記念国際高等学校において中川貴代志教諭のご協力・ご指導の下、初めて実践することとなった。生徒たちは2014年の衆議院議員総選挙でも模擬選挙を経験しており、投票することに対しての心理的ハードルは下がっていた。そこで、次のステップとして用意したものが、このモノサシである。

　モノサシを用いた授業後のアンケートでは、生徒たちの中で政治への主体性が高まっている様子が見受けられた。例えば、モノサシについては次のような意見があった。

　「昨年度の模擬選挙では決め方がいまいちわからず、あまり考えられないうちに投票してしまいました。今回の授業では、基準となるモノサシをたくさん知ることができたので、その中から一番自分に合ったモノサシを選び、自分の主張に近い政策を選ぶことができました。」

　一方、生徒たちには、次の意見のようにマニフェストの内容を読み解くことに苦労した様子も見られ、政策情報に関するサポートが必要であることも課題として発見された。

　「マニフェストの意味を理解できなかったり、内容が自分の年代と遠くて、選ぶのにとても苦労しました。」

　これらの生徒のアンケート回答から分かるように、モノサシを使うことで、生徒に考えるヒントを提供できるとともに、情報を発信する側の課題も明らかになっている。

　今後、双方の理解や取組が深まることが期待される。

参考情報
さいたま賢人　http://saitama.manifestojapan.com/
　→模擬選挙結果の報告資料や、収集したモノサシ（投票基準）などが掲載されている。
大阪模擬選挙2015　http://osakamogisenkyo.strikingly.com/
　→埼玉県知事選挙で収集したモノサシを基にモデル化した資料が、「授業モデル」として公開されている。

WORK 10
マニフェスト評価

難易度 ★★★ 　45分

単元の目標

　マニフェストの評価を通して、事実に基づく評価方法や主権者として選んだ責任を果たす方法を学ぶ。
　評価活動を通して、マニフェストの実行メカニズムを学ぶ。

▶

構成のねらい・授業の工夫

　マニフェスト評価を行うとき、自ら必要な情報を集め、評価することは非常に困難である。そのため、市民による評価では首長や地方自治体における評価資料を活用した二次評価が行われる事例が多く見られている。
　本ワークでも同様の手法を踏襲し、二次資料による評価を行う。一部の地方自治体では、首長のマニフェストやマニフェストを基に作成された計画の進捗状況が公表されているが、まだまだ限られた取組にとどまっている。これらの情報が公開されていない場合は、出前講座などを活用し、必要な情報を取得できるようにする。
　評価の際は、伝聞、推定を根拠に行うのではなく、事実に基づく評価を行うことを促すことが重要になる。生徒には首長や地方自治体が発信する情報だけでなく、自分自身が直接体験していることも事実であるということを伝えることで、評価活動を身近なものにすることができる。

授業計画

時間	学習内容	生徒の学習活動
—	【事前準備】 ・首長マニフェスト評価資料の入手	首長マニフェスト評価資料は、政治家として個人で発表するもの、首長として自治体の活動として発表するもの、外部有識者によるものなどがある。また、マニフェスト評価結果が見つからない場合は、出前講座などを活用し、必要な情報を入手できるようにする。
10分	マニフェストの実現状況	マニフェスト及び評価資料を読み込む。 ※なお、評価に当たってマニフェスト全体を扱うと大量の情報を扱う必要があるため、対象とする分野／政策を限定することも考えられる。
15分	マニフェスト評価	整理した情報を基にワークシートを記入し、マニフェスト評価を行う。
15分	評価結果の共有	評価結果をクラスやグループ内で共有する。
5分	まとめ	マニフェストの特徴や、マニフェスト評価結果の活用方法などを学ぶ。

準備物

☐ 首長マニフェスト
☐ 首長マニフェスト評価資料
　※出前講座の活用なども考えられる。
☐ ワークシート

(注) マニフェスト評価は、①マニフェストそのものの評価、②マニフェストの進捗度の評価、③マニフェストの達成度の評価が行われる可能性がある。本ワークでは、「②」と「③」を対象として取り組んでいる。

(1) 本ワークの意義

マニフェスト評価
のポイント　マニフェストと従来の選挙公約を分ける要素として強調されたのが、「理念および政策がはっきりと示される」ことであった。「はっきりと示される」ということは、言い換えると「具体的」であるということであり、だからこそ、実施したのかどうか、達成したのかどうかを評価・検証できるようになっている。

　マニフェスト評価というと、専門家が集まり、多種多様な情報・データを基に行う難しい活動だというイメージがあるかもしれない。確かに、専門家による高度な評価情報は必要であるし、社会的にも有益な情報である。しかしながら、民主主義の社会において、私たちは選挙の度に何らかの基準で候補者を評価していることも事実である。マニフェストが政治家と有権者の約束である以上、投票の時と同じように私たちの生活感覚に根差した評価も十分可能である。

　ただし、評価に当たって気を付けることが2つある。1つは、マニフェストそのものの評価と、マニフェストの実行状況（進捗度／達成度）の評価をきちんと区別して行うことである。本ワークでは、マニフェストそのものの評価は選挙の際に行われるものと考え、当選後のマニフェストの実行状況に着目した評価を行う。具体的にはマニフェストの進捗度（達成度）の評価を行う。

　2つ目の留意点は、事実に基づく評価を行うことである。「誰それが言っていたから」と伝聞や憶測に基づくのではなく、客観的な情報や自分自身が直接体験したことなどの事実に基づく評価を行うことで、自分とは異なる経験をしている人との間でも評価結果について対話をすることができるようになる。

　選挙において候補者を選ぶ以上、私たちには選挙後に候補者と有権者との約束が実行されているのかどうかを見守り、時には支え、軌道修正の提言を行う責任も生じる。マニフェスト評価はこのような主権者としての積極的な活動を行う機会や政治家と主権者の間の対話を促す機会を提供してくれる。

本ワークと
選挙の関係　マニフェスト評価を行うことで、生徒たちは選挙の時の約束（公約）の意味を確認することができる。

　政治的無関心には、政治的な知識の欠如が原因となっている人々と、知識は豊富だが政治（特に政界の動向のようなもの）に対して批判的であることが原因となっている人々がいるといわれている。

　「政治家は選挙の時だけ良いことを言っても結局実行しない」といった態度をとると、それ以上、政治に関する情報を得ることもなく、無知が原因となって政治的無関心になってしまう。実際にマニフェスト評価を体験した人たちからは、「いざとなれば自分たちが政治家に警告することができる」「選挙の時の約束は案外実行されてお

り、選挙の時の自分たちの選択がまちの将来に影響を及ぼしているんだと気付いた」といった声が聞かれることが多い。そのような政治に対する自分自身の関与を確認し、自分自身の影響力を確認することが、マニフェスト評価には期待される。

一方、マニフェスト評価を通して、「政策の実現状況を知ること＝社会的な問題が解決されていると感じること」とは限らない。時として、マニフェストの実現状況と社会的問題への対応状況の満足感とのかい離を知ることで、選挙の際にどのようなマニフェストを選ぶのかが大切であることも知ることができる。

マニフェスト評価を行うためには事前の準備が必要となるが、実施した結果は、主権者育成および選挙の意義や選挙への臨み方を考えていく上で非常に大きな意味を持つため、積極的な取組が期待される。

(2) 展開のしかた

○ 説明
　説明例 「選挙の時に約束された事柄は実際に実行されているのでしょうか。」
　「マニフェストの特徴の一つに、具体的な政策であるがゆえに『検証可能である』というものがありました。この特徴を踏まえて、マニフェストの実現状況を評価してみましょう。」

○ 活動
マニフェストの実現状況に関する学習
・マニフェストないしはマニフェストの中の特定の政策を対象に実施状況を伝える資料を集め、共有する。
　▶具体的な方法として、首長や地方自治体、第三者が評価情報として公表している情報や、出前講座の活用などが有効である。

マニフェストの実現状況に関する整理
・ワークシートの作成
　▶集めた情報を基に、ワークシートの空欄を記入する。その際、実施した内容について事実を記載していくことや、実施した内容を踏まえた上で得点や評価理由を記載していくべきことなどの注意事項を伝えておく。
・提言の記入
　▶マニフェストの内容およびその実現状況を踏まえてさらに提言したいことの記載を促す。その際、マニフェストという具体的な取組があるからこそ、足りない点、改善策を具体的に議論し合えるようになることを伝える。
・共有
　▶評価結果をクラスやグループ内で共有する。

○ まとめ・振り返り

※レクチャー
- ・マニフェストは、「はっきり」と、言い換えると「具体的」に取りまとめられた政策であるため、実行状況を評価することできます。なお、マニフェストは、マニフェストそのものが実行される場合と、マニフェストを基に策定された行政計画を通して実行される場合があるため、評価の際はどちらの情報を見るべきか気を付ける必要があります。
- ・マニフェスト評価では、統計的なデータと自分自身が日頃の生活で経験したことなどの事実に基づく評価を行うことが重要です。事実に基づいた評価を行うからこそ、授業の中で行ったように、他者との間で評価情報を共有することができるようになります。
- ・マニフェストの評価を行う際は、実行状況に加えて、マニフェストを基に作成した具体策がマニフェストの内容と比較して妥当であったかどうか、といった要素を加味することもあります。
- ・民主主義社会では、マニフェストの内容が不十分であった場合、次の選挙の際にその部分の修正を図るよう有権者から政治家に促すことが原則になります。ただし、任期途中にマニフェスト評価が行われる場合、有権者から提言をし、行動の変化を促すことができることもあります。

※リフレクション（問いかけ）
- ・今後、社会にある様々な情報を活用しながら、自分一人でも評価をすることができそうですか。評価のためには、どのような情報があると参考になりますか。
- ・評価結果は、他の人の評価結果とも一致しましたか。異なっていた場合、どのような理由がありそうですか。

CASE ［選挙の際のマニフェストはその後……？］

　選挙が近づいてくると、様々な場面で、まちの課題やその解決策について論じられているのを目にするようになります。また、政治家も、駅や商業施設の近くなどで積極的に演説をしています。

　しかし、選挙が終わるとどうでしょうか。いつの間にか、自分たちが暮らすまちのことを考える機会が減ってしまっていないでしょうか。

> 選挙が終わってだいぶ経ったけど、最近、政治家の人を目にしないなぁ。

> 政策とかも、「これが私のマニフェストです」なんて言って、いろいろアピールしていたのにね。
> マニフェストを実現してもらえると思ったから投票したんだけど……

> う～ん、どうだろう。選んだ側として、気になってきたぞ。そもそも、マニフェストのその後のことって、どこかで発表されているのかな？

　マニちゃんたちが話すように、選挙の時に強調されたマニフェスト（選挙公約）は、その後、どうなっているのでしょうか。しばしば言われるように、政治家の約束は選挙の時だけのものなのでしょうか。また、もし、そうだとしたら、私たちが主権者としてその現状に異を唱えることはできないのでしょうか。

❖ワークシート

取組名	

得点	評価理由
5	
4	
3	
2	
1	

評価理由はできるだけ具体的に記載すること。

実施内容	

対象の政策に関して、基資料で示された具体的な取組や知っている取組等を、具体的に記載すること。

提言	

対象の政策に関連して、提言したい事項がある場合に、記載のこと。

評価指標（達成度評価と進捗度評価の場合を併記）

得点	達成度評価	進捗度評価
5	必要な取組を着実に実施し、期待を上回る成果を得た	必要な取組に着手／実施しており、期待どおりかそれ以上の成果を得る見込みである
4	必要な取組を順調に実施し、期待に近い成果を得た	必要な取組に着手／実施しており、期待に近い成果を得る見込みである
3	必要な取組を概ね実施し、ある程度の成果を得た	事業化、組織整備等、必要な取組の具体化が図られている
2	必要な取組に着手したが、成果につながらなかった	方針の検討／決定など、取組の準備が進められている
1	具体的な取組に至らなかった	具体的な検討／取組に至らなかった

注意事項
・評価の対象はマニフェストの実現状況
　▶マニフェストに掲げた政策は、選挙の際に評価・選択するものであり、その是非は取り扱わない。
　▶マニフェストの期限と評価のタイミングに合わせて達成度で図るか、進捗度で図るかといった違いが生じる。また、進捗度で図る場合は、現時点での実施状況だけでなく今後の見込みについても配慮する必要がある。
・事実に基づいた評価を行うことを重視する。
　▶評価の妥当性を高めるために、根拠のある評価を重視する。
　▶評価の基資料や、日頃の暮らしの中での自身の経験を基に「実施内容」欄を記入し、その上で評価・提言を行う。

(3) 指導のポイント

ワークシートの記入例は、次のとおりである。

取組名	学童保育待機児童ゼロを目指す

得点	評価理由
5	A 学童保育室の整備などを通し、平成 26 年 4 月から平成 27 年 4 月にかけ
4	て学童保育待機児童数を 69 人から 49 人へと 20 人ほど削減している。
③	しかしながら、依然として 49 人（平成 27 年 4 月 1 日時点）の学童保育待
2	機児童が残っており、目標とした学童保育待機児童ゼロを達成するためには、
1	残り 2 年間の任期の間に継続的な取組が求められるため、左記評価とした。

実施内容	A 学童保育室の 2 室化の実施（平成 26 年度） 平成 27 年度以降についても学童保育室の整備計画をまとめ、継続的な取組を予定している。

提言	着実に成果を上げているが、施策の最終的なゴールである学童保育待機児童ゼロに向けては継続的な取組が求められる状況である。 当初の達成期限（就任から 2 年間）を迎えた取組であることを考慮し、今後の取組では、年度ごとの目標を明確化するなど、説明責任をより意識した運営を行っていただきたい。

　有権者の立場から見て、マニフェストを評価することの意義にはどのようなものがあるだろうか。

　最初に考えられるのが、政治への参画や意見表明の機会が得られることである。マニフェストの評価を通して、地方自治体の実情を知ることができるし、そのことが何らかの行動を促すきっかけとなることがある。具体的な約束であるマニフェストを媒介として、首長の考えや行動を聞き、それを基に評価を行う。このようにして、評価結果を取りまとめることができれば、その結果を住民の意見として地方自治体に伝え、何らかの行動を期待することもできる。何より、この行動は、選挙の際に投票をして終わりとするのではなく、継続して地域に関わり続ける、投票した結果を見守り、支え、批評するといった形で主体性を発揮する主権者としてのあり方にもつながる。

　2 つ目の効果として、「信頼の醸成」が挙げられる。日本では、有権者に強固な政治不信があり、近年の低投票率に拍車をかけているのではないかといわれている。このような状況に対して、事実を基に、選挙の時の約束（マニフェスト）が実現されているかどうかを確認することで、政治家への信頼関係の構築を試みることができる。

主権者としての活動は、選挙の際の活動だけに限られるものではない。選挙が終わった後も政治を見守り、時として参加や批評を行うことが重要である。マニフェスト評価は、マニフェストを媒介として首長と有権者がコミュニケーションを図っていく双方向性のある取組である。

川崎市マニフェスト検証大会（2015 年 12 月）

　川崎市で開催された「福田紀彦川崎市長マニフェスト検証会　1 年 2 組福田君の通信簿」では、専門家（自治創造コンソーシアム）と若者のコラボレーションによって中身の濃い議論が行われた。

　このイベントには、有識者として市長のマニフェスト評価を行った団体の支援を受け、事前学習を行った高校生が登壇し、福田川崎市長のマニフェストに対して、実行状況への評価や今後に向けた提言を行い、議論が交わされた。

　例えば、高校生がマニフェストの進捗を好意的に評価した上で、「市内在住者の出身地・国を考慮して、防災啓発資料の多言語化対応を進めるべき」と提言したのに対して、市長が「多言語に対応した防災啓発資料を用意しているがその普及に課題を感じている。他自治体の取組も参考に改善策を考えていきたい」と応じるなど、市長のマニフェストを媒介に、若者と市長の間で市政に関する具体的な議論、目線合わせが行われた。

　他にも多様な観点の議論が行われており、参加した生徒たちに限らず、来場した大人たちにとっても学びを深める良い機会となった。

　模擬選挙に加えて、同様の実践事例が積み重ねられることで、主権者教育が充実し、生徒たちの中にシティズンシップが育まれていくことが期待される。

参考情報
自治創造コンソーシアム
　http://www.jichi.org/index.html
「高校生は政治の素人なのか？ 18 歳選挙権で注目の市長マニフェスト検証会レポート」
　http://article.go2senkyo.com/2015/12/24/13206.html

6 地域の問題を解決してみよう　　実施形態：（レクチャー）（個人ワーク）

WORK 11
政策提言の方法を知ろう

難易度 ★☆☆　15分

単元の目標

　地方自治制度および
その枠内で考えられる
政策提言の手法を知る
こと。

▶

構成のねらい・授業の工夫

　本ワークは、穴埋め問題と、教師による補足解説の2
つのパートに分かれている。
　市民による政策提言を考えた際、政治・行政に対する
距離感や、制度設計の違いにより、国よりも地方自治体
の方が政策提言を行いやすい状況にある。
　そこで、本ワークでは、まず地方自治の制度を学び、
その上で、政策提言の具体的な手法を学ぶこととする。

授業計画

時間	学 習 内 容	生徒の学習活動
10分	地方自治制度	ワークシートを基に、地方自治制度を学習する。
5分	政策提言の仕組み	地方自治体における政策提言の仕組み・方法を学ぶ。

準備物

□　ワークシート

(1) 本ワークの意義

**主権者教育と
本ワーク**　　　日頃の生活を通して、社会的な問題に気付いたとき、私たちはその解決策として政策を活用している。この社会的問題の解決策である政策は、政治家だけでなく、私たちも作ることができる。では、作成した政策はどうすれば実現し、社会的問題の解決を図ることができるのだろうか。

　確かに、選挙は政策選択の大きな機会となるが、通常、4年に1度しか行われない。また、自分たちが望む政策がそのまま提案・採択される可能性も限られている（候補者に政策案を提案することが考えられるが、その際、提案した政策を候補者がそのまま受け入れるとは限らない。）。

　一方、選挙以外の期間に目を向けてみるとどうだろうか。地方自治制度には住民自治として、直接請求権に代表されるように様々な政策提言の仕組みがある。この仕組みでは、自身の政策をそのまま検討の俎上に載せることができる。

　自分たちのまちの課題を自ら見付け、解決に努めていく主体的な主権者となるためには、自分たちの解決策の実行方法について理解しておくことも重要になる。本ワークではそのための知識を獲得することとしたい。

**本ワークと
選挙の関係**　　　選挙以外の手段でも政策提言ができることを知ることで、そのことを知らない場合に比べて、選挙の持つ意味がおのずから変わってくる。

　生徒たちには、主権者として選挙で政治家を選んだ後、きちんと見守り、政策提言の仕組みを活用しながらまちのことを見守り続けることが重要であることを、本ワークを通して伝えていきたい。

(2) 展開のしかた

○　説明
　　説明例「私たちは、選挙以外にも、自分たちが見つけた課題や、その解決策である政策を提案することができます。」
　　「地方自治体を例に、政策提言の仕組みを学びましょう。」

○　活動
　　1 ワークシート「地方自治制度」（10分）
　　・適宜、教科書などを参照しながら、穴埋め問題を解き、答え合わせを行う。

　　2 ワークシート「政策提言の仕組み」（5分：レクチャー）
　　・ワークシートを基に、地方自治体において通常想定される政策提言の仕組

みを紹介します。

○ 　まとめ・振り返り

※レクチャー

　　説明例 「私たちは、選挙において投票すること以外にも、自分たちの社会的問題に対する意見を表明することができます。」
　　　　　「政策提案の仕組みには特徴がありますので、その時々で適した手段を選択していきましょう。」

※リフレクション（問いかけ）

　　・私たちは、社会的問題に対して、選挙における投票と政策提言活動によって、意見を表明していくことができますが、この2つの活動は対立するものでしょうか。
　　・2つの活動が連携することができる場合、気を付けることはあるでしょうか。

CASE ［まちで見付けた課題をどうすれば解決できるか］

　生徒たちが、自分たちがまちで見付けた社会的な問題について、話し合っているようです。

　どんなことを話し合っているのか、確認してみましょう。

> 最近、駅前広場にごみのポイ捨てが増えている気がするんだよね。

> 私も、ごみが増えているなって思っていたの。この間、ごみ箱が撤去されてしまったからかしら。
> でも、誰にお願いすれば、ごみ箱をもう1度設置してもらえるのだろう？

　地域の課題の解決策を実現する方法は、選挙での投票や、自治会などの地域団体を通した対応など、様々なものがあります。

　しかしながら、それらは生徒たちにとってなじみの薄い団体であったり、そもそも選挙権を保持していないこともあります。

　自分たちが見つけたまちの課題をどうすれば解決していくことができるのかを本ワークでは学んでいきましょう。

1 地方自治制度に関する穴埋め問題

問1：地方自治制度について、下の語群から最も適合する語句を選び、空欄を埋めてください。

　日本国憲法では、＿＿＿＿＿＿＿＿＿として、地方自治の基本的な考え方が示されています。大日本帝国憲法には地方自治に関する規定がなく、府県の知事は＿＿＿＿＿＿から任命されていました。

　日本国憲法に規定される地方自治の本旨は、地域の住民が中央政府に対して自立した分権的団体を作ること（＿＿＿＿＿＿＿＿）、その団体の運営に住民が参加し、自治を行うこと（＿＿＿＿＿＿＿＿）の2つの側面からなっています。団体自治の具体例としては、＿＿＿＿＿＿＿＿が挙げられます。住民自治の具体例としては、首長や議会議員を住民が直接選ぶ＿＿＿＿＿＿＿＿や条例の制定・改廃などを請求する＿＿＿＿＿＿＿＿があります。

　このように、地方自治は身近な問題への取組を通して人々が民主主義を学ぶ第一歩になる場として考えられ、イギリスの政治家ジェームズ・ブライスは「＿＿＿＿＿＿＿＿＿＿＿＿＿＿＿＿＿＿＿」といいました。

> 地方自治は民主主義の学校である　住民自治　天皇　条例制定権
> 地方自治の本旨　直接公選制　団体自治　直接請求権

問2：地方自治の運営に関する説明について、下の語群から最も適合する語句を選び、空欄を埋めてください。

　地方自治体における代表機関は、住民によって直接選ばれた＿＿＿＿＿＿＿＿＿と＿＿＿＿＿＿＿＿であり、2つの代表機関を持つことから、その体制は＿＿＿＿＿＿＿＿と呼ばれています。

　なお、地方自治体が行う事務は、自ら主体的に行う＿＿＿＿＿＿＿＿と、本来は国が行う事務だが法律等に基づいて地方自治体が行う＿＿＿＿＿＿＿＿の2つに分類されています。地方自治体における事務は、国などから委任された事務の割合が多いとの批判があり、＿＿＿＿＿＿＿＿により改善され、現在の事務区分となりました。

　国政と違い、地方自治体は＿＿＿＿＿＿＿＿が認められており、住民は一定の条件のもとで条例の制定・改廃等を求めることができます。一定の

条件とは、たとえば、＿＿＿＿＿＿＿＿＿＿＿＿＿には、原則として有権者の50分の1以上の署名が必要となり、＿＿＿＿＿＿や＿＿＿＿＿＿＿＿＿＿には原則として有権者の3分の1以上の署名が必要となることなどです。

　なお、近年は、市町村合併や、ごみ処分場の立地など、地域の特定の問題について地方自治体が住民の意思を直接問うために＿＿＿＿＿＿が行われることもあります。

　このような地方自治体における活動は、＿＿＿＿＿＿などのような住民団体に担われることも多く、＿＿＿＿＿＿＿など、自治体から国政へと広がっていった運動もあります。

> 地方分権一括法　オンブズマン　法定受託事務　住民投票　首長
> 議会の解散　議員や首長などの解職　二元代表制
> 条例の制定・改廃　議会　自治事務　直接請求権　情報公開

② 政策の提案方法を知ろう

　地方自治体における政策提案の方法は、直接請求以外にも、様々な方法があります。主にインターネットを用いて参加に必要な情報を集めることのできる仕組みを紹介します。

	名称	概要
首長	首長への提案制度や役所への提案制度	「首長への手紙」等として設けられている首長への提案制度や、地方自治体の広報広聴活動の一環として設けられている意見募集の窓口へ提案する。
	モニター制度や住民意識調査などへの参加	地方自治体全般に関する意識調査を行うモニター制度に参加したり、意識調査への回答を通して、意見を表明する。事例）埼玉県では、インターネットを活用してあらかじめ登録した公募のサポーターから県政の課題について意見を収集する県政サポーター制度を運用

			している。
	パブリックコメント制度を利用して提言する	特定の政策課題や対応策について地方自治体が意見募集を行い、検討、回答する制度であるパブリックコメント制度を利用して、意見を表明する。
	審議会や県民（市民）会議等の自治体の会議体への参加	特定の行政テーマについて検討をする地方自治体内の会議に公募委員等として参加し、意見を表明する。委員として参加できない場合でも、会議によっては傍聴が可能なものもある。
	タウンミーティングへ参加する	主に首長が主催して、開催されるタウンミーティング（報告会や意見交換会等とされることもある。）に参加し、意見を述べる
議会	請願・陳情	議会に対して、市政への要望などを伝えること。 請願の場合、紹介者（議員）が必要になる代わりに、本会議において要望の「採択／不採択」などが議決（決定）される。また、地方自治体によっては、申立者に対して議会において直接口頭での意見陳述を行う機会を設けている議会もある。
	議会報告会への出席	議会などが開催する各種報告会に参加し、意見を述べる。
	政治家個人に働きかける	各議会議員に対して、政策を提案し、実現に向けて働きかけることができる。
市民	マニフェスト検証大会などへの参加	市民団体が、首長や議員のマニフェストの検証大会などを開催していることがある。その場合、そのようなイベントに参加し、意見を表明することもできる。

(3) 指導のポイント

1の穴埋め問題の解答は、次のとおりである。

---

1 地方自治制度に関する穴埋め問題

問1：地方自治制度について、下の語群から最も適合する語句を選び、空欄を埋めてください。

　日本国憲法では、<u>地方自治の本旨</u>として、地方自治の基本的な考え方が示されています。大日本帝国憲法には地方自治に関する規定がなく、府県の知事は<u>天皇</u>から任命されていました。

　日本国憲法に規定される地方自治の本旨は、地域の住民が中央政府に対して自立した分権的団体を作ること（<u>団体自治</u>）、その団体の運営に住民が参加し、自治を行うこと（<u>住民自治</u>）の2つの側面からなっています。団体自治の具体例としては、<u>条例制定権</u>が挙げられます。住民自治の具体例としては、首長や議会議員を住民が直接選ぶ<u>直接公選制</u>や条例の制定・改廃などを請求する<u>直接請求権</u>があります。

　このように、地方自治は身近な問題への取組を通して人々が民主主義を学ぶ第一歩になる場として考えられ、イギリスの政治家ジェームズ・ブライスは「<u>地方自治は民主主義の学校である</u>」といいました。

問2：地方自治の運営に関する説明について、下の語群から最も適合する語句を選び、空欄を埋めてください。

　地方自治体における代表機関は、住民によって直接選ばれた<u>首長</u>と<u>議会</u>であり、2つの代表機関を持つことから、その体制は<u>二元代表制</u>と呼ばれています。

　なお、地方自治体が行う事務は、自ら主体的に行う<u>自治事務</u>と、本来は国が行う事務だが法律等に基づいて地方自治体が行う<u>法定受託事務</u>の2つに分類されています。地方自治体における事務は、国などから委任された事務の割合が多いとの批判があり、<u>地方分権一括法</u>により改善され、現在の事務区分となりました。

　国政と違い、地方自治体は<u>直接請求権</u>が認められており、住民は一定の条件のもとで条例の制定・改廃等を求めることができます。一定の

条件とは、たとえば、＿＿＿条例の制定・改廃＿＿＿には、原則として有権者の 50 分の 1 以上の署名が必要となり、＿＿議会の解散＿や議員や首長などの解職には原則として有権者の 3 分の 1 以上の署名が必要となることなどです。

　なお、近年は、市町村合併や、ごみ処分場の立地など、地域の特定の問題について地方自治体が住民の意思を直接問うために＿＿住民投票＿が行われることもあります。

　このような地方自治体における活動は、オンブズマンなどのような住民団体に担われることも多く、＿＿情報公開＿＿など、自治体から国政へと広がっていった運動もあります。

　有権者の多くは、選挙を通して自らの意思を政治家へと伝えることができる。しかし、生徒の多くは、選挙権を持っていない。そのため、生徒の視野が地域へ向けて開かれたとしても、気付いた問題への意見を表明する機会を得られていない可能性もある。本ワークを通して、選挙以外にも様々な形で自分たちの意見を政治・行政に向けて届けることができることを知ることは、生徒たちにとって地域での活動に主体性を発揮するために重要な意味を持つ。

　また、生徒たちは選挙権を持たないため、他の世代に比べて政治家から重視されにくかった世代であるともいえる（就学前の子どもたちに向けた政策は、子育て世代の親に向けた政策として主張されることがある。）。

　これまで社会的に隠されてしまっていた生徒たちの声が政治・行政へと届くことで、まちのあり方が大きく変わることもあり得る。

議会を用いた主権者教育

　主権者教育では、模擬選挙に加えて、子ども議会などの議会を活用した取組も少しずつ増えてきている。特に注目を集めている事例として、山形県遊佐町（ゆざまち）と岐阜県可児（かに）市の取組を紹介したい。

　遊佐町少年町長・少年議会は、町内在住・在学の中学生と高校生を有権者として、少年町長と少年議員を選出するとともに、独自の政策予算（平成26年度は45万円）を持ち、町政の改善に努めるというものである。取組を通して、若者が地域における居場所を見出すとともに、若者と事業に関わる大人のそれぞれが、若者の発想や町政の仕組みなどを相互に学び合うことが目指されている。実際に若者の提言は町政や民間事業者を動かし、通学に使用される電車の運行時刻の変更や街灯・防雪柵の設置、特産品開発などが行われている。

　可児市議会の「地域課題解決型キャリア教育支援事業」では、議員自らがファシリテーターとなり、市内在住の高校生と各種業界団体の意見交換会を開催するなど、若者の意見がまちづくりに反映される機会作りが進められている。

　これらの事例は、若者の声がまちづくりに反映される機会を創出したことに加え、主権者教育が学校と生徒の間だけで行われるものではなく、議会も主要な推進者として関与できることを示した好事例といえるのではないだろうか。今後も、各地で様々な取組が行われることが期待される。

参考資料
報告資料「遊佐町少年町長・少年議会　取り組みと成果」
　http://www.maniken.jp/election/140620.html
マニフェスト大賞
　http://www.local-manifesto.jp/manifestoaward/

第2章主要参考文献

- 明るい選挙推進協会『Voters』・『私たちの広場』
- 明るい選挙推進協会『平成23年度協会フォーラム講演録「若者と政治」』、2011年
- 明るい選挙推進協会『第47回衆議院議員総選挙全国意識調査 調査結果の概要』、2015年
- 足立幸男編著『政策学的思考とは何か』勁草書房、2005年
- 足立幸男／森脇俊雅編著『公共政策学』ミネルヴァ書房、2003年
- 蒲島郁夫『政治参加』東京大学出版会、1988年
- 加藤秀治郎『日本の選挙—何を変えれば政治が変わるのか』中公新書、2003年
- 川人貞史ほか『現代の政党と選挙』有斐閣アルマ、新版、2011年
- 久米郁男ほか『政治学』有斐閣、補訂版、2012年
- 群馬県『やさしい公職選挙法（平成27年度版）』2015年
- 18歳選挙権研究会（監修）『18歳選挙権の手引き』国政情報センター、2015年
- 18歳選挙権研究会（監修）『18歳選挙権に対応した先生と生徒のための公職選挙法の手引き』国政情報センター、2015年
- 常時啓発事業のあり方等研究会『最終報告書 社会に参加し、自ら考え、自ら判断する主権者を目指して』2011年
- 杉浦真理『シティズンシップ教育のすすめ』法律文化社、2013年
- 全国民主主義教育研究会（編）『18歳からの選挙Q&A』同時代社、2015年
- 総務省、文部科学省『私たちが拓く日本の未来』2015年
- 高橋亮平他編『18歳が政治を変える！— ユース・デモクラシーとポリティカル・リテラシーの構築』現代人文社、2008年
- 日本シティズンシップ教育フォーラム（編）『シティズンシップ教育で創る学校の未来』、東洋館出版社、2015年
- 広田照幸（監修・著）／北海道高等学校教育経営研究会（編著）『高校生を主権者に育てる シティズンシップ教育を核とした主権者教育』、学事出版、2015年
- 『未来を拓く模擬選挙』編集委員会『未来を拓く模擬選挙』悠光堂、2013年
- 横江久美『判断力はどうすれば身につくのか』PHP新書、2004年

原口 和徳（埼玉ローカル・マニフェスト推進ネットワーク）

第3章

各地の先進事例

　模擬選挙を授業や学校行事に取り入れることは、簡単にできることなのでしょうか。充実した実践とするために事前に準備しておくべきことがあるのでしょうか。生徒たちはどのような反応を示すのでしょうか。

　本章では、実践者自ら、実践の模様を紹介しています。授業を行ったからこそ分かる実践のコツを学び、模擬選挙や模擬選挙を発展させた取組についてイメージを作っていきましょう。

実践事例を通して確認できる事柄
・指導計画
・生徒の様子
・授業で用いた資料やワークシートの実例

マニフェスト・リクエストから はじまる模擬投票

対象　**高3**　時間　**50分× 6時限**

単元の目標

有権者が政策を要望し、それを実行した政治家に投票するというマニフェスト・サイクルを応用し、政策要望を政治家に送り、それへのコメントを受け取った上で模擬投票を行う。アクティブな政治への関わり方を学ぶ。

構成のねらい・授業の工夫

・政党の政策を生徒に「伝達」するのではなく、生徒たちが参加型学習の「対話」によって、自らの政策を能動的・協同的に作り出し、アクティブな現場としての政治を「発信」する。
・選挙期間以外の時期を利用して政治家・政党関係者を学校に招き、生徒の作成した政策要望に直接コメントをしてもらい対話を行う方法も効果的な授業になる。
・地域の政治家・政党事務所などに授業の主旨を伝え、協力を要請する。
・啓蒙思想から日本国憲法につらなる民主主義の理念を現実の政治にどう活かすかを、生徒同士の対話の中で見付けさせる。
・付箋紙を使って班で政策案を作成し、ポスターセッションでプレゼンテーションをするなど、従来、参加型学習で培われてきた学習方法を活用し、アクティブ・ラーニングを行う。

授業計画　(5～6時限・50分×5～6)

時間	学習内容	生徒の学習活動	教師の指導・留意点	評価
0時間目	準備授業	○日本国憲法の基本理念、人権思想の流れ、明治憲法の問題点、アジア太平洋戦争の惨禍などを学ぶ。	○啓蒙の時代からの人権思想、立憲主義などの民主主義の基本的な理念を理解させる。 ○並行して、政治家(確定していれば候補者)・政党に授業の概要を説明し協力をお願いする。	生徒からの発問、授業後の客観テスト
1時間目	政策作成	○4人程度の班を作る。今の政治の問題点を出していく。 ○問題点を解決するための政策を付箋紙と模造紙を利用しKJ法により作成する。	○機械的な班構成ではなく、チームとしてまとまることができるグループが出来るように留意する。 ○問題点の解決策を考えるとき、基本的人権など憲法で示されたどのような理念や具体的な条文、あるいは法律一般に関係するかを考えるように指示する。 ○現状の日本国憲法そのものへの批判も排除しない。	班での活動・討論の様子
2～3時間目	政策を一つ選択し「ワークシート」に記入 ※余裕がある場合は、2時間分使用したい。	○1時間目に出てきた政策で、一番重要なものを話し合って選び、ワークシートに記入しながら政策を深めていく。	○政策を実現したときの効果や具体的な達成目標、必要な税金や寄附など、政策の予算的な裏付けを考えるように生徒に伝える。 ○市民自らが自発的に活動する、ボランティアあるいはプロボノ的な取組の可能性も考えられるとよい。 ○ワークシートは回収する。 ○2時間続きの授業の場合、1時間目にワークシートを回収して各班の進捗状況を把握し、2時間に必要なアドバイスを行うようにする。	それぞれのワークシートに書かれた政策の完成度
3～4時間目	プレゼンテーションのポスター作り	○ワークシートを元にして、発表用のポスターを模造紙で作成する。 ※生徒たちが作成した政策案は、【図表】の通りである。	○プレゼンテーションのための視覚的な効果やどのように班で分担して発表をするというような発表方法も含め、考えるように生徒に伝える。 ○回収したワークシートをもとに、政策案の一覧表を作り、投票用紙とする。	ポスターの完成度

4〜5時間目	プレゼンテーションと政策への投票	○グループごとにプレゼンテーションを行う。 ○どの政策を支持するかを決め、個人で投票を行う。	○プレゼンテーションでは、自分たちの政策がいかに意義のあるものかということを他の班の生徒に伝えられるように努力するよう、生徒に伝える。 ○投票用紙は記名とし、政策の支持不支持の理由についても記入させる。	プレゼンテーションの様子 投票用紙に書かれた、政策支持不支持の理由の完成度
投票後	投票を集計、候補者へ政策を送付		○授業後、投票を集計する。 ○票数の多いものを中心にして政治家・政党にコメントをいただく政策をまとめ、メール等で送付する。 ○どの政策が支持を集めたかは生徒にも公表する。 ○コメントを書いていただくために、最低2週間から1か月程度、時間的な余裕を持つようにしたい。 ○コメントをまとめたプリントを作成する。	
5〜6時間目	A：政治家・政党からのコメントを見ながら模擬投票 B：政治家との対話	A：政治家・政党からのコメントをまとめたプリントを見ながら、模擬投票を行う。 B：学校に招いた政治家に政策要望へのコメントをしてもらい、「対話」を行う。 ○振り返りの感想文を書く。	○模擬投票をする場合は、選挙管理委員会から投票箱や記載台などをお借りしておく。 ○政治家を招く場合は、総務省・文科省発行『私たちが拓く日本の未来』指導資料のガイドラインに従い行うように留意する。選挙期間以外の時期が望ましい。 ○本単元全体を振り返り、自らの政治的な意識が高まったかどうかを考えさせる。	振り返りの感想文の完成度 政治家との「対話」をする場合は、対話の様子

（準備物）

付箋紙、模造紙、マーカー

(1) 目的

「正解のない現実世界を指向する自律した市民のための学習」であり、そのために「参加型」で学び、「アクティブな現場としての政治」を教育に持ち込むことを躊躇しない社会科を、私は「21世紀の社会科」「社会科2.0」と名づけ、授業実践に取り組んできた。

学校現場に社会を取り込むこと、特に地域のアクティブな現場としての「政治」を取り込むことができないかを、私はずっと考えてきた。実は最初は、地方議員の方に学校に来ていただいて授業を行おうと計画をしていた。各政党の市議会議員の方々に主旨を伝え快諾を受けていたが、管理職の反対により計画は頓挫してしまった。私学では先例もあり教育基本法、学校教育法的にも問題はないのだが、なかなか公立学校の管理職・教育委員会の壁は厚かった。政治家が学校に来ることができないのであれば、意見を求めるだけなら可能ではないかということから、「マニフェスト・リクエスト」の授業のアイデアが出てきた。

「マニフェスト・リクエスト」の授業は、マニフェスト・サイクルを学校現場に応用したものである[注1]。マニフェスト・サイクルとは、まず、政策提言に関する質問状を選挙候補者に送り政策案に賛同した候補者を応援したり、また、政策案を作った仲間や理解者の中から候補者を立てたりする。これにより、市民発の政策が現実の政治の舞台に乗ることになる。そして選挙後は政治家が政策を実行できたかどうかを市民が評価し、実行できた政治家に次回も投票し、そうでなければ、落選させていく。いわば、PDC（プラン→実行→チェック）サイクルの政策・選挙版がマニフェスト・サイクルである。このマニフェスト・サイクルを、高校生たちが模擬的に行い政策を要望（リクエスト）するものが、「マニフェスト・リクエスト」の授業である。マニフェストを単に情報として生徒に「伝達」するのではなく、マニフェストという未来の社会への提案を生徒たちが参加型学習によって能動的・協同的に作り出し、アクティブな現場としての政治に「発信」することを重んずる授業実践である。

(2) 授業計画

現在まで、2009年、2010年、2013年と「マニフェスト・リクエスト」の授業を行っ

(注1) 鈴木崇弘、上野真城子、風巻浩、成田喜一郎、中林美恵子、村尾信尚、福岡政行、川北秀人、細野助博、島広樹（2005）『シチズン・リテラシー　社会をよりよくするために私たちにできること』教育出版、207頁。この本に編集委員として関わった際、2003年のイラク戦争以後、日本でも見られるようになった新しいデモの動きに着目し「デモの作り方」の章立てを提案したのだが、残念ながら編集会議は通らなかった。「平和憲法」の理念の下におこなわれる非暴力の「直接民主主義」としての日本の新しい「デモ（デモンステレーション）」の動きについては、五野井郁夫（2012）『「デモ」とは何か』NHK出版が詳しい。

てきた。特に、2010年と2013年は、参議院選挙の年であり、これにあわせて模擬投票も含んだ授業を行うこととなった。2009年と2010年は政治・経済の授業、2013年は現代社会の授業で行った（政策案・コメントは2013年のもの）。

(3) 構成の解説

準備授業　　準備の授業として、憲法の授業を行っておく。日本国憲法の基本的な理念、その背景となる啓蒙の時代からの人権思想の流れや明治憲法の問題点、アジア太平洋戦争の惨禍などをおさえておきたい。並行して、政治家・政党（確定していれば候補者）に授業の概要をメール等で説明し、協力をお願いしておく。参議院選挙の年であればあらかじめ日程が分かりやすいので、選挙日程を考慮しながら授業を組み立てていく。

政策作成　　最初の授業の概要を説明する。「班で政策を作り、それを政治家に見てもらってコメントをいただき、コメントを見て模擬投票を行う」という授業の全体像を説明し、4人程度の班を作る。

　まずはブレインストーミングで、日本国憲法から見た今の政治の問題点を出していく。もちろん、日本国憲法そのものへの批判も排除しない。付箋紙を使い、KJ法でまとめていく。その際、その問題点が、基本的人権など憲法で示されたどのような理念や具体的な条文、あるいは、法律一般に関係するかを考える。次に、問題点を解決するための政策として、どのようなことができるかを、模造紙にまとめながら考えてみる。

政策を1つ選択し「ワークシート」に記入　　1時間目に出てきた政策の中で、一番重要だと思うものを班で1つ選び、「ワークシート」（下記のもの）に記入する。その際、政策を実現した時の効果や具体的な達成目標、税金や寄附など予算の裏付けを考えるように伝える。ボランティアあるいはプロボノ的な市民の自発的な取組も同時に考えさせたい。

一番重要だと思う政策を選ぶワークシート【ワークシート】

◆ワークシート◆

班員　・　　　　・　　　　・　　　　・　　　　・

1　現状の問題点：

2　具体的な政策（内容、数値目標、時期、スケジュール、規模など）：

3　実施主体、実施方法：

4　政策の名称：（　　　　　　　　　　　　　　　　　　　　　　　　　）

5　元になる基本的人権、憲法、法律

6　政策を実施した時の効果（達成目標）

7　予算の裏付け（税金、寄附、市民主体の取組など）

「ワークシート」は回収し、各班の進捗状況を把握し、必要なアドバイスを行う。また、各班の政策案を教師側が把握し、一覧表を作り、投票用紙を作成する。時間的に余裕があれば、2時間分をここで使いたい。

プレゼンテーションのポスター作り　「ワークシート」を元にして、発表用の模造紙に政策をまとめる。プレゼンテーションのための視覚的な効果や、どのように発表するかの方法も含め考えさせる。生徒たちが作成した政策案の一部は、図表のとおりである。

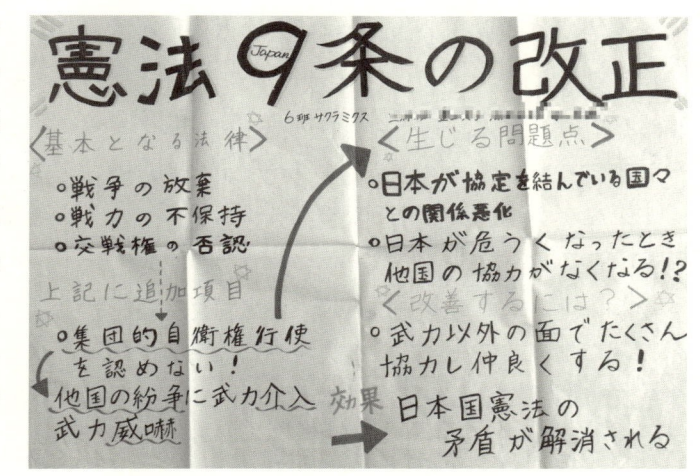

【図表1】生徒たちが作成した政策案（一部）

1　自転車・軽二輪安全意識向上政策	自転車・軽二輪に自賠責保険加入と更新を義務化し、定期点検、車検を設け、事故減少と安全意識の向上を図る。
2　介護職・高齢者ばんざい政策	社会保障国民会議の議員が介護現場の現状を十分には把握していないのではないか。介護職に外国人も雇用し介護専門学校の学費を国で一部負担。失業者も学習できるようにする。消費税、酒税、たばこ税を財源とする。介護職の現状を国民に知らせ待遇改善を図る。介護者を増やすことで負担を減らし失業者の就職先も増やす。
3　奨学金政策	大学での奨学金の成績条件を低くする。貸与だけではなく返還の義務のない奨学金を新設し、成績に応じて一定程度の分をこれに充てる。これにより大学卒業後の負担を軽減し、高校での学習意欲を増加させる。
4　震災復興優先法	確定的ではないオリンピックに予算を割くのは無駄であるので、招致するかどうかについての国民投票を行う。招致しないと決定すれば、使用しなくなった分の予算で東北に新エネルギーの発電所を建設する。
5　地域活性化法案	過疎地域に特色ある小中一貫校を建設する。これにより移住者が増え、過疎化を防いでいく。国家公務員数の削減が閣議決定されており、その分の予算とふるさと納税を財源とする。地域おこし協力隊制度も活用する。
6　憲法9条改正	既存の条文に3項として「集団的自衛権を行使することを認めない。」を追加する。日米安全保障条約上、米国との関係が悪化するおそれはあるが、外交上は、武力以外の面で周辺諸国と協力し仲良くしていくようにする。

プレゼンと政策への投票　班ごとに政策案のプレゼンテーションを行う。投票用紙を利用し、どの政策を支持するか、個人で投票（記名）を行う。投票の際、な

ぜその政策を支持するか（しないか）を簡単に記入させるようにする。授業後、投票を集計し、公表する。

　票数の多いものを中心にして、政治家・政党にコメントをいただく政策をまとめ、メール等で送付する。経験ではほとんどの候補者側（スタッフ含む）からコメントをいただけた。

模擬投票・政治家との対話　　最低2週間から1か月程度、コメントをいただく時間をとり、その後の授業でコメントをまとめたプリントを生徒に配る。このプリントを見ながら、選挙の年であれば模擬投票（選挙管理委員会から投票箱などをお借りする）を行う。

　あるいは、政治家を学校に招き、マニフェスト・リクエストへのコメントをしていただき、生徒との「対話」を実現させても良いだろう。その場合は、総務省・文部科学省発行の『私たちが拓く日本の未来』指導資料のガイドラインに従い行うようにする。

【図表2】生徒の政策案と政党別のコメント例

政策案6　憲法9条改正
既存の条文に3項として「集団的自衛権を行使することを認めない。」を追加する。日米安全保障条約上、米国との関係が悪化するおそれはあるが、外交上は、武力以外の面で周辺諸国と協力し仲良くしていくようにする。

A党	集団的自衛権を放棄して米国が他国から攻撃を受けた時には何もせず、日本が他国やテロからの攻撃された場合は援助を求めることになりませんか？文化交流や通商は安定的な友好関係を築くのに大事な事ですが、非友好的な相手に対してはそれだけでは十分と言えないのではないでしょうか？
B党	「日本は海外で武力行使しない」というのが憲法9条の精神であり、「集団的自衛権の行使は自衛のための必要最小限度を超えるものであって認められない」という、従来からの政府解釈は妥当だと判断しており、そのためだけに憲法改正を行うことは現実的ではないと考えます。
C党	諸外国の状況を俯瞰した場合、これは現実的ではありませんね。
D党	憲法に集団的自衛権を行使しないとの文言を入れれば、間違いなく日米同盟は解消されます。仮にそうなった場合の日本の安全保障政策についてまで議論を深めてください。
E党	「集団的自衛権」という個別案件は憲法で定めるものでなく、憲法の理念に沿った法律を制定すべきと考える。

※政党名は、仮に「A党」「B党」…とし、具体の政党名は伏せた。

(4)　生徒たちの反応

　「普段では絶対に体験できない授業だったので、楽しさもありました。いつもは『こうなったらいいな』とか『なんでこうならないんだろう』という思いを授業中には持ちますが、授業後には余り考えませんでした。けど、今回の授業では、早く（自分た

ちの意見への）答えが聞きたいと普段の生活でも考えるようになりました。」

「（前略）まだ選挙に行ける歳ではないけど、このコメントで少しだけど、この党は批判的で、この党は良心的など、自分のイメージがついたので、参考になったみたいです。（後略）」

(5) 実践を行っての改善点

この授業実践を、2009年、2010年と「マニフェスト大賞」の市民部門に応募した[注2]。2009年は選外であったが、2010年の「第5回マニフェスト大賞」で市民部門の最高賞である「マニフェスト推進最優秀賞」を受賞することとなった[注3]。また、2013年の実践は、日本テレビ「NEWS ZERO」で乙武洋匡氏の取材を受けることとなった[注4]。

この授業をどう改善・発展させていくのか。それは、最初に述べた当初の課題のように、実際に政治家を学校に招き、生徒たちの「マニフェスト」に対するコメントを現場で述べてもらう形にすることである。

イギリスでも、この実践と似た、地域の国会議員に「地域の開発問題や環境問題、学校にかかわること、生徒たちが解決しないと強く感じている課題」を手紙として送る、という実践がシティズンシップ教育として行われているとのことである[注5]。また、フィンランドでは小学生が選挙の候補者に実際に会って質問をするという「宿題」が、当たり前のようにされているという[注6]。

2015年、公職選挙法が改正され、「18歳選挙権」が決定したため、総務省と文部科学省は、高校生全員に配布する主権者教育のパンフレット『私たちが拓く日本の未来』[注7]を作成した。このパンフレットの指導資料[注8]に政治家を学校に招くときの注意点の記載がある。つまり、総務省と文部科学省は、ガイドラインに従えば政治家を学校に招くことを許可したということである[注9]。

ここで述べられていることは、①政治家を学校に招くことは生徒の具体的な政治のイメージを形成することに有意義なので、校長を中心にして学校として取り組む。②多様な政治的意見があることを事前事後指導で生徒に徹底する。③政治家には選挙活動をしないことを徹底する。④保護者にこの教育活動の意義を周知徹底する。⑤議員等を招くときは、複数の会派を招くなども含め、生徒が多様な意見に触れることができるようにする。⑥選挙期間中は選挙運動のための演説会と認められた場合は公職選挙法違反となるので選挙期間以外の方がやりやすい、ということになる。最初に書いたように、同様の企画を何回か管理職に申し出て頓挫した経験がある。これからは、以上のようなガイドラインに従えば、政治家に学校に来てもらう参加型学習が可能になる。18歳選挙権を確実なものにするために「アクティブな現場としての政治を教育に持ち込むことを躊躇しない」社会科である「社会科2.0」としてのシティズンシッ

プ教育を日本でも充実させていかなくてはならない。

風巻　浩（神奈川県立麻生高等学校教諭、聖心女子大学非常勤講師）

＊本稿は、「「社会科2.0」としての「マニフェスト・リクエスト」ワークショップ」（2014）『開発教育』No.61 に加筆したものである。

（注2）地方議員や市民の政策提言や政治活動を募集し表彰する活動。

（注3）麻生高校の第5回「マニフェスト大賞」での受賞者メッセージは、以下のウェブサイト。
http://www.nicovideo.jp/watch/1289975465

（注4）NEWSZERO 特集「乙武洋匡 JOIN」2013 年5月 23 日放送は、NEWSZERO のウェブサイトにある。

（注5）藤原孝章「社会科における社会参加学習の類型論的考察—英国シティズンシップ教育の Community involvement に着目して—」（2011）『現代社会フォーラム』第7号、同志社大学社会システム学会、10頁

（注6）鐙麻樹　2015 年9月 29 日 Yahoo! Japan ニュース「ノルウェーでは、選挙中、小学生が宿題で政治家に問う。「あなたの政党は難民のために何をするの？」」から　http://bylines.news.yahoo.co.jp/abumiasaki/20150929-00049963/

（注7）総務省・文部科学省『私たちが拓く日本の未来−有権者として求められる力を身に付けるために』この生徒用パンフレットの「請願」の説明（73頁）は誤解を生む書き方をしているので注意したい。請願の提出方法についての記載に「議会事務局は（中略）請願の出し方を教えてくれますし、高校生でも提案は可能な議会もあります。（後略）」とある。請願は、憲法 16 条の「請願権」を根拠にし、そこには年齢制限はおろか、国籍条項もない。「「高校生でも」（請願の）提案は「可能な」議会「も」あります」では、年齢制限はないということが読み込めないだろう。きちんと、年齢制限も国籍での制限もない旨を明示するべきだ。

（注8）ダウンロードは、http://www.soumu.go.jp/main_content/000378818.pdf

（注9）総務省・文部科学省『私たちが拓く日本の未来−有権者として求められる力を身に付けるために【活用のための指導資料】』88 頁

2 国政模擬選挙　東京都町田市・私立玉川学園

「つながる」「つなげる」模擬選挙
～持続可能な主権者教育を目指して

対象 中3 高3　**時間** 50分×1時限

単元の目標

民主主義の根幹である選挙の重要性を理解し、18歳へ選挙権が付与されたことにより、実施の投票へ行く前によりよき有権者となるべく模擬投票を通して資質を磨くことを目標とする。

構成のねらい・授業の工夫

・実際に投票に近い環境を作り出すため、実際の投票箱などを手に入れておく（市町村選管に依頼して調達）。
・政党マニフェスト、選挙ポスターなどがあるとさらに臨場感が湧く（模擬選挙推進ネットワークに依頼して調達）。
・新聞各社による政党主張一覧記事があると有益。その際、生徒が複数のメディア媒体からの情報に触れられるように配慮する。
・選挙の現状や制度の説明を除き、アクティブ・ラーニングを基本とする。
・特に「正解のない」問いを考えて、自分で意思決定をするプロセスを体験するため、グループワークやグループごとの重点政策のプレゼンテーションなどの機会を設ける。

授業計画（1時限・50分）

時間	学習内容	生徒の学習活動	教師の指導・留意点	評価
導入 10分	民主主義における選挙の重要性と投票の現状を理解する。	なぜ18歳へ選挙権年齢が引き下げられたか、その背景を若年層における低投票率の現状から理解する。	○講義形式 ○明るい選挙推進協会の投票率推移データグラフなどを用いるとよい。 ○あまり時間をとりすぎないように留意する。	生徒からの発問
展開1 15分	政党の主張を概観し、視点と疑問を共有する。	5～6人のグループを作り、選挙公報、政党主張の比較表（新聞記事）、マニフェストなどを配布し、できるだけ多くの「疑問点（なぜ）」を出させる。	○教師はファシリテーターに徹する。政策の内容についての質問は、自分が理解できている事実は説明し、不明確な場合は、率直に生徒へ伝える。疑問点はたくさん出れば出るほどよいと説明しておく。 ○疑問の対象は、政策の内容からポスターの作り方まで網羅できるとよい。	グループからの発問および討論の様子
展開2 10分	疑問点の共有をする。	グループごとに黒板に主立った疑問点を書き出す。	○時間がない時は、グループごとの発表でも可。 ○教師は自分の意見の表明は避ける。 ○生徒から出された疑問点の背景などを生徒へ問う。	グループから出させる疑問点の数
展開3 10分	模擬投票をする。	意思決定をして、投票先を決める。	○生徒へ投票に際して、選挙の原則（普通選挙・平等選挙・直接選挙・自由選挙・秘密投票）を説明してもよい。棄権不可、白票可（できればセカンドベスト）とする。外国籍の生徒であっても教育活動として参加させる。 ○実際の投票をシミュレーションされるため、以下の手順に沿って行う：受付で名簿確認→投票用紙交付→記載台で鉛筆記入→投票→席へ戻る。	生徒の様子
まとめ 5分	18歳へ向けて	○投票の感想および質問。	○生徒の率直な感想を共有する。 ○将来、選挙を大事にしてもらいたいことを念を押す。	生徒の発問や様子

＊展開2で時間を確保すれば、2時限版（100分）として実施できる。

準備物

選挙公報・投票箱・記載台・記載台掲示用政党名一覧表【選挙管理委員会から】、各政党の主張が掲載された新聞記事または類似した一覧記事、政党マニフェスト・ポスター、投票用紙、生徒の名簿（有権者名簿）、鉛筆

(1) 実践の流れ

「初めての選挙という感じはしませんでした」。これは高校生時代に模擬選挙を体験し、昨年新成人として初投票に行った本校卒業生の言葉である。

2014年12月10日から12日までの3日間、玉川学園社会地歴公民科では生徒活動組織である中央委員会の協力を得て、衆議院解散総選挙に伴う未成年模擬選挙を実施した。今回は12月の師走押し迫る多忙な時期での投票日であったこと、後期中間試験との兼ね合いで日程取りがなかなか決まらなかったため開催が危ぶまれた。しかし、2002年から模擬選挙の実践を重ねている本学において、生徒のほうから今回模擬選挙は行うのかといった問い合わせが先に来るほど、未成年でありながら1票を入れるという模擬投票を実施する学校文化が定着してきたことを実感させる出来事となった。

期間中、中学3年生では3日間の社会の授業中に模擬選挙を行い、それ以外の学年の生徒に対しては、12月10日と11日の2日間、校舎入り口にて中央委員会による呼びかけ投票とした。授業では、まず20代の低投票率の現状を説明した後、民主主義の根幹である選挙の重要性を強調。その後、4～5人程度のグループに分けてポスターや選挙公報の分析を行った。グループワークでは、「なぜ」をできるだけたくさん見つけることを特に強調し、あらゆる視点の疑問点を抽出させた。

生徒から出された疑問点

- ・「日本を取り戻す」とはいつの日本のことか
- ・「唯一の資源は人」なのになぜポスターには人を使っていないのか
- ・原発をなくしてどうしていく予定か
- ・消費税に頼らない「別の道」とは何か
- ・守るべきものは守り、国益を守るというのは本当に可能か
- ・消費税増税法を廃止してどうやって国債を減らすのか
- ・わかりにくい文章にする意味は何なのか
- ・主張の財政的な裏付けがないのではないか
- ・沖縄に米軍基地をおかないでどうやって日本を守ってもらうのか
- ・なぜこの党首はポスターで遠いところを見ているのか
- ・所得5割アップを具体的にどう実現するつもりなのか

その後、投票時の注意事項を「選挙の原則」（普通選挙・平等選挙・直接選挙・秘密選挙・自由選挙）になぞって、公職選挙法を含めて説明した。

最後に、本番同様に生徒名簿にて「有権者」確認をして投票用紙を渡して、"清き"1票を投票させた。また今回中学3年生と

一部の高3の以外のクラスは、放課後に生徒の中央委員会による呼びかけ投票を行った。事前に全校生徒に予告をしたこともあり、当日は多くの生徒が興味を持って投票をした。ここ数年は、特に町田市選挙管理委員会と町田市明るい選挙推進協議会から「めいすいくん」の着ぐるみを借りることができ、大いに盛り上がった。また多くのメディアからの取材も相次ぎ、社会の関心の高さを伺わせた。

　集計と投票結果は、実際の選挙結果の後に公表することになっているため、選挙管理委員会による確定投票数が新聞に掲載されてから発表した。

興味深い選挙結果　　　未成年模擬選挙の結果で興味深いのは、実際の選管確定値を基にした政党別得票率と毎回ほとんど同じであるという点だ。過去に都知事選挙で模擬選挙の当選者と実際の当選者が異なったことはあるものの、国政選挙ではその差違はほとんどみられず、未成年も実際の20歳以上の有権者の結果もほぼ同じ得票率となっている。これをどのように分析すべきか、色々な意見があるかと思うものの、長年教育現場にて模擬選挙を実践してきた経験値でいうと、未成年も大人も同様のメディア媒体を通して、情報を得ていて、同様の見方で政党や社会を見ているということでなかろうか。「18歳以上へ選挙権年齢を引き下げたら、何か突拍子もない結果がでてしまうのではないか」と危惧する声もあるが、過去15回学校現場で模擬選挙を実施し、生徒の様子や投票理由をみている身からすると、それは完全なる取り越し苦労であると結論づけることができる。しかし、何もしないで、ただ選挙権だけを18歳へ与えればよいと考えている訳ではない。未成年者における主権者教育の最も重要な目的は何かといえば、見かけだけで判断して「イケメン党」や「カワイイ候補者」へ票が流れてしまうことや、聞こえの良い政策や"過激な"政策だけを並べて人気取りをしようとする政党や候補者をしっかりと見抜ける資質を養うことである。そのためには、やはり「投票行動」を練習させる必要がある。自転車を乗るのに

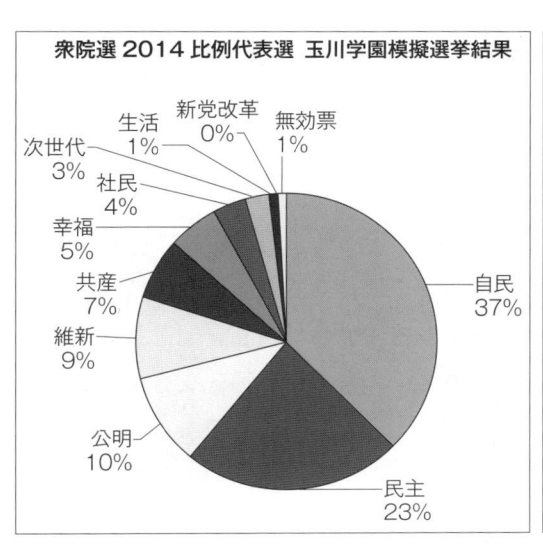

衆院選 2014 比例代表選 玉川学園模擬選挙結果

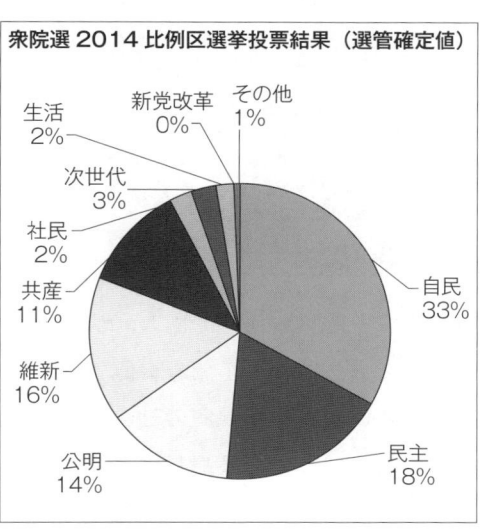

衆院選 2014 比例区選挙投票結果（選管確定値）

自転車を遠くから眺めているだけではいざ乗りこなせない。同様に18歳の誕生日の朝に何か有権者の資質が「降臨」してくる訳でもない。やはり、有権者になる前にプロセスを重視した投票行動を何度となく「練習」させることが必要であろう。選挙は民主主義の根幹であり、全員参加が望ましい。本来であれば義務教育が修了する16歳の時点で身につけなくてはならない能力であると感じる。そのためにも高校から始めるのではなく、小学校であって、中学校であっても、主権者教育を開始するのは遅くない。在学中に何度も投票することで、投票行動への誤った見方を払拭できるだけではなく、模擬投票を繰り返すプロセスを通して、有権者としての資質の向上をはかることができるといえる。

(2) 取組の特徴

玉川学園における取組の特徴　　本校における最初の模擬選挙の実践は2001年の参議院議員選挙に遡る。最初は授業内のみの実施で新聞を読ませることが目的として実施された、2003年の衆議院議員総選挙から学校外の組織との連携を図り、社会地歴公民科の教科目標である「社会に有益な公民となるべく資質を養う」ための重要な公民分野の体験型活動と位置付けている。実施形態は各担当者に任せられていて、授業形態や状況に応じて様々な形で実施しており、その中でも「つながる」「つなげる」を本校の模擬選挙のキーワードとして次の3点に特徴をまとめてみた。

社会へ「つなげる」　　1つ目は、現実社会と「つなげる」という点である。公民科の対象は私たち現実の社会そのものであり、その目的は様々な問題、システム、価値観などメディアを通して学んでいくことにある。しかし、現実には、多くの生徒は「社会・地歴・公民科は暗記すればよい」という誤った認識を持っており、生徒の意識とねらいの乖離に苦心している。模擬選挙実践を通して、そのような誤解

を解きたいとの期待もあり、最大限現実のリソースを使って授業展開することを心掛けている。実際に授業で使うのは、新聞記事を始め、政党や候補者のポスター、マニフェスト、選挙公報など「ホンモノ」をできるだけ使う。そして、有権者になって投票することのイメージを持たせるため、現実に近い形で模擬選挙を実施するのである。例えば、投票所は本物に似せて物品を配置したり、名簿確認を通して1人1票を自覚させたりして、投票そのもののイメージを持たせて教室の中にいながらも現実の社会と「つなげる」よう工夫している点である。

外部組織と「つながる」　　2点目は、学校－NPO－行政と「つながる」という点である。「ホンモノ」を使って授業展開をするのにやはり欠かせないのが、町田

市選挙管理委員会やNPOの模擬選挙推進ネットワークなど外部組織との連携である。本校では2003年から外部組織との連携を実施して模擬選挙を行っており、各組織とも良好な協力関係を保てている。このつながりで拙者も2010年から町田市明るい選挙推進協議会委員として任を受け活動することとなった。また、日本全国の模擬選挙の実践事例を掌握し、豊富なノウハウを提供してくれるNPO「模擬選挙推進ネットワーク」との協力も本校における模擬選挙の実践に関して大きな役割を果たしている。今後も更なる模擬選挙の実践拡大においては中核となっていく組織である。「地方自治は民主主義の学校」といわれながらも、私学は地域との連携が薄くなってしまいがちである。この課題を克服するためにも、また地元に対して関心を持たせる意味でも、地域行政組織との連携は意義深いと考えている。したがって、今後も「学校－NPO－行政」の「つながり」を重視しながら進めたいと考えている。

協力を呼びかけた外部機関と協力内容

町田市選挙管理委員会	投票箱、記載台を借用、選挙公報、政党名・候補者名一覧、などを提供
町田市明るい選挙推進協議会	マスコットキャラクター「めいすい君」着ぐるみ借用、模擬投票の運営補助
町田青年会議所	市長選候補者のポスター、市長候補事務所探検企画
NPO模擬選挙推進ネットワーク	ポスター、マニフェスト収集の協力、全国規模での模擬選挙参加への呼びかけおよび集計結果（国政選挙、知事選挙、地方議会選挙）

「つなげる」＝継続

最後の特徴は、模擬選挙を学校の教育実践として「つなげる＝継続」して実施する体制である。この「つなげる」という特徴には2つの側面を意味しており、1つはいかに模擬選挙の取組を学校内や地域に広げられるかということと、もう1つは子どもの発達段階に応じて何回も「継続して」実践できるかとい

う点である。日本の模擬選挙の実践の歴史は20年以上あるものの、教師個人としての授業実践の域が多く、なかなか校内の他の先生方や学校や地域全体としての取組には発展しづらい問題点があった。その点、本学園は幼稚園から大学院までが1つのキャンパスに存在する総合学園であり、小学部から高等部まで縦割りの教科部会が存在するため、学年を超えて定期的に情報交換を行う会議体がある。模擬選挙の実践においてもこのメリットを生かして、2010年の町田市長選挙では、小学校6年生の社会の授業で小学部の先生とティームティーチングで授業を行った。小学生の1学年全体で模擬選挙を行うことは初めての経験であったが、小学生でも町田市の財政状況の心配や候補者の主張に疑問を持ったりして、大人と変わらない批判的な視点を持っていたことに驚かされた。また中学部では中学3年の社会を中心に、高校では政経を中心に地歴科目の先生方も巻き込んで実施していった。そのため模擬選挙そのものに対する「誤解」もなくなり、今では自然に受け入れられている環境が整えられた。また生徒

の視点に立った場合、K-12（幼稚部から高校3年まで）の教科部会として国政および首長選挙の際には模擬選挙の実施を計画しているので、上級学年に進級すると在学中に何度も模擬選挙を体験することが可能となっている。つまり、生徒にとってもまた前回とは異なった視点で情報を精査して「投票」に結びつけられる、「つながる」模擬選挙が体験できるのである。以上、3点「つながる」「つなげる」をキーワードに多くの関係者の協力を得て玉川学園における模擬選挙の実践は続けられており、2015年で16回目を数えている。

玉川学園における模擬選挙の実践

	選挙	対象
1	第19回参議院議員選挙　2001年7月	高1（授業内のみ実施）
2	第43回衆議院議員総選挙　2003年11月	高1・高3
3	第20回参議院議員選挙　2004年7月	高1・高3
4	第44回衆議院議員総選挙　2005年9月	高1・高3
5	町田市長選挙　2006年3月	小6
6	第21回参議院議員選挙　2007年7月	中3〜高3
7	衆議院議員補欠選挙　2008年	中3〜高3（任意参加・呼びかけ）
8	東京都議会選挙　2009年7月	中3（放課後呼びかけ投票含む）
9	町田市長選　2010年2月	小6
10	第22回参議院議員選挙　2010年7月	高2・高3・中学生
11	東京都知事選挙　2011年4月	中3〜高3（放課後呼びかけ投票含む）
12	東京都知事選挙　2012年12月	中3〜高3（放課後呼びかけ投票含む）
13	第46回衆議院議員総選挙　2012年12月	中3〜高3（放課後呼びかけ投票含む）
14	第23回参議院議員選挙　2013年7月	中3〜高3（放課後呼びかけ投票含む）
15	第47回衆議院議員総選挙　2014年12月	中3〜高3（放課後呼びかけ投票含む）
16	18歳選挙権法案成立に伴う模擬選挙　2015年6月	高3（選択）

(3)　実践を通して分かった課題

　実は模擬選挙も課題もある。選挙がない年はどのように主権者教育を行うべきか、また、世間が多く関心をもっている政治的中立性をどのように担保するかという点である。

選挙のない年はどうする？　まず、選挙がない年はどのように主権者教育を行うべきかという点において、私にとっても2015年初めて実践した試みがあった。それは、前回の選挙の素材（公報等）を使って実際の選挙ではない時期に模擬選挙を実施したことである。無論、選挙期間中に模擬選挙を実施する背景には、メディアには政党や候補者の主張や情報が最も多く流される時であり、生徒も私たちも情報入手が容易な点があった。しかし、選挙がないなかで模擬選挙を実践したところ、いつもとは異なる、ある意味落ち着いた視点で各政党の主張を分析することが可能となった。また、前回の選挙から約半年後に実施したことにより、改めて当時の公約の履行状況などを確認することができ、社会情勢の変化も踏まえて投票することができた。これは本校で実際の選挙にあわせて実施している模擬選挙とは、また異なる教育的意義を

見出す機会となった。

**政治的中立性
の担保**　　次に政治的中立性の担保についての留意点を挙げたい。私にとっての政治的中立性の担保は、生徒に対してできるだけたくさんの情報を与えて生徒自身が十分に取捨選択できる位の情報量を与えることである。巷には、生徒への情報提供を限定することで"中立性"を確保するという考えもあるが、私は賛成しない。教師が政治的意見を表明することも公職選挙法に抵触する可能性が指摘されているものの、主権者教育の副教材を読むと、至る所に「選挙運動に伴う〜」という記述が記されていて、公職選挙法によって禁じられているのは、「特定の政党や候補者を当選させる目的」が選挙運動と定義されている。学校における模擬選挙は、決して「特定の政党や候補者を当選させる目的」で行っているものではない。私たち教師は、有益な主権者の資質を育成することを目的として教育活動を行っている。したがって、教育現場において無論「選挙運動」の定義に合致するような言動や方法は慎まねばならないが、そうでない動機で実施されている模擬選挙をはじめとした学校現場における主権者教育の諸実践に関しては、先生方の自由を最大限尊重するべきであると考えている。その意味で、選挙の争点となる現実のテーマを教室で生徒と議論することは容認されなくてはならないと考えているし、そのこと自体は教師として様々な議論があることを明示さえすれば、何ら公職選挙法に抵触するべき行為ではない。したがって、教育現場の先生方は過度に萎縮する必要はないと考えている。

むすび　　2015年6月に公職選挙法が70年ぶりに大幅に改正され、18歳（高校3年）へ選挙権が付与されることが決まった。これは、日本の民主主義においても、学校現場においても「良識有る公民的資質」を育成する観点においても大変大きなチャンスであると考えている。私は模擬選挙の実践を繰り返すことにより、若者の政治無関心や低投票率を克服する有益な一手段になると信じている。少子高齢社会を迎える日本だからこそ、その将来を担う若者の意見は社会では重要視されるべきである。ささやかなこの実践が模擬選挙に対する他の学校や先生方の理解を深め、日本の学校現場における模擬選挙の更なる広がりを願ってやまない。

硤合　宗隆（玉川学園高等部・中学部教諭）

2014 年 12 月 3 日

関係各位

衆議院選挙未成年模擬選挙 "Let's もぎせん！" 実施概要

玉川学園（東京）
高学年社会地歴公民科

目的　12 月 14 日投開票の衆議院選挙が迫り、未成年の視線で "1 票 " を投じることにより日本社会や政治への関心を高めることを目的とする。今模擬選挙では、9（中 3）年社会の授業で投票を行い（実施期間 12 月 10 日〜 12 日）、他学年は中央委員会の協力を得て、終会後に校舎入口に投票所を設けて投票を呼びかける。

日時　2014 年 12 月 10 日（水）・11 日（木）終会後 15:35 〜 16:15 頃　2 日間

場所　アトリウムおよび高学年校舎入口

主催　地歴公民科

協力　中央委員会・町田市選挙管理委員会・模擬選挙推進ネットワーク

後援　文部科学省・東京都選挙管理委員会・明るい選挙推進協議会

投票までの流れ（人数）

　　　　呼びかけ（3 〜 4 名）→有権者名簿確認（2 〜 3 名・クラス氏名を確認）→投票用紙交付（2 名）→記載台で投票用紙記入（投票は比例区のみ）→投票（立会人 1 名・投票箱前）→投票済シール交付（1 〜 2 名）→終わり

対象生徒　生徒全員

投票総数目標　300 票程度

呼びかけ　前日と当日 2 日間、終会の放送で中央委員長による呼びかけ

　　　＊ 当日、中央委員の担当生徒は終会免除でお願いします。

　　　＊ 中央委員会で、中央委員長より中央委員への呼びかけを行う。

開票作業　12 月 12 日（金）16:00 〜 17:00（中央委員会）

授業内実施予定（12 月 3 日現在）

　　　　中 3 社会（IB 含）および高 2IB クラス

　　　　裏面参照（オレンジ色部分授業）

問い合わせ先

　　　　玉川学園キャンパスインフォメーションセンター　　　　○○○−○○○−○○○○

裏面　（略）

「50分でできる模擬選挙授業」学習指導案

学　校　名　　玉川学園高等部・中学部
指導者 職・氏名　　公民科教諭　硤合　宗隆

対象生徒・集団　　高校3年（次）生　40人

1　単元（題材）の目標

　　民主主義の根幹である選挙の重要性を理解し、18歳へ投票権が付与されたことにより、実施の投票へ行く前によりよき有権者となるべく模擬投票を通して資質を磨くことを目標とする。

2　指導に当たって

(1) 生徒観

　　一般クラスの平均的な40人クラスを想定。40人以上でも可能。

(2) 教材（題材）観

　　実際に投票に近い環境を作り出すため、地元の選挙管理委員会へ連絡をして、実際の投票箱や選挙公報、記載台、記載台用政党名一覧表などを手に入れておく。可能であれば、模擬選挙推進ネットワークから政党マニフェスト、選挙ポスターなどがあるとさらに臨場感がわく。または新聞各社による政党主張一覧記事があると有益。その際、生徒が複数のメディア媒体（複数の新聞社の記事を使用する、複数のメディア媒体からの情報を提供するなど）からの情報に触れられるように配慮する。

(3) 指導観

　　選挙の現状や制度の説明を除き、アクティブ・ラーニングを基本とする。特に「正解のない」問いを考えて、自分で意志決定をするプロセスを体験するため、グループワークやグループごとの重点政策のプレゼンテーションなどの機会を設ける。

3　本時の指導と評価の計画（1時限分・50分間を想定）

(1) 本時のねらい

1. 若年層の投票率の現状を理解する
2. 選挙資料を読むときに留意すべき点を互いに学び合う
3. グループワークを通して、自分の争点を明確にする
4. 模擬選挙を通して、1票を入れる体験をする

(2) 準備・資料等

1. 【選管から】選挙公報・投票箱・記載台・記載台掲示用政党名一覧表
2. 各政党の主張が掲載された新聞記事または類似した一覧記事
3. 政党マニフェスト、ポスター
4. 投票用紙
5. 生徒の名簿（有権者名簿）
6. 鉛筆

(3) 本時の展開　50分間　授業計画参照

3 地方模擬選挙　埼玉県さいたま市・私立クラーク記念国際高等学校
さいたまキャンパス（高2・3）

マニフェストをどう読むか？
～政策比較のモノサシを身に付けよう！！

対象　高2・3 合同クラス　**時間**　45分× 2時限

単元の目標

・事前学習の中で政策比較の方法を提案し、投票対象を絞り込む方法を考えさせる。
・実際のマニフェストを分析させ、マニフェストの利点や問題点に気づかせる。
・「誰に投票すべきか解らない」という不安を解消する。

構成のねらい・授業の工夫

・模擬選挙を通して、政策の分析方法を身に付けさせる。
・実際の立候補者の政策を用意することで本物の政策比較を体験させる。
・実際の有権者から政策分析方法を集め、有権者がどのように投票対象を選んでいるのかを生徒に知ってもらう。
・実際の選挙結果と模擬選挙の結果を比較し、情報を広く集める大切さを伝える。

授業計画 （2時限・45分）

時間		学習内容	生徒の学習活動	教師の指導・留意点	評価
導入 （4分）	1	一票の価値	一票の"値段"を知ることで、選挙に行くことの意味を理解する。	埼玉県の年間予算から、4年間で1人当たりいくらの税金が使われるかを提示 ※1人当たり101万円＝1票101万円	発問
講義 （18分）	2	政策比較の困難性	内容が多岐に渡るマニフェストを分析する難しさを知る。	内容が多岐に渡るマニフェストを分析するためには、政策分析の指標が必要になることを強調する。	発問
	3	有権者のモノサシ紹介	有権者が用いている政策分析の指標（モノサシ）を知り、正確な判断をしたい気持ちと時間的制約のジレンマが有権者にはあることを知る。	実際の政策分析指標を10人分提示し、それをマッピングすることで、有権者が抱えているジレンマの理解につなげる。	
議論 （30分）	4	マニフェストの分析指標を分析・利用する	①グループごとに政策分析に使用するモノサシを決める。 ②実際にモノサシを使ってマニフェストを分析する ③使用したモノサシの利点と問題点を議論する	マニフェストを分析するモノサシは、提示されたもの以外でも構わない。 マニフェストを分析する際に、疑問点を解決できるよう、教員以外にサポーターを配置。	議論の様子 サポーターへの質問等
報告 （18分）	5	議論の結果の共有	グループごとに話し合ったモノサシの利点と問題点を報告。	生徒の意見を集約し、他の生徒に分かりやすい形で共有する。	自分の意見を持てているか
投票 （20分）	6	模擬投票・まとめ	議論の結果を踏まえ、個人で政策を分析し投票する。	生徒が個人で政策を判断するように、話し合い等は無しにする。	

準備物

授業用スライド、簡易マニフェスト、モノサシシート（ワークシート）、投票用紙、投票箱

(1) 構成・展開解説

本時の授業　　本授業の構成は、マニフェストの分析方法に関する講義パートと、実際に提案された分析方法について生徒が検討する協同学習パート、そして、協同学習の成果を活かして生徒が模擬投票を行う投票パートの3つに分けることができる。なお、本授業の対象となるのは以前に1度模擬選挙を経験したことのある生徒であるため、投票パートよりも協同学習パートに重点が置かれている。

　まず、講義パートについてであるが、ここでは、実際のマニフェストに書かれている内容が詳細かつ多岐に渡っている点にスポットを当て、その内容全てを比較し検討することが、現実的にハードルが高いことであることの解説を行った。そして、有権者の誰しもが一定の比較基準や手段（授業内においては"モノサシ"と称した）を使って、政策を比較し判断していることを説明し、実際の有権者がどの様な"モノサシ"を使用しているのかを提示した。なお、提示する"モノサシ"については、協力団体（埼玉ローカル・マニフェスト推進ネットワーク）と連携し、市議会議員・社会人・記者・学生といった様々な社会的立場の人物10人に、ワークシートに記入していただく形で収集したものを使用した（図表1参照）。

【図表1】　実際に使用したワークシート

私のモノサシ（投票基準）　　　　　　　　　　　　教員

私の投票基準を一言でいうと・・・

A．ポイント集計型

です

Point
1．自分の主義主張にできるだけ近い政策を選びたい
2．効率的に（時間短縮が）したい
3．問題のある候補者は避けたい

手順
1．各候補者のマニフェストの中から、良いと思う項目をピックアップする
2．良いと思う項目（ポイント）が最も多い候補者を選ぶ
3．選んだ候補者の主張に問題が無いかを調べる

さらに、"モノサシ"の提示解説の際に、それぞれの"モノサシ"を「抽象的—具体的（検討の深度）」、「狭い—広い（比較対象となる項目の範囲)」という軸で分類したものを視覚的に提示することで、「広範囲の内容を具体的・詳細に比較検討したい」という理想と、時間的制約でそれが困難であるという現実のジレンマについて再度確認を行った（図表2参照）。

【図表2】　モノサシの分類表

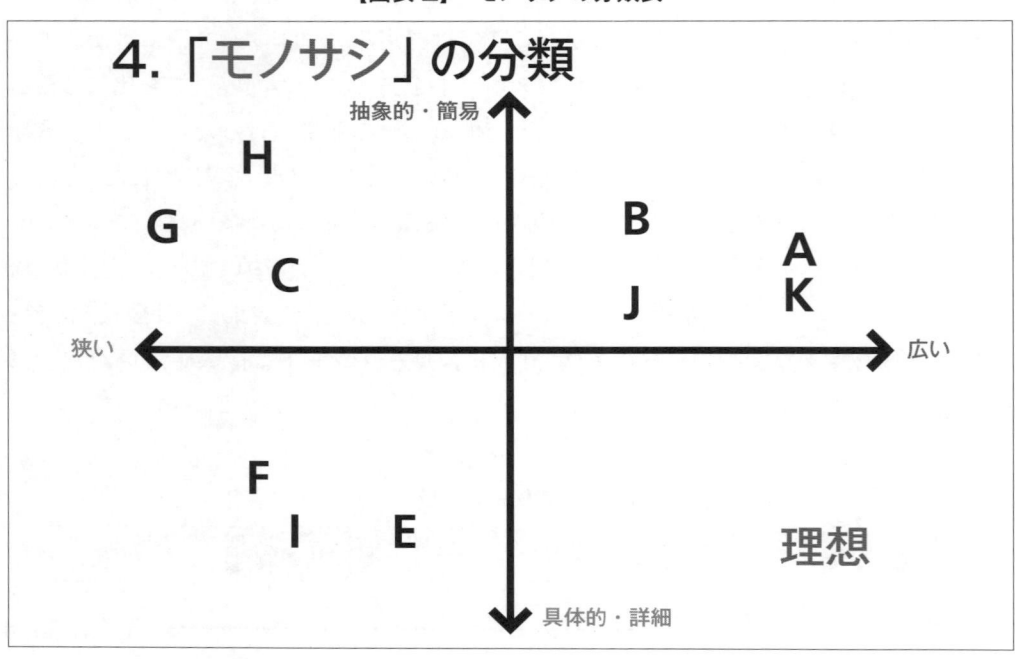

　次に、協同学習パートについてであるが、ここでは、提示した"モノサシ"の中でどれが自分たちにとって利用しやすいかを生徒自身に4〜6人のグループごとに話し合わせた上で、実際のマニフェストを"モノサシ"を用いて各グループに分析させた。この際、"モノサシ"は組み合わせて使ったり、生徒が独自に生み出したりしても良いという条件を付け、議論が活性化し自主性が高まるように工夫した。また、マニフェストについては、実物が公表前であったことから、立候補者の公開討論会向けに作製された"マニフェスト・スイッチ"という資料（埼玉ローカル・マニフェスト推進ネットワーク提供）を用いた（図表3参照）。この資料は、候補者自らが討論会向けにマニフェストの簡潔版として書いているため、内容自体はマニフェストと同様であると言って差し支えのないものである。さらに、今回の協同学習では、マニフェストを分析する過程で困った際の解説者となるサポーターを複数配置することで、予備知識を収集する時間がない点を補う工夫を行った。

　マニフェスト分析の協同学習後には、各グループの代表者に自グループの用いた

"モノサシ"の利点と問題点や、分析の中で気付いたマニフェスト自体の問題点についても報告してもらい、個人による投票パートに向けての情報共有の時間とした。

【図表3】 マニフェスト・スイッチ

氏名 　上 田 清 司　　　㊞

マニフェスト

理念

政治家を目指した理由

　明確に政治家を志したのは高校2年の時です。それまで中学の教師になろうとしていました。当時、毎日新聞で「教育の森」というシリーズが連載されていました。その内容を読んでいるうちに、教師は一学級、一学校の生徒しか救えないと思いました。いい教師や良い教育環境をつくるためには国会議員になることだと考えました。

ビジョン

地域のありたい姿

・住み慣れた地域で安心して医療や介護を受けられる健康長寿で安心の埼玉
・超高齢化の中でも持続的な発展を続ける活力ある埼玉
・能力開発の機会が充実し、誰もがその能力を社会で発揮できる埼玉

解決したい課題

・急増する医療介護需要に応えるサービス供給体制の整備
・自動車産業だけに頼らない「稼ぐ力」の育成
・生産年齢人口の減少をカバーする女性やシニアの社会参画の拡大
・創造力豊かな人財や高度な職業人財を育てる教育改革（教育こそ最強の成長戦略）
・貧困が拡大する中における子どもの教育機会の保障

解決するための重要政策（優先順位の高い順に3つまで）

政策分野　　医療政策／介護支援（2025年問題への挑戦）

・35万人参加の健康長寿プロジェクト
・介護施設の計画的確保
・大学病院、医学部大学院の誘致
・地域包括ケアシステムの確立
・元気な高齢者が地域における共助の担い手として活躍できる仕組みづくり

政策分野　　その他（「稼ぐ力」）

・先端産業創造プロジェクト
　（重点5分野：ナノカーボン、医療イノベーション、ロボット、新エネルギー、航空・宇宙）
・生産性向上プロジェクト
　中小企業のICT活用支援、大学等と連携した中小企業の高度人材育成、経営革新計画に取り組む企業の大幅拡大とその徹底支援

政策分野　　その他（「人財」開発）

・「埼玉版ウーマノミクス」強化
・「セカンドキャリアプロジェクト」
・教え込む教育から学びあいの教育への「学びの改革」
・グローバルリーダーの育成（新たな教育機関の設置検討）
・高度な職業人財を育てるスーパーキャリアハイスクールの設置
・家計が厳しい世帯の子どもの学習支援と成績優秀な高校生の大学進学支援

政策注力分野

社会保障	産業政策	社会資本整備	教育・子育て	農林漁業	税財政・財政再建	労働	環境・エネルギー	行政・議会改革	安全・防災・震災復興
％	％	％	％	％	％	％	％	％	％

最後に投票パートについてであるが、こちらは、実際の県知事選挙にできるだけ近い雰囲気を作るため、実際の投票箱を借りた上で実施した。投票用紙についても実際の用紙に近い形の物を作成し、表記台の代わりとなる机や、立会人役を置くなどの工夫を行った。また、模擬投票の結果については、現実の県知事選挙が終了するまで公表できないことから、現実の選挙結果の公表後に、現実選挙と模擬選挙の結果比較を行う振り返り授業を別日に実施することとした。同時に、実際の選挙結果が出る前に、模擬選挙の結果をSNSやインターネット掲示板等のコミュニティで絶対に公表しないようにとの注意喚起も徹底して行った（結果を公表した場合、生徒が公職選挙法に抵触するおそれがあることから、重要なポイントである。）。

　最終の振り返りについては、模擬選挙の結果についてではなく、協同学習における生徒の議論内容や、気付きに焦点を当てたコメントを行うのみとした。

振り返り授業　　　現実の県知事選挙を題材とした本時の模擬選挙では、現実の選挙が終了するまで、結果の公表を行うことができないという課題があった。そこで、本時の授業とは別に、振り返り授業（45分×2）を設定し、県知事選挙終了後に、実際の選挙と模擬選挙の結果比較を実施した。ここで、工夫した点は、「政策比較の方法を持ち帰らせる」という前回授業の目標を継続して用いず、「政策情報収集の手段を持ち帰らせる」という新しい授業目標を設定したことである。これは、2コマという貴重な授業時数を充てることから、内容は前回授業の振り返りであっても、その2コマの中で新たな知識や技能、視点を身に付けさせる必要があると考えたためである。

　この振り返り授業で焦点を当てたのは、現実の選挙と模擬選挙の結果間で生じた"差"である。本時の模擬選挙では、現実の選挙結果とは正反対ともいえる結果が出ていることから、何がこの"差"を生んだのかをテーマとして、グループによる検討を中心に分析を進めるという授業進行を行った。その中で、マニフェスト以外の媒体（政見放送やネット情報等）によって得られる情報量の"差"が結果の"差"につながったのではないかという仮説を検証し、政策情報収集の手段を多く持つことが大切であるという部分を気づかせるものとした。また、政策について立候補者が語っている動画を視聴させることで、マニフェストだけを読んだ際の印象との"差"を生徒が体感できるような工夫を、授業内では取り入れた。そして、最終的な結論として、生徒でも手軽に閲覧可能な情報媒体（主にネット上で閲覧可能な物）を取り上げて提示し、「政策情報収集の手段を持ち帰らせる」という目標達成を目指した。

⑵　授業準備

①授業用スライド：本授業では協同学習における議論を重視するため、情報量の多い

スライド（パワーポイント）を用意し、板書時間の削減を行った。また、生徒に対してもスライドのコピーを資料として渡した。

②マニフェスト　：本来のマニフェストを用いても良いが、内容が詳細かつ多岐にわたっていることから、短時間の授業で用いるには解説プリント（政策比較表等）を用意するか、今回の授業のように簡潔化されたものを準備した方が良い。

③モノサシシート：本授業で最も重要な資料。今回は様々な社会的立場の人々にご協力頂いて作成したが、他の教員等に依頼し収集する物でも可能。

④投票用紙

⑤投票箱

(3)　生徒の様子・反応

マニフェストの問題点に気付く　マニフェストを分析する中で、候補者独自の造語や専門用語が羅列されているなど、一定の基礎知識がないとマニフェストが読めないことに生徒は気付く。これは、「政策への理解度が足りない」といった自身の基礎知識のなさを問題視する意見がある一方で、「マニフェストの内容に事前知識が必要な単語が入っているのはどうかと思う」「もう少しマニフェストを分かりやすくしてほしいし、若い人たちに分かりやすくしてほしい」といった全ての有権者（知識のない人を含む）に対して政策を発信する情報源としてマニフェストを捉えた場合に、問題があるのではないかという意見も多かった。特に、"公開討論会"という自身の政策をアピールする場面で用いる簡潔な資料でさえ、難解な用語を書き入れるという候補者の姿勢に対しても、疑問を感じる生徒が多かったようである。

　また、マニフェストの内容についても、「2～30代向けの情報が足りない」「内容が自分の年代と遠くて、選ぶのにとても苦労した」「内容が分かりづらく、若者向けの政策も少なかったため、1人に絞るのが少し難しく感じた」という意見が出ており、生徒にとって"自らの問題"を実感できる内容や、"自らの要求"に近い内容が少ないという問題点も浮き彫りとなった。授業内における報告でも「高齢者向けの政策ばかり」といった意見が出ており、生徒の年代に近い層が候補者によって軽視されていると感じる生徒が多かったようである。

　今回の授業における生徒のこれらの気付きは、「18歳選挙権」導入という社会情勢を鑑みた際に、今後の有権者教育を通して、候補者の若年層軽視の問題に対して今まで以上に焦点を当てる必要性があることを、担当教員や授業関係者に改めて感じさせるものとなった。

　　　　同校で前年度に実施した模擬選挙（衆議院議員総選挙を題材とし
た）と比較した中では、「前回は、聞いたことがある名前の人に投
票するだけで終わってしまった」「前回の選挙の時より、意見を持ち投票できた」「昨
年度よりも一人ひとりの政治家に対して興味を持ち、比較してみたり、グループディ
スカッションで考えを深めたことで、以前よりも情報量が多く関心を高めながら投票
できた」といった意見が多くみられた。

　これらの意見から分かることは、模擬選挙の準備学習として政策の "検討方法" を
しっかりと学ぶ時間を確保することが、模擬選挙を生徒にとって有意義なものとする
一因であるということである。

　また、「前回よりも政策の内容を理解することができた。政策の利点と問題点を見
極め、投票者を選べたと思う。投票に対する意欲がより高まった」という意見が出て
いるように、生徒の有権者意識は "しっかりと政策について考え、自らの意見で投票
した" という感覚を生徒自身が感じなければ育まれないことが分かった。

　さらに、「昨年度の模擬選挙では、『政策を読んでおいて』と言われても、自分でマ
ニフェストを理解することは難しかった。今回は周りの人と意見を交換する時間が
あったためマニフェストを理解した上で投票できた。」というように、事前学習にお
いて協同学習を取り入れることで、政策への理解度が高まったと感じる生徒も多くみ
られた。

(4)　改善点

　本時の取組を通して気付かされることとなった、模擬選挙を初めとするシティズン
シップ教育の改善点は、①振り返り授業までの時間的な空白と、②生徒の政治参加に
対する不安感をどのように解消していくのか、という2点である。

　①振り返り授業までの時間的な空白とは、実際の選挙を題材とする模擬選挙ならで
はの課題である。つまり、実際の選挙が公示されたタイミングで模擬選挙を行うと、
公式な結果発表がなされるまで振り返り授業を打つことができないのである。これは、
模擬投票直後に結果を発表し振り返ることが、公職選挙法第138条の3における「人
気投票の公表の禁止」に抵触する可能性が高いためである。しかしながら、生徒の政
治参加意識は模擬選挙直後が最も高いと考えられ、教育的な観点から見た場合、模擬
選挙直後のタイミングで振り返りを行うことが良いのである。実際、今回の模擬選挙
についても、振り返り授業までの時間が空いたことから、生徒の意識が途切れてしま
うこととなった。この部分については、できる限り、公示と結果公表の期間が短いタ
イミングに授業を設定すること、また、空白期間に意識を継続させることができる課
題を提示することが、対応策となるのではないだろうか。

②生徒の政治参加への不安の解消については、生徒が「政治参加の何」に対して不安を抱いているのかを、綿密に把握する事が必要である。本時の授業においても、生徒が感じるであろう不安の解消を主軸として授業構成を行った（政策の判断基準や情報収集の方法など）が、それでも事後アンケートで不安を感じるとした生徒も多々見受けられた。この点については、事後アンケートを、より「生徒が感じている不安」という部分に焦点を当てた内容にすることなどが解消につながるのではないだろうか。

中川　貴代志（クラーク記念国際高等学校教諭）

4　国政模擬選挙　学生団体「選挙へ GO!!」
（青森県弘前市立北辰中学校における模擬選挙）

対象 中3　**時間** 50分×2時限

学生団体が担う主権者教育の可能性

単元の目標

　実際の選挙期間中に、その選挙の争点を考えながら、架空の政党に投票することになるが、現実の政治課題に対する理解を深めるとともに、投開票の体験で選挙を身近に感じる。

構成のねらい・授業の工夫

・大学生が模擬選挙の企画運営を担う。
・架空の政党に投票するが実際の選挙の争点を考えてもらう。
・選挙期間中に実際の選挙の雰囲気を感じてもらいながら行う。

授業計画（2時限・50分×2）

時間	学習内容	生徒の学習活動	教師の指導・留意点
1時限目：投票　※選挙期間中に実施			
導入 10分	公示日の選挙関連のニュースを視聴	現在参院選が実施されていることを認識する。各政党のトップが訴える政策を知る。	○会場である体育館の入り口には、各政党の実物のポスターを掲示して、選挙の雰囲気を出す工夫をする。
展開1 10分	争点に関する説明	模擬選挙の争点として4点を取り上げ、それぞれの賛否を考える。	○実際の選挙に即した争点にする。○争点の賛否の代表的な意見を紹介する。
展開2 15分	グループでの話し合い	各4〜5人のグループに分かれて、4つの争点に対するそれぞれの意見を話し合う。	○話し合い、対話のルールを意識してもらいながら進める。○大学生はテーブルファシリテーターの役割を担う。
展開3 5分	架空政党のマニフェスト説明	4つの政党の中から、投票先を選ぶ。	○4つの争点に対する賛否のスタンスをマトリックスで示したマニフェストから選ぶ。○全ての賛否が一緒にならなかった場合の選び方の例を示す。
展開4	投票	投票を行う。	○実際の投票所と同じような雰囲気になるよう工夫する。
まとめ	投票の振り返り	投票までの一連の流れを経験しての感想を全体で共有する。	
2時限目：開票　※実際の選挙の投票日の翌日以後に実施			
展開1 20分	開票	選挙の開票のやり方を知る。	①公職選挙法第138条の3の「人気投票の公表の禁止」に配慮する。②実際の開票作業と同じやり方で開票する。③選管職員に解説、実演してもらう。
まとめ 30分	開票の振り返り	投票開票の一連の流れを経験しての感想を全体で共有する。	

準備物

　投票用紙、投票箱、記載台、各政党ポスター、公示日の選挙関連のニュースの録画動画、開披台など開票に関わる道具一式、争点に対する賛否のスタンスをマトリクスで示したマニフェスト

未成年模擬選挙の事例として、青森県内で若者の選挙、政治への関心を高めるために活動をしている学生団体「選挙へ GO!!」が、公立中学校で、実際の選挙期間中（2013年7月の参議院議員選挙）に、架空の政党が提示する現実の政治課題に即した争点ごとの政策（マニフェスト）を比較する形で実施した模擬選挙の事例を紹介する。この事例は、企画から当日の運営のファシリテーター（進行役）までを大学生が行った。模擬選挙の実施主体として、選挙管理委員会や学校教員以外に、学生が担える可能性をあわせて考えたい。

⑴　学生団体「選挙へ GO!!」とは

　学生団体「選挙へ GO!!」（代表：瓜田眞樹子青森中央学院大学3年。以下「選挙へ GO!!」という。）は、2011年6月、創設者の竹内博之君が、自分と同世代の若者の投票率の低さに対して問題意識を感じたことがきっかけで設立された団体である。2015年10月現在、青森県内2大学10人で構成され、若者の政治意識と選挙の投票率の向上を目的に活動している。学生ならではの機動力やメディア活用力を発揮し、政治家との「居酒屋トーク」、弘前市長への学生目線の政策提言、政治家と学生による

シンポジウム、議会傍聴キャンペーン「議会へ GO!!」、ネット版政見動画サイト"政治家 tube"の配信などの活動を継続的に展開している。こうした取り組みが評価され、2014年の「第9回マニフェスト大賞」では、最優秀マニフェスト賞（市民）を受賞している。

　選挙へ GO!!では、未成年の模擬選挙に関連しても、2012年から2014年までの3年間、弘前市の成人式で、弘前市選挙管理委員会の協力の下、架空の候補者による政策をまとめた選挙公報を作成し、模擬選挙を実施している。また、2013年4月の青森市長選では、青森市選挙管理委員会から投票箱を借りて、選挙期間中の4日間、市内の商業施設に許可をもらい、高校生を対象に、実際の選挙公報を参考にして投票する模擬選挙を行い、299人の高校生が参加した。実際の選

挙時に、選挙公報を参考に商業施設や街頭で行う模擬選挙は、2013年7月の参議院議員選挙（比例区に届け出た政党を対象に）、2014年4月の弘前市長選挙でも実施している。

　以下、選挙へGO!!が、2013年の参議院議員選挙で、弘前市選挙管理委員会、弘前市教育委員会と連携しながら、弘前市立北辰中学校の3年生42人を対象に社会科の授業を活用して実施した模擬選挙の事例を紹介する。

⑵　実施までの経緯

　選挙へGO!!では、2012年1月の弘前市成人式での模擬選挙の実施をきっかけに、弘前市明るい選挙推進協議会の委員になるなど、弘前市選挙管理委員会と良好な関係を構築していた。また、選挙時に商業施設や街頭などで、模擬選挙をゲリラ的に開催するよりも、学校現場で授業の一環として行う方が、若年層の投票率アップのためには、広がりと効果があるだろうと考えていた。そうしたことから、2013年7月の参議院議員選挙に際して、弘前市選挙管理委員会に、弘前市内の中学校で模擬選挙を行うことを提案した。選挙管理委員会では、教育委員会と協議し、学校の規模なども考慮し、協力を得られる実施校として弘前市立北辰中学校を選定した。当初は模擬選挙の実施方法として、参議院議員選挙の比例区に届け出た12党のマニフェストを見比べて投票する方向で検討していた。しかし、中学生が短時間で12党の政策を比較して投票先を決めるのは難しいのではという判断で、選挙へGO!!のメンバーがファシリテーターとなり、参議院議員選挙の争点に関する説明とグループでの話し合いを行い、架空の政党4党のマニフェストを見比べて投票することとした。

⑶　模擬選挙実施の流れ

対象選挙　：2013年7月21日実施　参議院議員通常選挙
実施校　　：弘前市立北辰中学校
実施場所　：体育館
実施日　　：模擬投票　2013年7月 9日
　　　　　　模擬開票　2013年7月24日

公示日夕方の選挙関連のニュースの視聴　まず、生徒に現在参議院議員選挙が実施されていることを認識してもらうことと、各政党

のトップがこの選挙でどのような政策を訴えて演説をしているかを感じてもらうために、公示日の夕方の選挙関連のニュース録画を全員で視聴した。また、選挙が行われていることを感じてもらうために、会場である体育館の入口には、各政党の実物のポスターを掲示して、選挙の雰囲気を出す工夫をした。

争点に関する説明 次に、選挙には争点というものがあること、それは、それぞれの政党、候補者の主張が異なる点であることを説明した。現在行われている参議院議員選挙の争点は、日本が抱えている課題であるとし、個人でどんなことが日本の国の課題か考えてもらった。

経済、財政、農業・TPP（環太平洋経済連携協定）、震災復興、原発・エネルギー、外交・安全保障、社会保障、憲法等が考えられるとして、その中から、今回の模擬選挙の争点として、「ア　消費税増税」「イ　TPP参加」「ウ　原発に依存する社会」「エ　憲法改正」の4点に絞った。それぞれの賛否の考えの一般的な論拠を以下のように分かりやすく説明し、その賛否を考えてもらうこととした。

【図表】模擬選挙の争点と賛否の一般的論拠

	○　賛成	×　反対
ア　消費税増税	・国の財政状況が厳しい ・少子高齢化で今後社会保障費が増える	・国民の負担が増える ・増税する前に無駄が省ける
イ　TPP参加	・輸出産業が儲かる ・海外から安い輸入品が入る	・安い農産物が輸入されると日本の農業が崩壊する ・安全ではない農産物が入ってくる
ウ　原発に依存する社会	・火力発電を増やすと電気料金が上がる ・日本には資源が限られている	・再生可能エネルギーを積極的に活用する ・事故が起きると危険
エ　憲法改正	・時代の変化に合わせるべき ・安全保障を取り巻く環境の変化	・現在の憲法で問題がない ・平和憲法を守る

グループでの話し合い 各争点に対する一般的な賛否の説明を聞いた後、各4〜5人の9グループに分かれて、4つの争点に対するそれぞれの意見を話し合ってもらった。頭から否定しない、相手の意見を最後まで聞く、賛否だけではなくその理由も話すなど、話し合い、対話のルールを意識してもらいながら進めた。選挙へGO!!のメンバーも積極的にグループの中に入り、生徒達の意見が出やすくなるよう、テーブルファシリテーターの役割を担った。生徒達は、難しいと迷いながらも、「増税で物が高くなると困る」「弘前のリンゴを海外に売れるのでは」「原発は放射能の問

題があって危険」「平和条項は残して時代に合った憲法に変えれば良いのでは」などといった意見を出し合っていた。

架空政党のマニフェストの説明　グループで話し合ってもらった後、4つの争点に対する賛否のスタンスをマトリックスで示した架空の4政党のマニフェストを説明した。なお、架空の政党名は、弘前市が全国一の生産量を誇るリンゴのブランド名から、「ふじ党」「王林党」「むつ党」「ジョナ党」とした。この4つの政党の中から、投票先を選ぶように促した。全ての賛否が一緒にならなかった場合は一番近い立ち位置の政党を選ぶ、自分が一番重要だと思う争点の賛否で決めるなど、選び方の例を示した。

模擬選挙マニフェスト

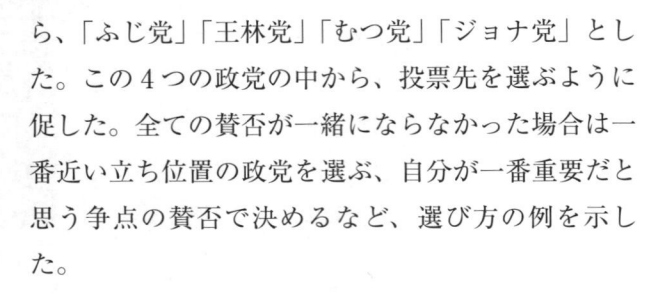

	消費税	TPP	原発	憲法
ふじ党	○	○	○	○
王林党	×	×	×	×
むつ党	○	○	×	○
ジョナ党	×	○	×	○

投　票　投票先の政党が決まったら、選挙管理委員会に準備していただいた投票記載台で実物に近い投票用紙に記入、実物の投票箱に投票してもらった。投票立会人としては、弘前市明るい選挙推進協議会の委員の方にご協力いただくなど、実際の投票所と同じような状況になるよう工夫をした。

投票の振り返り　全員の投票が終わった後、今回選挙の投票までの一連の流れを経験しての感想を全体で共有、振り返りの時間を持った。生徒達からは、「選挙の仕組みはほとんど知らなかったが、説明を聞いて良く分かった。将来のことをどう選ぶか悩んだ。自分が考えていたより難しかった」、「選挙は難しいイメージがあったが、自分がして欲しいことを託すことが分かった。若い人で選挙に行く人が少ないので、周りの人にも声を掛けていきたい」など、気付きと理解を深めた意見が多かった。最後に、「将来選挙権も得たら投票に行きますか？」と質問したところ、全員が行くと手を上げてくれた。

開　票　模擬選挙の開票に関しては、架空の政党に対する投票ではあったものの、公職選挙法第138条の3に規定されている「人気投票の公表の禁止」について投票日に説明し、投開票日後に実施した（夏季休暇中の補習授業の昼休み時間）。開票に際しても、選挙管理委員会にご協力いただき、実際に使用する開披台（弘前市では開票しやすいようにかさ上げした卓球台）などを準備してもらった。選管職員が実際の開票のやり方を説明し、職員がその手順に従い開票作業を行い、その結果を生徒に発表した。

開票の振り返り　開票作業終了後、投票、開票にわたる今回の一連の取組の振り返りを全体で行った。「自分の家族や将来のことを考えて投票する政

党を選んだ。選挙権を得たらこの経験を是非役立てたい」「今まで政治やニュースに無関心だったので、関心を持って、選挙に参加出来る年齢になったら投票に行きたい」など、前向きな意見をたくさん聞くことができた。

(4) 取組のポイント

今回の取組のポイントを3点にまとめると次のようになる。

①学生が模擬選挙の企画運営を担う

今回の模擬選挙は、選挙管理委員会、教育委員会の協力を得たものの、企画から当日の運営まで、選挙へGO!!の大学生が行った。学校にお願いしたのは、実施の時間の確保と会場の設営程度で、教員にはほとんど負担を掛けていない。学生が模擬選挙の実施主体としての役割を十分に果たせることが分かる。

②架空の政党に投票するが実際の選挙の争点を考えてもらう

今回の事例では、当初、参議院議員選挙の比例区に届け出た12党のマニフェストを見比べて投票する方向で検討していたが、中学生が短時間で12党の政策を比較して投票先を決めるのは難しいのではという判断で、架空の政党に投票することとした。だが、架空の政党ではあるが、現在の日本の課題となっている政策テーマについてこれを機会に考えてもらいたいという思いから、争点として、「ア　消費税増税」「イ　TPP参加」「ウ　原発に依存する社会」「エ　憲法改正」の4点をピックアップした。正解がない問題なので、中学生には難しい部分もあるが、それぞれの問題を考えてもらうきっかけにはなったと思う。

③選挙期間中に実際の選挙の雰囲気を感じてもらいながら行う

選挙期間中に行っているので、最大限その雰囲気を感じてもらえるようにした。会場の体育館の入口に政党のポスターを貼ったり、告示日の夕方の選挙関連のニュース録画を視聴してもらったりしたことは、一定の効果があったと思う。実際の投票記載台、投票箱を使用することだけでなく、開票の作業も見てもらうことも、一連の選挙の流れが分かり、良かったと思う。

(5) 投票率の向上は地道な主権者教育から

今回の事例から、学校での未成年模擬選挙の企画から運営まで、大学生が担えることが分かる。北辰中学校で模擬選挙を実施した当時の選挙へGO!!の代表である福田貴宏君は、活動を振り返り、「将来の有権者に政治に関心を持ってもらうために、未

成年模擬選挙は有効なツールになる。特に学校など教育機関がこの取組を率先して行ってほしい」と手応えを話していた。選挙の投票率の向上は一朝一夕に成果が出るものではない。未成年模擬選挙などの地道な選挙の常時啓発の取組、社会の形成者たる主権者としての自覚と社会参画の力を育む主権者教育の積み重ねが重要になる。教育現場では、教育の政治的公平性、中立性を欠くおそれがあると、選挙期間中の未成年模擬選挙の実施を躊躇する自治体、学校も多い。しかし、選挙期間中に実施することで、生徒に臨場感を与えて、現実の課題や争点を自分なりに考えることは効果がある。模擬選挙の話題を生徒が家庭に戻って話せば、親の気付きにもなり、親世代の投票率向上にもつながる。将来的には、こうした取組を実践する地域としない地域では投票率、ひいては地域の発展に大きな違いが出てくるだろう。

佐藤　淳（青森中央学院大学准教授）

5 地方模擬選挙　NPO法人 YouthCreate

対象 高3　**時間** 50分× 2時限

あなたの街の議員を選ぼう

単元の目標

・民主主義社会における政治参加の基本である選挙を体験し、社会を作る主権者としての意識を高める。
・より本物の状況に近い、選挙の体験をすることで、投票の方法だけでなく、候補者選びの際の思考についても体験する。
・友達と自分の思考や考え方の違いを知り、多様な意見が社会には存在していることを知る。

構成のねらい・授業の工夫

・国政選挙とは異なる自治体議員選挙における投票行動の体感。
・政策だけでなく人柄・プロフィールも参考に候補者を選ぶ。
・自らの思考の整理を行い、何を基準に選択を行ったかを可視化する。
・クラスメイトや同世代であっても候補者選定の理由が異なることを知る。

授業計画 （2時限・50分× 2）

時間	学習内容	生徒の学習活動	教師の指導・留意点
1時限目：投票			
説明 10分	説明	国政と地方政治の違いを知る。	学校のある自治体に関しての具体的な話などを入れながら、地方政治へのイメージをつけてもらう。
活動1 10分	投票先の決定	いろいろな候補の状況を元に1人を選び出す過程を学ぶ。	投票先を選ぶ際に迷う過程を意識するように伝える。
活動2 10分	投票体験	投票を体験する。	投票所に近い雰囲気作りを行う。
活動3 10分	開票	開票の方法を知る。	選挙管理委員会と協力し、開票の方法を知り、実演する。
2時限目：開票＆深める			
活動4 20分	思考の振り返り	同じ高校生同士であっても様々な考えがあることを知る。	当選した人が「正しい」というわけではなく、色々な考え方があるということを伝える。
活動5 10分	情報の集め方	実際の選挙への準備を行う。	副読本の該当ページなどを参考にしながら、選挙の際の情報収集の方法について伝える。
活動6 10分	選挙以外の時	選挙以外の時からも、街の政治の情報を知る方法と重要性を知る。	行政の広報誌や地方紙などを活用すると、生徒に具体的なイメージがわきやすい。
振り返り	まとめ	授業後、何を意識し、地方政治と接するかを考えてもらう。	授業後の、一人一人の行動につなげる。

準備物

必須：ワークシート　選挙公報　候補者プロフィール
あると望ましいもの：投票箱・記載台・市政だより・市議会だより

(1) 構成の狙いと授業の工夫

①国政選挙とは異なる自治体議員選挙における投票行動の体感

　この授業の肝は実際の自治体議員選挙（市議選・区議選など）に近い状況を体験することである。国政選挙と、これらの選挙は状況が大きく異なる。

候補者の数の違い　小選挙区（定数が1）である衆議院選挙だけでなく、大選挙区（定数が2以上）の可能性がある参議院選挙においても立候補者数は5人を超えることはまれである。対して自治体議員選挙では定数が20人を超える場合も多く必然的に立候補者の数も増え、有権者にとっては選択肢が多い状況が生まれる。選択肢の幅が広がる半面、全候補者を見比べる労力が多くかかる。

候補者情報の違い　国政選挙はほとんどの候補者が独自の政策集をしっかりと提示し、ホームページやビラなどで独自に積極的に発信を行い、さらにはマスメディアにおいて政権放送などにより情報が発信される。また、政党に所属している立候補者も多く、立候補者個人の情報に対する判断だけでなく政党の政策に対する判断で投票先を決めることも可能である。対して、自治体議員選挙においては政策をしっかりと独自で掲げる候補ばかりとは限らない。またメディアによる候補者比較もほとんど行われない。その状況の中で、全立候補者の政策に触れることができる情報源として「選挙公報」がある。発行していない自治体もあるがほとんどの自治体では発行されており、候補者の考えなどを一斉に知ることができる良い手段である。

　上記2点において国政選挙とは異なる地方自治体選挙において、候補者情報を見比べる体験を目的の一つとする。

②政策だけでなく人柄・プロフィールも参考に候補者を選ぶ

　実際の選挙で投票を行う際に様々なことを考慮に入れて判断を行う。各候補者が当選後に行おうとしている政策や、政治的な理念など政治に関わる内容はもちろん大事な投票基準になる。①でも書いたとおりである。加えて、実際の選挙の際には、時々により程度の差はあるが候補者の人柄やプロフィールも判断基準の1つとすることも多くある。年齢・性別・出身地・出身大学・これまでの職歴・政治家を目指そうと思った理由・取得資格などを判断基準の一つとすることはよくあることである。そのため、より本物の状況に近い選挙の体験をすることを目的としている本企画では各候補者の選挙公報に加え、各候補者の人柄・プロフィールも実際の候補者でもありそうな形で作成をしている。政策で選ぶとういうことが重要な点は間違いないが、「何を」言っているのかに加え、「誰が」言っているのかも候補者選びの際に考慮する経験を積むことを狙いとしている。

【図表】 候補者プロフィール

			①プロフィール	②なぜ議員を目指すのか？	③重点政策	④選挙活動の様子	⑤主な議会活動
A 男・新人	性別	男性	きっかけは、学生時代に老人介護のボランティアをしていて、現在の介護現場における人手不足や労働環境の悪さを痛感したことである。政治の力で介護環境を良くしたいと考えた。その折、在住する区議会議員の平均年齢が高いことに問題意識をもち、若い力を生かすことで老若男女すべての人が暮らしやすい街を作ろうと決意した。まずは一般企業で社会経験を積んでから政界に進出するとの道筋を描き、10年間のサラリーマン経験を経て、今回立候補することにした。	次世代を担う子どもたちの育成・区内の介護環境の整備・地域での活躍の支援・適正な議会運営の実現・地方分権推進	新人候補で知名度のないところから始めるため、駅前の街頭演説はほぼ毎日している。また、選挙費用の削減のために、ビラのポスティングは自分と仲間で行う。SNSでの情報発信を武器として、自分が政治家として何をしたいのかを積極的に発信している。自分の若さを武器に「若い力」を押し出して、活動している。同地域当内の△△党と△党と議会議員の応援を受けている。	新人候補のためなし
	年齢	32歳					
	出身	Y区内					
	経歴	Y区立小学校、名門私立中・高卒業、一流私立大法学部政治学科卒業、大手製薬会社にて勤務。					
	家族	未婚／両親と同居中					
	活動	学生時代に老人介護のボランティアを経験					
	政党	△△党					
B 男・現職	性別	男性	Y区で開業をし、20年以上生活する経験の中で「Y区をより魅力的な区にする」手段として区政へ区政を持つ。自らも区内で商店を営んでいる経験から、地元進の中小企業を支援することを軸に「より魅力的なまちづくり」をめざし、立候補を決意した。	・地元中小企業の産業振興・災害に強い街づくり・高齢者が安心して暮らせる街づくり・Y区を東京で一番子育てのしやすい街づくり・笑顔と彩あふれる街づくり	SNSをいつつかい、ネット上の発信はブログがメイン。政策に関わることから日々のボヤき発信を武器として、その内容は多岐にわたる。街頭演説を武器として、駅前以外にも人が集まるところには積極的に足を運び、有権者に訴えかける。	・総務委員会、地方分権特別委員会に所属・政策と同じく、議会での質問内容は多岐にわたっている。・年に4回「B男と区政を考える会」と題して、自身の議会活動を報告する場を設けている。
	年齢	55歳					
	出身	Y区外					
	経歴	都立高校卒業、中堅飲料メーカーの営業職にて15年間勤務、その後Y区内で小商店を開業、経営、8年前に区議会選挙に一度当選し、現在2期目。					
	家族	既婚・三人の子供がいる					
	活動	地域の消防団所属、商工会所属					
	政党	無所属					
C 男・現職	性別	男性	教師経験をしながら現在の教育内容に疑問を持つようになり、区政から教育を変えたい必要を感じる。受験偏重の教育ではなく、「真の人間力」を身につける教育を行える地域に変えることをめざし、立候補した。	・「真の人間力」を身につける教育・教会の刷新補助・障碍者の自立を支援する・防災対策の推進	4期目となって、支援地盤は盤石。地元の行事には足しげく通い、住民の声を聞くとともに支援の輪を広げていく。HPは持っておらず、電話のみでの対応を行っている。またSNSは使用していない。	・現在区議会議員・敬老会や市民活動、小学生の職場内勉強に参加・地元議員としてテレビ出演も経験
	年齢	69歳					
	出身	Y区内					
	経歴	Y区立の小・中・高校を卒業、東京の大学の政治経済学部を卒業、都内にて公立中学校の社会科教諭、その後教師へ。教諭時代は野球部の顧問。					
	家族	既婚、2人の子ども、幼い孫がいる					
	活動						
	政党	所属					
D 女・新人	性別	女性	もともと他の議会に比べてY区議会に女性議員が少ないことに疑問を持つ。その疑問が「子育て経験を経て、子育て中の母の視点から『子育てしやすい街』を作りたい、母親の立場から区政を担いたいという気持ちへと変わり、立候補を決意。	・既児所拡充・福祉・介護・安全の地域連携・子供たちの教育支援・緑の多いまちづくり	所属政党の国会議員、都議会議員とつながりが少ないため、そういった人々の応援にたよって呼びかける 演説活動をしている。また、所属している地元のママ友の集まりの中でも支持を集めている。新人ながら強い地盤を持っている。SNSは使っていない。	新人候補のためなし
	年齢	39歳					
	出身	Y区内					
	経歴	中高一貫女子校、短大を卒業後金融加工会社に事務職として5年間勤めた。現在は2児の母として主婦をめざる。Y区内の児童館にて補助職員として勤務。					
	家族	既婚／二人の子ども（5歳・9歳）を子育て中					
	活動	子育て中の母親の集まりである「Y区ママ友の会」を設立					
	政党	所属					
E 女・現職	性別	女性	「区民が主役」のまちづくりがまだ不十分であると感じており、住民と役所が手を取り合って区を盛り上げていきたいと考え、「Y区で暮らす人が、Y区をもっと好きになってもらえるように、区民の小さな声を大切な動かす力に繋げるお手伝いをめざし、立候補を決意。	・誰もが暮らしやすいまちづくり・グローバル人材輩出のための教育・区民のための情報発信の活発化・ワークライフバランスの実現・Y区らしい芸術活動の発信	駅前演説は一期目の実績を前面に出した内容で、平日の朝・夕の2回に分けて行っている。本選挙に合わせてHPをリニューアルオープンし、HP上で自身の政策などを動画発信している。ブログなどSNSも選挙活動の情報を随時に更新している。	・区政レポートの作成・認知症サポーター養成講座の定期開催・地域地の芸術活動推進事業委員会の開催・食育の推進活動を行う他地域の学校現場を視察 議会見聞 ・子育て制度に対する相談窓口の開設の要望 ・少人数授業（35人）の早急な実施を要望
	年齢	48歳					
	出身	Y区内					
	経歴	Y区立の小・中・高校を卒業、地元の大学で外国語学部外国を卒業、アメリカの大学院へ留学し、卒業、都内に入所し、政策企画局に勤務、行政書士の資格を保持、2009年都議選に立候補するも落選。					
	家族	母と夫の3人暮らし					
	活動						
	政党						

③自らの思考の整理を行い、何を基準に選択を行ったかを可視化する

　複数名の候補者から１人を選び出す過程は正しい一つの手順があるわけではない。当選してほしいと考える人を決め打ちですぐに決めることができる場合もあれば、消去法によって決めていくこともある。また、②にも関わるが、政策・人柄・プロフィールなどのどの部分の比較により候補者の序列を付けるかなども様々ある。模擬選挙の授業において、誰に最終的に投票したかということだけではなく、どのような思考のプロセスを行ったのかについて振り返ることも大切なことである。それを知っておくことにより、実際の選挙の際に何を行えばよいか迷うことが少なくなる。候補者の選び方が分からないなどの理由により、選挙を棄権する人も多い。そうならないためにも思考の復習を行い、今後に活かす必要がある。

④クラスメイトや同世代であっても候補者選定の理由が異なることを知る

　小グループに分かれ、それぞれの思考の整理をシェアする。同じ高校生同士でも、候補者を選ぶ際の基準や価値観が異なる。いつも共に机を並べ、授業を受けているク

ラスメイトでさえも思考が異なることから、「みんな同じ考えだろう」との想定は通じないことを感じてもらう。そして実際の社会においてはより多様な人がおり、選挙においてきちんと自分の意思を表明する必要があると知ってもらう。

(2) 展開例

説　明　　　　日本の選挙制度や投票率の現状、そして選挙違反などについて学ぶ。

　文部科学省と総務省が共同で発行し、全高校生に配布される副教材（政治や選挙等に関する高校生向け副教材）の該当ページをもとに授業を行い、選挙の重要性等や、若者の投票率が他の世代に比べて低いという現状を学ぶ。

　また、選挙権年齢が18歳以上へ引き下げられたため、18歳に達している高校生も選挙に行くことが可能となる。そして同時にまだ投票をできない年齢の生徒も同じクラスにいる状況を踏まえ、選挙のルールについて学ぶ。

投票先の決定　　　　候補者情報を基に投票先を決め、その際の自分の思考過程についてワークシートに書きとめる。

　仮想の選挙公報と候補者プロフィールを読み解いていき、自分なりにきちんと考えて、投票先を決める体験を行う。その際の考え方をワークシートに記入しておく。

　「選挙公報（政策）を読む時間」と、「プロフィールを読む時間」を明確に分けて実施してもよい。

　※選挙公報・プロフィールシート・ワークシートを使用

投票体験　　　　自らで考えて、選んだ候補者に対しての投票を行う。
　　　　渡される投票用紙に自分が選んだ候補者の名前を書いて投票する。自治体より投票箱と記載台を借りてくるなどの工夫により、本物に近い投票環境を用意する。

開　票　　　　投票結果を明らかにする。生徒に開票作業を手伝ってもらう。また、時間が取れそうになければ休み時間の間に、数人の学生とのみ開票作業を行ってしまってもよい。

　その後、開票結果を発表する。その際に、有権者数（授業出席人数）と投票者数から計算した投票率についても言及するなどの工夫を行うのも手である。

思考の振り返り　　　　投票結果や1コマ目のワークシートを基に少人数で気付きや悩んだ点などをシェアする。

　小グループに分かれて、それぞれのワークシートへ記入した内容を発表し、自分との違いなどを知る。

　正解があるものではないので、どのようなワークシートへの記入であってもよいと

模擬選挙ワークシート　　　　　　（名前　　　　　　　　　　　　　　）　YouthCreate

選んだ候補の名前（　　　　　　　　　　　　　　　　　　　）

選んだ理由（政策）

選んだ理由（プロフィール）

投票先の一人を選ぶ際に悩んだ点・迷った点

他の人の選んだ理由などを聞いてのメモ

この授業以降、選挙・政治に関して、自分で何を意識するのか

いうことをしっかりと事前に伝え、発言をしやすい雰囲気を作る必要がある。また、順位の高い候補者に投票した人が正しく、低い候補者へ投票することが間違っているというわけではないことも伝える。

実際の選挙の際の情報の集め方　選挙公報をどこで手に入れることができるかなどについて伝える。その他にも、メディアやインターネットなどから候補者の情報を得ることができることを確認する。

　自治体や総務省などが作成をしている選挙に関するフライヤーや小冊子などの情報を参考にして伝える。

選挙の際以外にも街の政治への関心を高める必要性を伝える　選挙の際にはしっかりと候補者を吟味して投票に行くことはもちろん、それ以外の時期でも自分の街の政治に関心を持つことの重要性を教える。マスメディアではほとんど自治体の政治の情報が流されないので能動的に情報を取りに行く必要がある。

　自治体や議会の広報誌などを取り寄せ、実例として生徒に配るとイメージが湧きやすい。

振り返り　実際の自治体議員選挙の際に行うべき内容を考える。

　選挙の際に取るアクションについて、一人一人の生徒がそれぞれ考える。

(3)　生徒たちの様子、反応

選挙公報を読めば意外と面白い！　“政治”のことが色々と書かれている候補者の公約に関しては、読む前から難しいものというイメージを持っている人が多い。しかし、改めて選挙公報と向き合ってみると、政策はもちろん文体などに、候補者それぞれの特色が出ており、読んでいて結構面白いという意見がある。また、身近な地方政治がテーマであるため、各々の政策が意外と分かりやすいと感じている。分かりやすいというのは、候補者の言いたいことが分かるというだけではなく、候補者の言いたいことと自分の考えとの差異までもが分かるということだ。

開票結果にびっくり　開票結果は毎回変わる。ほとんど同じ選挙公報を使い、ほとんど同世代の人に対して実施するにもかかわらず各候補者の順位や得票割合は変化する。参加者にとっても同様の驚きがあるようである。自分が自信を持って選んだ候補者が開票結果では最下位であったり、またその逆があったりする。同じ思いをだと思っている友人の考えが違うということは、参加者にとっては選挙に行き票を入れる必要性を感じる大きな刺激となるようである。

原田　謙介（NPO 法人　YouthCreate 代表）

若い情熱で未来を創る!!

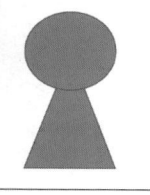

32歳　A男の誓い

「55歳」
これはY区議会議員の平均年齢です。
Y区議会にはいま若い力が不足しています。
私は燃えたぎる情熱と若い力で
Y区を今よりももっともっと良い街にしていくことを誓います..

区是五条—区民の皆様と実現する5つの政策

一. 次世代を担う子どもたちを育てる

Y区の、そして我が国の将来を作るのは子どもたちです。小中一貫教育を実現し、少人数教室や放課後補習によって子どもたちの学力を底上げします。

一. 都内一の介護環境を整える

2014年には高齢者人口が現在の1.4倍に増加するといわれています。それに備えて介護施設を充実させ、介護にかかわる方を全面的にサポートします。

一. 地域での活動を活発にする

Y区内の公共施設の開館時間は夜8時までで、働いている方々にあまり利用されていません。図書館や区民ホールの開館時間を夜10時まで延長します。

一. 適正な議会運営を実現する

議会をより効率的に機能させるために議員定数を現在の50人から段階的に40人に引き下げ、議会側からも積極的に条例を提案していきます。

一. 地方分権を推進する

地方分権推進のために、他地域の議員たちとも連携し、積極的に国政に働きかけていきます。

・A男後援会/Y区〇〇1-1-1
・公式HP:http:///www.xxxxxxxx　・Twitter/Facebookもやってます!!

△△党公認

A男

より魅力的なまちづくりの実現

B男だからできること！

Y区で開業して20年！地元中小企業の発展なくして、Y区の発展なし！
20年間Y区で商店を経営した経験のもと、Y区の中小企業からまちを元気にし、皆様がより暮らしやすい町を目指します。

B男だからできたこと！

- △△通り商店街の街路・看板の美化整備を行い、区民が訪れたくなる商店街づくりを*実現！！*
- 観光イベントの開催による地域経済活性化を目指し、「さくら祭り実行委員会」の立ち上げに参加し、〇〇公園で「さくら祭り」を*実現！！*
- Y区公民館内に中小企業とパートタイムの働き方を希望する方とのマッチングをはかる「Y区パートサテライト」の開設を*実現！！*

B男の政策

■地元中小企業への支援による活力ある魅力的な街づくり
→区の中小企業対策関連予算を増額し、地元中小企業が元気な街づくりを推進

→地域経済の振興のため、商店街を中心とした地元密着型観光イベントを実施し、人が集まる活気のある街づくりを推進

■災害に強い街づくり
→首都直下型大地震など大災害に備えた減災まちづくりの推進

■高齢者が安心して暮らせる街づくり
→公共施設のバリアフリーを促進し、住み続けたくなる環境の整備を推進

B男

3期目の応援、よろしくお願いします！

更なる挑戦を続けます！

元公立中学校教頭・真の教育人Ｃ男

『真の人間力』を
身に付ける教育を目指して。

Ｃ男

二十一世紀の若者に求められる力は、受験戦争に勝ち抜く力だけではなく自分の頭で考え、行動するための『真の人間力』です。

二十年以上に渡る教員時代に培った、教育現場における経験を活かし、教育のエキスパートとして、このY区から教育を変えていきます！経験豊富な4期目Ｃ男への変わらぬご支援、今後ともよろしくお願いします。

基本政策

一、『真の人間力』育成のための教育改革
二、障碍者の自立を支援
三、子どもの防犯対策の推進

○党公認

育児世代の一人として子育てを応援します。
ママの味方・○○のハッピープラン☆

D女

1.『女性再就職支援課』の設置

・・・日本の女性の就業率はM字カーブをたどり、ママ世代の再就職はかなり苦しい状態にあります。そこで『女性再就職支援課』を設置することで、女性の再就職を応援します。

2. 公設公営保育所の拡充

・・・現在、国際区の公設公営保育所はわずか4軒。働くママやパパにとって厳しいこの状況を打破するため、3年以内に保育所を1.5倍に増やします！

3. 子供たちの教育支援

・・・知識や経験を将来に活かす力を養う『思考重視型教育』を実現することで、きらきら輝く子供たちの未来を応援します。

4. 安全の地域連携

・・・犯罪発生率が高い国際区に必要なのは地域の連携を見守り体制です。帰宅路に防犯カメラを設置することで、子供からお年寄りまでが安心して暮らせるまちづくりをめざします。

☆B女のプロフィール☆
・短期大学の被服学部を卒業後、食品加工会社に5年勤務
・現在は二児の母として子育てに奮闘中！小学校においてPTA役員を務めている
・児童館では週2日、補助指導員をして働いている
・「国際区ママ友の会」を設立し、理事長の責務を担っている。
・趣味はケーキ作り、映画鑑賞
・ブログ更新ちゅう！「ママの味方☆D女のハッピーブログ」

区民の声で区政を変える！

E 女

私が1期目でやり遂げたこと

▼都道をつなぐ跨線橋工事の実現！
踏切待ち渋滞解消のため、都道○○号と△△号を線路をまたいで接続する跨線橋の工事を都に働きかけることで実現しました。（現在建設計画始動中）

▼子どもの安全を守る防犯カメラを設置！
子どもたちの安全を守るために、区に提案して区立小学校の通学路に合計10基の防犯カメラを設置しました。

▼国際的教育プログラム認定校設置を提案！
委員会にて、区内に国際的教育プログラムである「国際バカロレア」の認定校の設置を粘り強く提案しています。多様な価値観を理解し、これからの時代を牽引する人材の育成を目指しています。

▼学生インターンの積極的受け入れ！
去年から学生インターンの受け入れを始めました。意欲のある大学生とともに活動する日々に刺激を受けています。2期目の4年間では通算20人の受け入れを目指します。

有言実行がモットーです！
前回選挙では、区民の皆様とともに考え抜いた政策で初当選させていただきました。「区民の声で区政を変える」をキーワードに、都職員時代の人脈を生かして皆様と考えた政策を着実に実行に移してまいります。再びE 女を区議会に送り出してください!!

私が今後も取り組みたいこと

▽大規模総合病院の誘致　▽豪雨対策として排水設備を整備
▽世界に通用する人材の育成▽高齢者の再就職支援

対象	時間
高3	50分×1時限

マスコミをまき込んで「シティズンシップ教育」～テレビが放映した授業

単元の目標

・選挙権年齢が「18歳以上」になったことへの賛否を問う。
・投票行動をするために必要な学習を考える。
・仲間の意見を聞く、議論する、表明する。投票行動につなげる。

構成のねらい・授業の工夫

・リアルな現実にマスコミがどう反応して、キャスターが何を考えているかを教室で体験する。
・人（他者）とコミュニケーションをたっぷりとる。その結果、自分の意見を検証し、人の意見から新たな発見ができる。
・メンバー（班）の意見をまとめ、クラス全体にメンバーの考えを表明する。結果、クラスの趨勢が見えてくる。
・模擬選挙のために「各党の公約」と「ワークシート」を用意し、自分の興味や関心がどの政党に近いか認識させる。

授業計画（1時限・50分）

時間	学習内容（目的）	生徒の学習活動	教師の指導・留意点	評価
導入 10分	時事問題スピーチと質疑	教卓前で、生徒が記事を紹介し意見を発表し、教員が質問する。	テレビカメラや見学者がいるが、いつもの環境に整える。	生徒のスピーチと教師のコメントへの反応は、どうか。
展開1 5分	法案の成立を報じた新聞（法案成立日の夕刊）を示す。"「18歳選挙権」を考える"	賛否の意見を2人が読み（資料1）、自分の立場と理由を記入する。	賛成A、反対Bだけではない多様な意見があることを踏まえ、自分の意見を促す。	両論を理解した上で、自分の意見の根拠を明確にしているか。
展開2 5分	グループ討議	グループ（3、4人）でシェアリングとまとめ	机間巡視して議論の様子をみる。	人の意見を聞き、自分の立場を表明したか。
展開3 10分	班の意見発表	班の代表が、まとめた意見を発表する（AorBと理由）、教員が発表内容を板書する。	分かれた意見や、どちらでもない意見も板書していく。	班員の意見をまとめ、理由付けができているか。
発展1 10分	模擬選挙のための「ワークシート」作成と支持する政党の選択（2014年12月の衆院選の新聞資料を使用）	新聞記事を参考にして、ワークシート（資料2）のマニフェストから政策を3つ選択したうえで、表を完成する。その上で自分が支持できる政党を選ぶ。	興味のある3テーマを選んでいるので、それ以外の政策で自分の意見と齟齬が生まれることを注意喚起する。	公約の読み込みと自分の意見との整合性があるか。
発展2 5分	模擬選挙を行う（2014年12月の衆院選の模擬投票用紙を使用）	比例区のみ記入して、教卓上にある投票箱（手製）に投票する。	後日その結果を公表し、実際の結果と昨年の模擬選挙結果とも比較した。	
とびいり 5分	（要請を受けいれた）アナウンサーからの生徒への問いかけ	「では、来年選挙に行きますか」「これで投票率が上がると思いますか」との質問があり、生徒が挙手し、意見も述べた。	授業後にも生徒へのインタビューがあったが、自己判断で答えるよう教示した。	挙手した意見に対する質問に、的確に回答できたか。

準備物

新聞資料2種、ワークシート、投票用紙・投票箱

⑴ 授業実践の流れ

テレビが放映した授業

2015年6月17日の改正公職選挙法の可決・成立を受けて新聞社などのマスコミ取材がある中、東海テレビから翌日の授業で「18歳選挙権」の授業を撮影させてもらえないかとの依頼があった。企画意図は、「…突然降ってわいたように手に入れることになる選挙権について、現役の高校生はどんな思いを抱いているのだろうか。…（中略）…『若者と政治』について考える機会としたい」とのことだった。

当日は、それまでの授業進行を中断して、投げ込み教材とした。ただし、2014年12月に行った模擬選挙の事前学習（2時間）で使用した資料を使った。

いきなり教室にテレビカメラとライトが入ってきて、生徒が驚いたのは言うまでもない（後述の「夢みたいなこと」）。しかし、授業初めの時事問題のスピーチを担当した生徒は、教壇で落ち着いて話していたし、私の質問にも的確に応えた。

はじめに、前日の夕刊1面を見せて70年ぶりに「18歳選挙権」が成立したことを示す。それに対する高校生の賛否の投稿を読んでもらい、自分はどう考えるかを資料に記入した。続いて、いつもの班（4人

18歳選挙権に係る法案成立を示す

【資料1】 18歳選挙権に関する新聞記事（2015年6月17日付朝日新聞朝刊）

グループ）になり、シェアリングの後、班の意見を代表者に発表してもらった。

「行使したい」（A）という意見には、「低投票率改善のきっかけになる」「若者が引っ

班の意見発表

張っていく」や「家族との話題にできる」があった。一方、「まだ早い」（B）には、「責任が重い」「大事なことを決められない」や「選挙制度や政策を理解できていない」があった。賛成（A）5班、反対（B）3班、両論2班であった。

その後、2014年の衆議院模擬選挙で使用した資料を使いワークシートを作成し、比例区の投票を教室で行った。ここで、事前に依頼のあったキャスターからの発問である。「では、来年選挙に行きますか？」「これで投票率が上がると思いますか？」。前者の問いには多数が「行く」、後者の問いには多数が「思わない」だった。

模擬選挙のためのワークシートを記入
（新聞は、2014年12月の衆院選のもの）

夢みたいなこと（「授業ノート」より。下線は筆者）

≪感想≫　今日、東海テレビの人たちが取材に来たことは夢みたいなことだった!!　私は10月に誕生日が来るのでもうすぐ選挙権が与えられる。しかし、私はまだ不安がある。社会へ出たことも、お金を稼いだこともない私が大人たちと対等な意見を主張できるのか。大人たちからみれば、子どもが選挙しているだろうと笑わないだろうか。しかし、18歳選挙権は実現した。そうなったからには一人の国民として責任を果たさなくてはいけない。その責任を担えるように先生たちがしっかり教育してくれている。感謝とともにそれを無駄にできない。私もしっかり努力して来年の選挙に行きます!!

(2)　取組から見えてきたこと

事前学習の大切さ　従来、本校における模擬選挙は高校3年生のみを対象としていたが、2010年の参院選模擬選挙では対象者を全校生徒に拡大した。投票率を上げたいとの思いと、1・2年生もいずれ経験するのだからとの軽い気持ちからだったのだが、案の定、投票率は惨めな結果になった（図表）。

しかし、3年生だけの投票率は59.6%を示した。また、2014年12月の衆議院の模擬選挙では3年生の投票率は62.4%となった。

その違いは、事前学習をどれだけ取り組んだかである。「事前学習」とは、選挙制

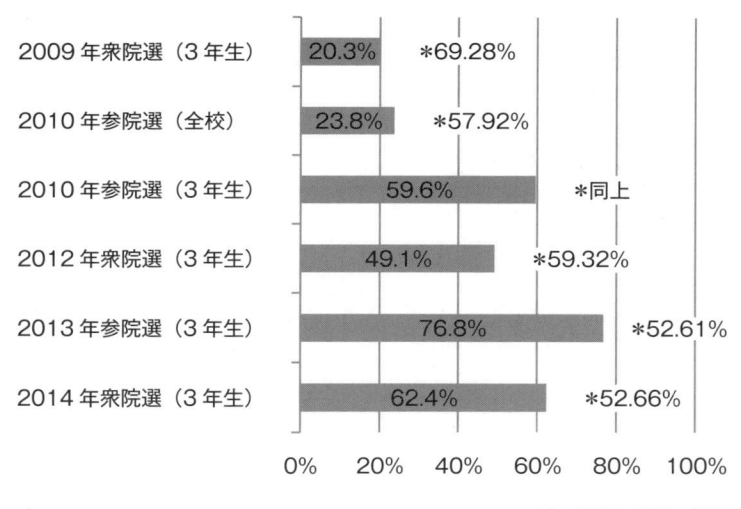

【図表】 過去5回行った模擬選挙の投票率

選挙	模擬選挙の投票率	実際の選挙の投票率
2009年衆院選（3年生）	20.3%	*69.28%
2010年参院選（全校）	23.8%	*57.92%
2010年参院選（3年生）	59.6%	*同上
2012年衆院選（3年生）	49.1%	*59.32%
2013年参院選（3年生）	76.8%	*52.61%
2014年衆院選（3年生）	62.4%	*52.66%

＊は、実際の選挙の投票率

度や歴史などの知識だけでなく、模擬選挙を行うための下調べや議論、個々人の意見のまとめを指す。2010年の参議院の全校模擬選挙では、1・2年生には事前学習がなかった。また、2014年は急な衆議院議員選挙で期末考査後の授業であったため、事前学習ができなかったクラスの投票率は極端に低かった。

模擬選挙に参加した生徒の感想

> **2009年アンケートより**
> ・自分たちの一票が国政に関わるということを実感できた
> ・自分の考えが世の中に反映されると思うとわくわくする
> ・普段から政治を知っておかないと、人を選ぶ根拠が見つからない
>
> **2014年アンケートより**
> ・（模擬選挙と実際の選挙結果を見て）自分たちが選挙権をもった時には大きく社会が変わっていく可能性がある。
> ・（戦後最低の低投票率には）20代の若者が行っていないからだ。社会を変えたいという意欲をもっと持てばいいと思う。
> ・政策に文句をつけるのなら、選挙で自分の意見を示したらいい。
> ・国民が持っている「責任」だということを自覚させるべき。

⑶ 「主権者教育」の推進に向けて

　私は「主権者である生徒」を育てるために、次のことを提言しおすすめしたい。

　第1に、授業や学校行事の中で生徒一人ひとりが「参加」し、議論できる場を教員がたくさん設定することである。

　第2に、具体的現実的な行動（選択と決断）を伴うシティズンシップ（「政治」）教育を行うことである。

　実践的には、①人の考えを聞き、話す（例・班学習、ディベート）、②自分の考えを表明する（例・時事発表と投稿、授業ノート、ディベート）、③現実の社会制度に参加する（例・ワークショップ、模擬裁判（傍聴）や模擬選挙）などが有効であると考える。

　その結果、「政治的教養」（教育基本法第14条）が身に付いた国民が育つと思う。

　最後に、生徒たちには「知」を使って「力」（行動）へとつなげてほしい。つまり、「『今ここにあるもの』とは違うものに繋がること」（内田樹）。社会人になってからも社会の矛盾に気付き、仲間と共に現実的な行動へとつなげ立ち上がれる人間を育てたいと考えている。

水野　悟（三重県立桑名西高等学校教諭）

【資料2】 新聞に掲載された各党の公約（2014年12月3日付中日新聞）

中日新聞 2014年（平成26年）12月3日（水曜日） ☆ 4

衆院選 各党の公約

	経済・財政	原発・震災復興	外交・安保	社会保障・雇用	地方・農業	その他
自民党						
民主党						
維新の党						
公明党						
次世代の党						
共産党						
生活の党						
社民党						
新党改革						減税日本

上記記事は、中日新聞社の許諾を得て転載しています。

2014年「政治経済」衆議院議員選挙・ワークシート

_____ 組(　席)　_____

※「模擬」衆議院議員総選挙を行ないます。自分だったらどの政党に投票するか考えよう！
※配布新聞資料（「各党の公約」）を参考に、政策から３つを選んで箇条書きでまとめ、表を完成させる。

		自由民主党	公　明　党	民　主　党	維新の党	次世代の党	日本共産党
党首の名前							
キャッチコピー							
マニフェストの要約　※右のテーマから自分が重要だと思うテーマ３つを選択して記入	①財政消費税						
	②原発エネルギー						
	③集団的自衛権行使						
	④憲法改正						
	⑤防衛外交						
	⑥教育TPP						
	⑦子育てその他						

	生活の党	社民党	新党改革	幸福実現党		
党首の名前						
キャッチコピー						
マニフェストの要約 ①財政・消費税						
②原発・エネルギー						
③集団的自衛権行使						
④憲法改正						
⑤防衛・外交力						
⑥教育・TPP						
⑦子育て・その他						

※右のテーマから自分が重要だと思うテーマ3つを選択して記入

【結論】　私（たち）が支持する政党は

その理由（政策）は？

7　模擬公開討論会　埼玉県・県立高等学校

対象 高3　**時間** 65分×2時限

模擬公開討論会と模擬投票

単元の目標

　模擬公開討論会と質疑応答を体験することで、選挙への興味・関心が高まることを意図する。そして、マニフェストから政党が主張したいこと・政党が描く社会像・政策のデメリットを読み取る力、IT機器から正確な情報を得る力、プレゼンテーション力、各政党の特徴を比較する力、問題発見力などの育成を図る。

構成のねらい・授業の工夫

- マニフェストを読んで、この政党が主張したいことを読み取る力（マニフェストリテラシー）の育成を図る。
- マニフェストに書いてある政策を実施すると、どのような社会になるのか、それを具体的に想像することで、今回の選挙でその政党が描く社会像が見えてくる。
- IT機器を使用して政党やマニフェストのホームページに当たり、情報を読み解くことで、便利で身近な媒体から正確な情報を得る力の育成を図る。
- 模擬公開討論会を行うことにより、政党側の立場になって考えたり、多くの政党から自分に合う意見を選んだりすることで、選挙への興味・関心が高まることを意図する。

授業計画（2時限・65分×2）

時間	学習内容	生徒の学習活動	教師の指導・留意点	評価
0時間目	グループ編成	○9つの班に分かれて、担当する政党を決める（1班1政党）。	○班の人数にばらつきがないよう調整する。	
1時間目	政党の主張を理解する	○班ごとに、担当する政党の公約やマニフェストの内容を調べる。 ○ワークシートに、その政党の主張、政党の政策が描く社会像、政策のデメリットを記入する。	○コンピューター室で実践したり、スマートフォンの使用を認めたりして、紙媒体だけではなくインターネットによる情報収集も促す。 ○情報が多い中、政党が主張したいことを見つける力を育成する。 ○分からない言葉は調べたり、班員で考えた上で教員に聞くよう指導する。	班での活動、調べ学習や話し合いの様子
2時間目		○各班の代表者が前に並んで座り、ワークシートの説明をする（各3分）。 ○最後にまとめて質疑応答を行う。 ○どの政党に投票したいか考えて投票する。	○公開討論会のように、代表者が一堂に会すよう席を設ける。 ○質疑応答では、どの政党に対しての質問か、あるいはすべての政党に対しての質問かを明らかにして、質問にすぐに答えられない場合は次の質問に移り、準備ができたら応答に移る。 ○全員投票するよう促す。	それぞれのワークシートに書かれた項目の完成度主張と質疑応答の様子
0時間目	自主的模擬投票	○模擬投票（選挙区・比例代表）に自主的に参加する。	○学校内に設置してある投票箱に、自主的に投票するよう促す。	

準備物

マニフェスト、ワークシート

筆者は、長年授業実践の中で模擬投票を行ってきた。しかし、授業の中で義務的に全員投票を行うことに疑問を感じ、2012年衆議院議員総選挙、2013年参議院議員選挙、2014年衆議院議員総選挙と、教室外に投票箱を設置して、投票するかしないかは任意である、全校規模の模擬投票を実施した。この際に、社会科系の部活動（国際問題研究会）が選挙についての校内世論調査を実施したり、政党の獲得議席数予想を実施したりした。また、公民科の事前学習では、模擬公開討論会やインターネットのボートマッチ体験を行った。選挙後に、「政策えらび授業」[注]を実践して、より深い政策の理解につなげたこともあった。

また、地方選挙では、市長選挙において、公開討論会の資料を活用して政策を比較する授業実践を行ったり、市議会議員選挙において、各候補の応援演説を作成して、納得のいく候補者がいない場合には自分が立候補して政策を主張する授業実践を行ったりもした。

本論では、2013年に埼玉県内の県立高校で実践した授業を紹介する。

⑴　目的

本実践で育成したい能力は、マニフェストから政党が主張したいこと・政党が描く社会像・政策のデメリットを読み取る力、便利で身近な媒体（IT機器）から正確な情報を得る力、プレゼンテーション力、各政党の特徴を比較する力、問題発見力、より深く政党の政策を理解・考慮した上で主張する力などである。そして、質疑応答のある模擬公開討論会の体験を通じて、選挙への興味・関心が高まることを意図する。

日本では21世紀に入り、人柄やイメージで選ぶ選挙から、マニフェストによる政策で選ぶ選挙に変わった。しかし、実際にマニフェストを手にすると、その情報量の多さに驚き、すべてを読むことをあきらめたくなる時がある。かといって、マニフェストという原典に当たらずに、新聞社などによる政党の主張一覧表に最初から頼ることはしたくない。そこで、マニフェストを読んで、この政党が主張したいことを読み取る力の育成を図る。これは、マニフェストリテラシーといってもよい。本来であれば、経済・福祉・教育などの項目ごとに各党の政策を比較し、どの政策に重点をおいているかを比較するとよいであろうが、時数の関係があり、簡単なものにとどめた。

政策というものは、それを実施することによって必ず社会的影響が出る。つまり、

(注) 華井裕隆「原発問題を通じて社会的課題解決意欲と政策的思考の育成をはかる授業－政策えらび授業（エネルギー政策編）の実践－」『中等社会科教育研究』第31号、2013年、35-48頁。「政策えらび授業」とは、1つの社会的課題に対して、メリット・デメリット、コストや利害関係者、トレードオフなど、さまざまな観点から考慮して政策を選択する学習であり、社会全体の利益や将来の利益、公平性などについても考察することで、ルソーのいう「一般意思」的思考を育成することが出来る学習である。

マニフェストに書いてある政策を実施すると、どのような社会になるのか、それを具体的に想像することで、今回の選挙でその政党が描く社会像が見えてくる。選挙には、その社会像に私の一票をゆだねるのかどうかという面がある。投票をした後で、あるいは棄権をした後で、「こんな政策が実行されるとは。こんな社会は私が望む社会ではない。」と思ってもすでに遅いのである。私たちは、普通選挙制の時代に生きているのだから、有権者は自分の投票行動（あるいは棄権行動）によって引き起こされる事態には、責任を持つべき時代なのである。現在の日本では、その意識が非常に希薄ではないだろうか。

また、政策を実行するということは、それにより利益を受ける者もいれば、被害をこうむる者もいる。ある政策を実行することで、他の政策の優先順位が下がることもある。私たちは、その政策のデメリットを十分に考えた上で、選択しなければ（一票を投じなければ）ならない。

このように深く考えた上で、政策選択の選挙を経験した者であれば、「○○党の○○政策については、マニフェストに書いていなかったではないか。なぜ選挙後にそんな政策をいきなりするんだ。」と言える権利があるだろう。

さらにもう一歩踏み込んで言えば、もっと賢い有権者であれば「あの政党であったら、あの党首であったら、マニフェストには書いていないが、政権をとったらこのような政策を実行するぞ。」と予想が付くであろう。そのくらい、政党や政治家についての眼力を持った上で選挙にのぞむ力を育成できればすばらしいのだが。

また、現在はスマホやタブレット、パソコンなどの IT 機器が充実している。新聞や書籍などの紙媒体に馴染みがない生徒も多くいる。そこで、マニフェストや新聞資料だけではなく、IT 機器を使用して政党やマニフェストのホームページに当たり、情報を読み解くことで、便利で身近な媒体（IT 機器）から正確な情報を得る力の育成を図る。

そして、公開討論会形式の授業を行うことにより、プレゼンテーション力や、各政党の特徴を比較する力、質問をする力（問題発見力）、回答する力（より深く政党の政策を理解・考慮した上で主張する力）の育成を図る。そして、政党側の立場になって考えたり、多くの政党から自分に合う意見を選んだりすることで、選挙への興味・関心が高まることを意図する。

(2) 授業計画

本実践では、2013 年参議院議員選挙に先駆けて授業を実施した。1 学年必修科目「現代社会」の授業で、2 時間（本校は 65 分授業）計画で行った。まず、1 クラスを 9 つのグループに分けて、比例代表（北関東ブロック）に立候補している政党（自民・公

明・民主・維新・みんな・社民・共産・生活・みどりの風）から、各班一政党担当するよう決める。1時間目は、コンピュータ室で公約やマニフェストを見ながら、調べ学習を行う。各班で、ワークシートの空欄3つ（「この政党が主張したいことはこれです!!」「この政党の政策を実現すると、こんな社会になります」「この政党の政策には、こんなデメリットもあります」）に記入して、2時間目にそれを全員分印刷して配る。2時間目は、9つの政党の代表者が前に出て、各班3分ずつワークシートの説明をする。その後、質疑応答と模擬投票を行う。

(3)　授業の様子

　質疑応答では、たくさんの質問が出た。

　「物価上昇については、どう対処するのか？」という質問に対して、生活の党では「派遣社員を減らして、年金額を増やす」、自民党では「富裕税で、教育医療を免除する」、社民党では「富裕税と、農水産業を保護して食糧費を抑える」、みどりの風では「大企業増税と、女性や若者の雇用を充実させて、景気回復後に増税する」と答えるなど、政策理解を踏まえたうえでの応答が見られた。

　また、国政選挙のニュースではあまり聞かれない「共産党が政権をとったら、日本を社会主義にするのか？」「社民党の政策では、軍備を縮小するのか？」という率直な意見や、「維新の会が言っている、憲法改正の国民会議というのは、関心のある人しか参加しないだろうから、裁判員制度みたいに抽選にする方が平等に意見を吸い上げられるのではないか？」「みどりの風などは、TPP関連で、ASEAN＋6ということで、東南アジアと協力して経済をがんばるというが、アメリカと組まないと大して力にならないのではないか？」という踏み込んだ質問も見られた。そして、「自民党は、アベノミクスの第三の矢、民間投資はどうやってやるのか？」「すべての政党に対して、増税してどのように社会保障を充実させるのか？」という質問もあった。

　うまく答えられない場合も多かったが、教員の予想以上に、政党に対して質問を考えて発言する力（問題発見力）が育成され、何とか答えようとすることで政党や政策に関する興味がより深まっていた。もう一時間延長できれば、さらに調べ学習をして質疑にしっかり応答することができ、より深い政策や政党の理解につながったであろう。

　授業全般を見て、パソコンやスマートフォンを利用可能にしたためか、どの班も、マニフェストや政策について興味深く調べていた。各党の政策をまとめるのに苦労はしていたが、充実したワークシートになっており、政策の骨子や政党の主張について理解が深まっていた。

　なお、模擬公開討論会を行うと、全校での模擬投票（自由参加）に参加する割合も

高まることが判明した。事前学習を全くしていないクラスよりも、事前学習1時間（インターネットのボートマッチを体験）を経験したクラスの方が投票率が高く、さらにそれよりも、事前学習2時間（模擬公開討論会）を経験したクラスの方が投票率が高かった。

　公開討論会を行うことで、政党側の立場になって考え、また、多くの政党から自分に合う意見を選ぶ経験ができたので、選挙への興味・関心が高まり投票行動につながる生徒が多かったと考えられる。

華井　裕隆（埼玉県立高等学校教諭）

対象 中3〜高3　**時間** 50分×1時限

大阪W選挙を題材にした大阪模擬選挙2015
〜生の政治をどう扱うか一緒に考えよう

単元の目標

- 民主主義の基本である選挙制度を理解し、投票に親しむことを目的として実施
- 他自治体ではあるが実際の選挙期間中に模擬選挙を実施することで、社会とのつながりを感じ社会を担う主権者としての意識を高める。

構成のねらい・授業の工夫

- 生徒により「本物」に近い体験をしてもらうため、実際の投票箱や記載台などを市町村選管に依頼して調達する。
- 政策検討資料はマニフェストスイッチのフォーマットを基本に、告示日第一声の新聞（夕刊）やテレビ報道、選挙公報なども活用できるといい。
- 他自治体の状況や選挙の争点の解説を通して、可能なかぎり自身の自治体の状況と関連させ、生徒たちには「自分事」として考えてもらうよう心掛ける。
- 冒頭の制度の学習以外は、グループワークなどアクティブラーニング（体験型学習）で学びにつなげる。

授業計画（1時限・50分）

時間	学習内容	生徒の学習活動	教師の指導・留意点	評価
10分	選挙制度の学習	選挙制度、日時、投票の意義などを学習する。	・講義形式 ・横浜市選挙管理委員会 U-20 のウェブサイトなどを用いるといい。	生徒からの発問
①10分 ②10分	候補者の比較	① 選挙に関する政策検討資料を配布し、読み込む。 ② 配布した資料に対して気がついたこと、気になることなどを、4〜5人のグループでディスカッションする。	・グループディスカッションでは教師は干渉せず、ファシリテーターの役割を果たす。 ・必要に応じて、投票先をどう選ぶかについて説明する。	グループの発問とディスカッションの様子
5分	意見の共有	グループディスカッションで出た意見をクラス内で共有する。	・意見に対して教師からの意見表明は避けるのが望ましい。	グループの発問と疑問点の数
5分	投票所の様子の紹介	投票所がどのような場所に設置されているか、投票所の様子、投票箱などを紹介する。	・講義形式	生徒からの発問
5分	模擬投票	配布された模擬投票用紙を用いて、模擬投票を行う。	・投票に際しては「秘密投票」「無記名投票」とし、棄権も認める。	生徒の様子
5分	まとめ	18歳選挙権に向けて授業の感想や質問		生徒からの発問や様子

準備物

ワークシート　政策検討資料（選挙公報、マニフェスト（候補者マニフェスト／マニフェストスイッチ）、新聞記事（告示日の夕刊などで第一声を報じたもの）等）

(1)　模擬選挙を実施しやすくする環境整備

　きっかけは 2015 年 2 月に模擬選挙推進ネットワークが開催した「模擬選挙研究会」で教員からお伺いした課題だった。模擬選挙の実践に躊躇していた中学校の教員から「やってみたら、やれるものだ」「模擬選挙を実施して生徒が変わった」という感想が聞かれた中で、模擬選挙の実施に必要な政策検討資料の政治的中立性・公平性への懸念、そして資料集め作業（具体的には新聞の紙面探しとコピー作業）に多くの労力を払っていることを知った。

　早稲田大学マニフェスト研究所では、候補者へ共通フォーマットのアンケート回答を依頼し、政策比較のためのウェブサイトで公開するなどして利活用を推進する「マニフェストスイッチプロジェクト」を 2015 年 4 月の統一地方選挙から進めようとしており、このプロジェクトを活用することで「教員が安心し、そして負担が少ない形で模擬選挙を実施するお手伝いができないか」と考えていた。当研究所と各地の青年会議所などが協力し、第三者的に候補者の政策情報を集める。情報は機会の平等を担保し、かつ同じフォーマットに 150 字という生徒にも分かりやすく読みやすい分量で書いていただく。5 項目にわたる情報を、候補者の比較のための「政策検討資料」として当研究所が整理し、模擬選挙を実践したい教員に配布する。そうした環境整備を実現できたのは、同年 7 月の埼玉県知事選挙でのことだった。

(2)　埼玉県知事選での実践

　プロジェクトを活用した模擬選挙の実践校を探していたところ、2014 年の衆議院議員総選挙で模擬選挙を実施したクラーク記念国際高校さいたまキャンパスの中川貴代志教諭と出会った。埼玉ローカル・マニフェスト推進ネットワークの原口和徳氏が公益社団法人日本青年会議所関東地区埼玉ブロック協議会と協力し、候補者 4 人の政策検討資料を収集。原口氏はさらに授業に必要な埼玉県政の学習資料を作成し、中川教諭と授業モデルを作成するなど、模擬選挙の実施に備えた。7 月 14 日に実施した模擬選挙では、26 人の生徒が実際の候補者の情報を基にした投票を体験し、模擬選挙前と比べて選挙や政治に対する意識・関心が「高まった」と答えた生徒は 8 割を超えた。授業の最後に生徒たちの感想を聞いたが、「政策が分かりづらく、自分たちに関係のないものが多かった」「仕方なく消去法で選んだが、それは『消極的な支持』にしかならない」といった意見をもらった。模擬選挙の結果は、実際の選挙で当選した現職が「落選」した。国政選挙と違い、争点が身近な地方選挙だと、実際の選挙結果と模擬選挙結果が違うこともあるという。そういう意味では、地方選挙らしい模擬選挙となったといえる。

(3) 副教材公開後初の全国模擬選挙企画の実施

8月、総務省・文部科学省による副教材の作成が進んでいた頃だった。長年、模擬選挙に携わっている模擬選挙推進ネットワーク事務局長の林大介氏（東洋大学助教）との18歳選挙権実現に向けた話し合いの中で、副教材の公開後に執行される大阪府知事選・市長選のいわゆる「大阪W選挙」をきっかけとして模擬選挙への注目を集められないか意見交換をしていた。その中で出てきたのが、大阪の選挙を題材にした模擬選挙を、大阪府内だけではなく、他自治体でも実施するアイデアだった。模擬選挙を実施できそうな国政選挙は来年の参議院選挙のみで、「いきなり本番」となりかねない。その前に、「大阪都構想」など全国的にも注目を集める「大阪W選挙」なら生徒も関心を持ってくれる可能性が高いのではと考えたからである。マニフェストスイッチで候補者の情報を集めた上で、その情報を実施したい教員に情報提供することで、模擬選挙をやりやすい環境づくりを整備する。他自治体の学校が実施するのなら、直接的な利害関係者ではないため、政治的中立性・公平性に過剰に配慮する必要はない。

今回の実施に向けては、選挙の3か月前から大阪青年会議所など各主体と意見交換を進め臨んだ。

(4) どのようにして実施校を集めたか

実施校の募集に当たっては、これまで模擬選挙を実践した教員への呼びかけを模擬選挙推進ネットワークが、今回新規に企画に興味を持っていただき実施する学校集めを当研究所が行った。教員が模擬選挙の授業実施の準備をスムーズに進めやすいように、模擬選挙推進ネットワークのノウハウなどもお借りし実施イメージや授業指導案を提供。さらに原口氏のお力を借りて、1～3限の授業モデルや授業で使えるワーク集、府政や市政の学習資料なども用意した。実際の投票箱を使った投票以外にもウェブ投票もできるように、Yahoo!みんなの政治の協力でウェブフォームを作成いただいた。

今回の企画は、副教材公開後というタイミングもあり、企画の段階で読売新聞、毎日新聞に取り上げられた。10月19日には東京・早稲田大学で「模擬選挙ミニ勉強会」を開催し模擬選挙に関心ある教員や学生など約15人が参加した。その様子をNHKが取り上げ、今回の企画に対する認知も広がっていった。大阪W選挙の告示直前の11月2日には、大阪府でも「模擬選挙ミニ勉強会」を開催したが、大阪ということもあり教員、学生、選挙管理委員会など約30人が参加し、報道6社が取材に訪れた。関東圏、関西圏の県立高校への案内や、今回の企画を知って学校に呼びかけていただ

いた市議会議員の協力もあり、告示日時点で参加表明校は全国で 24 校に上った。しかし、学校長と現場の先生との意思疎通不足や準備不足、「生々しいテーマで模擬選挙を実施しないよう要請があった」という周囲の声に影響され、4 校は実施を取り止めてしまった。模擬選挙の実施に当たり教員現場が政治に対して持っているだろう忌避感を、こうした経過の中でわずかに感じた。

＜実施校＞　全国で高校：16 校、大学：4 校

【青森県】青森中央学院大学

【東京都】都立高島高等学校、代々木高等学校（東京本部）、東洋大学

【大阪府】大阪府立旭高等学校（選択授業）、大阪府立北摂つばさ高等学校、クラーク記念国際高等学校大阪梅田キャンパス、大阪府立富田林高等学校、高校 5 校／街頭投票（Kids Voting Osaka）

【兵庫県】神戸市立楠高等学校

【滋賀県】近江兄弟社高等学校

【奈良県】奈良文化高等学校

【岡山県】大学 1 校

【福岡県】久留米大学、久留米市立南筑高等学校

【熊本県】城北高等学校

　※ 2015 年 12 月に【熊本県】山鹿市立菊鹿中学校でも実施。

　※ Kids Voting Osaka…関西近郊の高校生や大学生を中心としたメンバーで社会や政治に目を向けるきっかけをつくることを目的に設立。未成年者を対象に大阪府内で選挙期間中 5 日間に模擬投票を実施。投票所設置、街頭投票、ウェブ投票を実施し 1,069 票（無効票 7 票）を収集した。

⑸　模擬選挙授業の内容

　各校の教員によって、さまざまな授業内容があった。大阪府立旭高校（選択授業）では、9 月から約 3 か月にわたって大阪府知事選を対象にした生徒の調べ授業を実施した。大阪府選管職員の「出前授業」や学生団体「ivote 関西」などを呼んだ授業、班に分かれて生徒各自が調べ発表などをした上で、模擬投票を実施した。クラーク記念国際高校大阪梅田キャンパスでは、事前指導として、「家庭での話し合い」「町中で『大阪市長選挙』を見つける」ことを課題とし、選挙や政治への関心を高めた上で模擬投票に臨んだ。東京都立高島高校では、NPO による「公園づくりワークショップ」、板橋区選管による「出前授業」を経て、ワークシートを使って投票先の選び方や候補者の政策を検討した上で模擬投票を実施した。代々木高校（東京本部）では、NHK の番組と連携し、人気お笑いタレントによる司会と NHK の解説員による授業をした

上で模擬投票をした。大阪府立北摂つばさ高校では今回の実施校の中で最も大規模で、約700人いる全校生徒のうち約500人が投票。府知事選の選挙公報を府選管から約600部取り寄せ、候補者の比較に役立てた。久留米大学は法学部の政治系ゼミが協力し、大学と地域の高校との連携で模擬投票を行った。多くの学校が所在の市町村の選管に依頼し、実際に使われている投票箱や記載台を借りて本物に近い環境づくりを心掛けた。

　授業で利用する候補者の資料の面では、選挙公報、マニフェストスイッチフォーマット、NHKの告示日第一声の動画を使った学校が多かったようだ。候補者のマニフェストやウェブサイトを政策検討資料として使いづらく、選挙公報は選管が印刷したものでないと配布しづらい現状では、マニフェストスイッチのような第三者がまとめた政策検討資料を利用することは、教員の模擬選挙実施のハードルを下げたようだ。

　もちろん実施に当たりさまざまな点に留意している。政治的に「中立・公正・公平」に実施し、法令遵守を徹底。投票結果は、実際の選挙が行われた後に公表することとしている。

政治的中立性を考慮した対応	学校名
各候補の情報が掲載された、客観的な政策検討資料の使用（マニフェストスイッチフォーマット、選挙公報の活用）	全ての学校
生徒の調べ学習を徹底した授業計画、および候補者陣営へのインタビューを全候補に実施	大阪府立旭高校（選択授業）
NPOや選挙管理委員会、有識者を使った授業実施	東京都立高島高校、大阪府立旭高校（選択授業）、代々木高校東京本部

(6)　模擬選挙と選挙結果の比較

　大阪府内9校を含む全国20校（高校16校、大学4校）とKids Voting Osakaが実施した街頭投票等で、あわせて約2,300人の「未来の有権者」が府知事・市長選に約4,400票を投じた。

　実際の選挙結果と模擬選挙の結果の割合を比べたところ、府知事選・市長選どちらも得票順で選挙結果と同じ傾向が見られた。模擬選挙では当選者・次点以外の候補への得票が多い傾向があったが、これはいわゆる「泡沫」と言われる候補も対等に比較している資料を利用したこと、実際の選挙では「死に票」（落選者への投票）となる投票も、模擬選挙では比較的投票されやすい傾向にあるためと考えられる。

　クラーク記念国際高等学校大阪梅田キャンパスでの実践に関わった林紀行氏（環太平洋大学准教授）は、「今回の取組を通じて、適切な政治教育を行えば、選挙権を18歳に引き下げても、懸念されるような問題は起きないことが明らかとなった。今後は、若年層が政治に積極的に参加する仕組みを構築するためには、どのようなインフラ整備が必要なのかを議論すべきだ」と見解を述べた。模擬選挙推進ネットワーク事務局

長の林氏は今回の実施と結果を受けて、「2016年7月からの『18歳選挙権』を見据え、未来の有権者に対する政治教育の試行として実施した模擬選挙は大阪府市だけではなく他県の未来の有権者も参加しました。政策を考える意義を感じる機会を醸成しつつ、学校や地域で取り組む際の課題も見えてきました。次の本格実施につなげます」と決意を語った。

⑺ 2016年の本格実施に向けて

今回の企画は、「大阪府知事選・市長選の模擬選挙」という面と、「他自治体の選挙を題材にした模擬選挙」という提案の面がある。今回の実施を受け、18歳選挙権が実現する2016年に向けて以下の3点に注目したい。

①地方選挙での模擬選挙実施

模擬選挙は一般的に、国政選挙で実施されることが多い。それは、報道を中心に情報が集まりやすいことと、地方選挙では候補者の関係者が生徒の身内にいる可能性があるなど、「生々しい」ことを避ける傾向があることも理由の1つである。だが、生徒たちの生活により身近な地方選挙での実施を、本来的にはすべきではないか。仮に「生々しさ」を避けて国政選挙しか実施ができないとしたら、それは教育の立場に立った配慮に基づいており、地域のことを知り、候補者の政策を比較して投票するという生徒の立ち位置に立ったものではない。18歳選挙権時代における主権者教育は、地域のことを知り、政治や社会に参画する意識の醸成をすることを1つの目的としている。そのためには積極的に地方選挙での模擬選挙を検討すべきだ。

②時期を選ばない「実際の選挙期間中」の模擬選挙の実施

模擬選挙を実施しようとすると、実際の選挙期間中に所在の自治体での選挙を対象とするパターンと、架空のシミュレーション選挙をするパターンが考えられる。シミュレーション選挙の利点も多くあるが、社会とのつながりをより強く感じることができる「実際の選挙期間中に実施する模擬選挙」は生徒に多くの気付きをもたらす。ただ、所在地の選挙を対象とすると数年に1度しか実施のチャンスがなく、もしくは、すでに結果のわかった前回選挙を対象とすることになる。その点、他自治体の選挙を題材にした模擬選挙であれば、生徒たちが「投票を体験する」「政策を比較する」という点において、多くの実施のチャンスがある。より生徒たちが身近に感じられる地域の選挙や、今回の大阪W選挙のような関心が寄せやすい選挙を対象とするのが望ましいが、他自治体の選挙を題材にすることで、模擬選挙の実施時期をある程度自由にできる。また、今回の実施のなかで教員の問い合わせを受けたある県選管は、選管のウェブサイトに掲載された選挙公報のPDFを印刷し配布することについて、「全員が選挙区外であれば図画の頒布・掲示の制限はかからない。全員に配布しても問題ない」

という判断をした。実際の選挙期間中でも、他自治体の選挙であることで公職選挙法の制限を超えた「比較的自由な」授業をすることができる。

③ 18歳選挙権時代の公職選挙法や教育のあり方、選挙管理委員会と教育委員会の連携

②でも少し触れたように、今回の実施を受けて「これまでの教育と政治の分断が悪い影響を与えてしまい、生徒の立ち位置に立った政治教育の実施を邪魔している」という感想を、個人的には持った。具体的にいうと、公平・公正な資料として選挙公報があるが、「選挙管理委員会がウェブサイトにアップした PDF を印刷して授業で配布すると公選法の規制に対象になるおそれがある」などの「公職選挙法の壁」ともいえる政治的中立性・公平性への過剰な配慮などがあり、教育の現場が実現したい主権者教育の実施を妨げている。また、「主権者教育は教委、啓発は選管」という"縄張り意識"も未来の有権者の意識醸成には不要な壁である。今回の企画は、Yahoo! みんなの政治や日本青年会議所、ネットメディア、NPO や学生団体、高校生団体などとの連携で実現できた。次の社会を担う未来の有権者を育てるのは、社会をいま担っている私たちであり、彼らの立ち位置に立った教育や選挙のあり方が求められている。18歳選挙権と言うが、高校生の政治教育でも遅すぎるくらいだ。いま問題となっている政治不信や政治離れは、若年層が持つ政治への距離感や無力感が根本にある。より多くの政治・社会とのふれあいのなかで、未来の有権者が政治へ参加する意識をこれからも醸成していきたい。

青木　佑一（早稲田大学マニフェスト研究所事務局次長）

第4章

これからのシティズンシップ教育

　いまや模擬選挙は、主権者教育における最先端の取組から、生徒が政治や選挙を知る第一歩目へとその位置づけを変えつつあります。では、これからの主権者教育ではどのような取組が求められるのでしょうか。模擬選挙が「標準装備」となった後の主権者教育、そしてシティズンシップ教育について考えていきましょう。この章では、次の内容を紹介します。

・同時代の他地域の取組……各国の18歳を取り巻く環境、政治教育の状況。その中でも特に積極的に紹介されている3か国（ドイツ、イギリス、アメリカ）の政治教育の詳細

・将来想定される日本の主権者教育……次期学習指導要領に向けた動向

1　世界の18歳を見てみよう

　本書の中でもたびたび言及されているように、選挙権を得る年齢は国によって様々である。日本における18歳選挙権の実現は、70年ぶりの選挙権年齢の引下げとなるが、世界の実情はどのようになっているだろうか。18歳をキーワードに探ってみたい。

(1)　選挙権年齢

　国立国会図書館の調査によると、選挙権年齢の世界の趨勢は18歳であることが報告されている。この調査は、189の国・地域を対象に行われ、18歳までに選挙権を付与しているのは170か国・地域、割合にして89.9%であったことが報告されている。

　なお、G8およびOECD加盟国では、日本と韓国（19歳）を除く全ての国が18歳までに選挙権を付与しており、最近では選挙権年齢のさらなる引下げに向けた動きも起きている。オーストリアは2007年に国政レベルの選挙権年齢を18歳から16歳に引き下げており、ドイツやノルウェー、スウェーデンにおいては特定の自治体において選挙権年齢の16歳への引下げが実現されている。欧州議会においても、議員グループが選挙権年齢の16歳への引下げを求める共同声明を提出するなど、現在もイギリスやスウェーデンなどにおいて、選挙権年齢の16歳引下げに向けた取組が行われている[注1]。

　ヨーロッパにおける選挙権年齢の引下げについて、若者の政治参加を促す手段として肯定的な意見も否定的な意見も存在しているが、今後の日本に向けた示唆に富む意見を1つ紹介する。

　オーストリアで選挙権年齢の引下げ（18歳→16歳）を行った際に16・17歳の政治的成熟度の低さが課題とされていた。しかし、投票機会の付与に伴う学校教育や選挙キャンペーンによる学習効果を通じて、16・17歳の政治的成熟度が向上することが示されたというものである[注2]。この点からは、18歳選挙権が実現されたのちの日本において、若者へのサポートが重要となってくるであろうことがうかがえる[注3]。

（注1）2014年9月に実施されたスコットランド独立投票では、選挙権年齢の16歳までの引下げが実現されている。この時、取り組まれたシティズンシップ教育の取組みについては、柿内（2014）に詳しい。

（注2）ヨーロッパにおける分析で興味深い事項としては、若者と親の同居率と投票率には正の相関関係があるといったものもある。この要因として、投票率の高い親世代の影響を若者が受け、投票するものと推察されている。日本における世代別投票率の推移において、加齢による投票率の向上傾向は一貫してみられるものの、近年、スタート地点の投票率の落ち込みが顕著であることが言われているが、この点について、改善のきっかけを与える可能性があるものとして興味深い事象である。

なお、歴史的な視点で捉えてみると、興味深い事実を発見できる。日本において選挙権年齢が20歳へと引き下げられたのは1945年だが、この当時、諸外国の多くは日本よりも高い年齢に選挙権年齢を設定していた。その後、欧米の先進国の多くは若者が社会で負っている責任や若者の政治参加の必要性などを勘案し、1970年代に選挙権年齢の引下げを行った[注4]。選挙権年齢は、絶対的なものではなく、時代や価値観に応じて変化が生じるものであることが分かる。

(2)　被選挙権年齢

　一方、被選挙権年齢については、選挙権年齢ほどはっきりとした傾向は示されていない。被選挙権年齢が18歳までに引き下げられている国は、47か国となっている。

　対象を絞って確認してみたい。例えば、G8各国の被選挙権は、アメリカ25歳、イギリス18歳、イタリア25歳、カナダ18歳、ドイツ18歳、フランス23歳、ロシア18歳となっている。なお、このうち、イギリスでは2006年になって被選挙権年齢の18歳への引下げが行われている。

　このように、被選挙権年齢については、選挙権年齢ほど世界の潮流とは離れていないようである。

(3)　成人年齢

　日本でも議論となっているが、成人年齢は選挙権年齢の引下げと密接な関連を有している。成人年齢を18歳とする国・地域は141か国、75.4％となっている。なお、アメリカなどのように、州によって成人年齢が異なる国も存在している。

　また、成人年齢の引下げを経験している国への調査からは、①心身の成熟、②選挙権年齢（との整合）、③諸外国の動向、④欧州評議会又は欧州理事会の勧告、⑤兵役義務又は志願年齢（との整合）が成人年齢引下げの主な理由として挙げられている。

（注3）筆者が携わった模擬選挙でも、生徒たちが候補者の政策を読み解くことができず、活動が止まってしまう場面などが見られることもあった。生徒たちは、日頃耳慣れない専門用語・横文字や施策の名称、社会的な制度に関する知識の不足などにより候補者の発信する情報を読み解くことができなかったようである。この部分はNIEに代表される取組のように様々なサポート、情報提供が行われるようになることが期待される。

（注4）たとえば、アメリカ（1971年）、イギリス（1969年）、ドイツ（1970年）、フランス（1974年）、イタリア（1975年）と、選挙権年齢の18歳への引下げが行われた。

⑷ 婚姻適齢、刑事手続において少年として扱うことができる年齢

　婚姻適齢に関する調査では、婚姻適齢の高低や適齢引下げの特例の有無など、多様な形態が示されていることが明らかにされている。ただし、近年の改正では、婚姻適齢の男女の差をなくす傾向にあることが報告されている。

　刑事手続において成人と少年を区別して扱うようになったのは近年になってからである。1899年にアメリカのイリノイ州において世界に先駆けて少年裁判所の制度が確立されたとされている。なお、近年の傾向としては、少年とは18歳未満の者と規定する国・地域が増えている。

　このように、時代や国家によって年齢をめぐる規定は様々である。これらの状況について、どのように考えていけばよいのだろうか。そのヒントとなる考え方に「能力と世論」によって判断していくというものがある[注5]。

　たとえば、選挙権年齢の引下げの議論の中で言及される能力の側面は、新たに有権者となる世代が、政治が取り組む諸問題を的確かつ迅速に理解し、その上で議員を選出することができるかどうか、といった事柄である。成人年齢引下げの議論で取り上げられる能力は、父母の親権に服さずに自らの意思で契約の趣旨を理解し、締結できるかどうかといったことである。これらの能力を、対象となる世代が身につけているのかどうかを世論によって測る、というものである。

　これらの観点をヒントに考えてみたときに、私たちは何歳の時に選挙権を得て、成人となっていけばよいのだろうか。ここまでに確認してきたように、各国ごとに違いが生じているからこそ、生徒達と権利と責任について論じてみることには、意義がある。

⑸ 18歳と政治とのかかわりを生む工夫

　民主主義の社会では、権利を有する者がその権利に見合った責任を担い合うことでそこに暮らす人々からなる社会が形作られていく。では、各国では、どのようにして責任を果たしていくための能力を育成しているのだろうか。同じく18歳を切り口に代表的なものを紹介したい。

①模擬選挙

　国政選挙を対象に、国家規模での模擬選挙が各国で行われている[注6]。他国の事例を見たときに特徴的なポイントとして、リアルさと教材開発の支援、ICT技術の活用が挙げられる。

(注5) 宮下 (2011) pp.63-64

【図表】 各国の各種法定年齢

国名	選挙権[※1]	被選挙権[※1]	国民投票の投票権[※2]	国政選挙の投票率[※4]	私法上の成人	刑事手続きにおいて少年として扱われなくなる年齢[※7]	飲酒[※8]	喫煙[※9]	婚姻[※12] 男	婚姻[※12] 女
日本	20	25	20[※3]	52.66%（2014年）	20	20	20	20	18	16
イギリス	18	18	18	66.12%（2015年）	18	18	18[※10]	18[※10]	16[※10]	16[※10]
アメリカ	18	25	–	42.50%（2014年）	18[※5]	18	21	18[※10]	18[※10]	18[※10]
ドイツ	18	18	–	71.53%（2013年）	18	18 [21]	16	18	18	18
フランス	18	23	18	55.40%（2012年）	18	18	16	18	18	18
イタリア	18	25	18	75.19%（2013年）	18	18	16	16	18	18
カナダ	18	18	18	61.11%（2011年）	18[※6]	18	19[※10]	19[※10]	18[※10]	18[※10]
ロシア	18	21	18	60.11%（2011年）	18	18	18	18	18	18
スウェーデン	18	18	18	85.81%（2014年）	18	18 [21]	18	18	18	18
オランダ	16	18	16	74.56%（2012年）	18	18 [21]	16	16	18	18
韓国	19	25	19	54.26%（2012年）	19	20	19[※11]	19[※11]	18	18

出所：国立国会図書館調査及び立法考査局「主要国の各種法定年齢　選挙権年齢・成人年齢引下げの経緯を中心に」所収の「主要国の各種法定年齢（一覧）」を一部抜粋、加筆

※1　国政選挙における年齢。二院制の場合は下院の情報を記載

※2　国民投票の投票権年齢の欄で「–」と書かれている国は、国政レベルでの国民投票が行われていないことを表す。

※3　日本の国民投票の投票権について、「日本国憲法の改正手続きに関する法律」（平成19年法律第51号）は、本則で投票権者の年齢を18歳以上とする一方、附則により、18、19歳の者が国政選挙に参加できること等となるよう、公職選挙法（選挙権年齢）、民法（成年年齢）その他の法令の規定について検討が加えられ、必要な法制上の措置が講じられるまでは、投票権者の年齢を20歳以上とする、と規定している

※4　各国の国政における議会議員選挙の投票率。二院制の場合は、下院選挙を対象とし、二段階の選挙システムの場合は二番目の選挙の投票率を対象としている。なお、集計対象の国の内、イタリアのみ義務投票制（罰則なし）がとられている。

　　出所：International IDEA　http://www.idea.int/（2015年12月15日アクセス）

※5　アメリカの私法上の成人年齢は、45州で18歳、2州で19歳、3州で21歳となっている。

※6　カナダの私法上の成人年齢は、6州で18歳、4州及び3準州で19歳となっている。

※7　刑事手続きにおいて少年として扱われなくなる年齢の欄で「18 [21]」と書かれている国では、精神的に未熟である等の事情により、18歳以上21歳未満の者を少年と同様に扱うことができる場合がある。

※8　飲酒については、店内での飲酒と販売店での購入、また酒類（ビール・ワインと蒸留酒）によって規制される年齢が異なるが、本表では店内での飲酒（ビール・ワイン）を対象とした。また、学校や公共の場など、場所により異なる年齢規制がなされている場合がある。

※9　学校や公共の場など、場所により年齢規制がなされている場合がある。

※10　当該法定年齢が国内でも地域により異なっているため、その国で人口が最大の地域において適用されている年齢を記している。各国の人口最大の地域は以下の通りである。

　　イギリス：イングランド、アメリカ：カリフォルニア州、カナダ：オンタリオ州

※11　韓国における飲酒・喫煙は、19歳になる年の1月1日から認められる。

※12　原則的に認められる年齢を掲げた。

1点目のリアルさについては、選挙と同時期に選挙と同じ道具、しつらえで行うことに加えて、投開票の運営もルール通り厳格に行う、というものである。この厳格さが、リアリティを生み、生徒のやる気を引き出すと考えられている。

　2点目は、教材開発の支援である。模擬選挙をきっかけに選挙の仕組みや重要性を学ぶことを目的とする場合は、同じ教材を使い続けることができる。しかし、模擬選挙を通じて現実の政治、とりわけその中での民主的な振る舞い方や政治的な能力の獲得を目指すためには、その時々に合わせて争点解説の資料を更新し続ける必要がある。この分野では、政治教育のための公的機関や大学が情報を提供する取組（ドイツ）や、マスメディアや非営利セクター、政治家の側が選挙権を持たない層に向けた情報発信を行う取組（アメリカ）、公共団体がボートマッチや争点解説資料の提供、模擬選挙や政治制度学習の支援を行う取組（オランダ）、議会による模擬選挙キットの作成・配布やNPOによる教員向けガイドブックの発行、民間団体が模擬選挙情報のネット

オランダのシティズンシップ支援団体 ProDemos のウェブサイト

https://www.prodemos.nl/（2016年3月25日アクセス）
　時事的な争点に関する有識者と若者の対話イベントや学習教材、ボートマッチ等の情報が掲載されている

（注6）日本では、海外における模擬選挙の取組としてはアメリカやスウェーデンが取り上げられることが多いが、たとえば明るい選挙推進協会のレポートなどでは、他にもイギリスやオランダ、ドイツ、ポーランドにおいても全国規模での取組が確認できる。

ワーキングを進めた取組（イギリス）などが行われている。

　3点目はICT技術の活用である。模擬選挙において、インターネットを用いた電子投票を行っている取組もある。なお、18歳の範疇からは外れるが、その中において韓国の取組み姿勢はユニークである。

　韓国では生徒会選挙を行う際、市町村の選挙管理委員会に届け出ると電子投票機の貸し出しを受けることができる。現実の政治では、まだ電子投票機は導入されていないが、未来の有権者である生徒たちが有権者となった時には電子投票が導入されている可能性が高いことから、将来を見越して慣れておくために、電子投票機が活用されているという。

②学校民主主義

　日々の暮らしを通して、生徒たちが民主主義や政治的な素養を学ぶ機会として生徒会活動が注目され、日本でも様々な取組が行われている。

　スウェーデンでは、生徒たちが毎日暮らす社会である学校をより良い環境にするための発言や行動を行い、学校の方針としていくことを学校民主主義として推進している。

　具体的には、予算や科目編成など、学校運営の主要な中身を決定する機関である学校評議会に生徒代表が半数を占める形で参加をすることや、授業に対して生徒たちが影響力を持つことを重要視する等の形で実現されている。また、学校オンブズマンとして生徒たちの少し上の世代がサポートを行っていることや、生徒が学校運営をするための知識やスキルを学ぶ「生徒のための民主主義」という選択授業が開講されていることも見逃せない取組である。また、各学校の生徒会の全国組織として全国生徒会も結成され、意識啓発の取組みや、生徒会へのトレーニング、生徒間交流の促進などが図られている。

③若者のエンパワーメントのための活動

　若者が社会に参画し影響力を持つためのエンパワーメントにも取り組まれている。

　スウェーデンのNGO、全国青少年協議会（LSU）は若者の社会的影響力を増すための活動を行っている。LSUは生徒会組織や文化団体、環境団体、政党青年部などで構成されており、若者の社会的発言力を強めていくために、若者の声を国会に伝える拡声器の役割を担っている。また、参加団体及びそこに属する個人の力量の向上のため、研修・相談・情報提供なども行っている。このLSUの運営費は参加団体から支払われる会費と、プロジェクトごとに国から獲得する助成金という形で公的な資金も得て運用されている。

　オランダでは、全国生徒行動委員会（LAKS）が若者の権利を守るために活動している。LAKSは、学校運営に対する監視と卒業試験の問題に対する苦情ラインの活動を中心としながら、若者の権利を守るための抗議や国会演説の活動、合宿研修や近隣

諸国の類似組織との交流などを行っている。これらの活動費用は国が負担して行われている。

　各国の事例からは、同じ18歳の生徒たちが様々な機会、体験をとらえて、実際に社会に対して影響力を及ぼしていることが確認できる。その活動の特徴は、大きく次の3点にまとめられる。

・民主主義的な価値観や仕組みを知ることにとどまらず、実際の争点を知り、自分自身の意見を形成、主張すること。
・授業などの中で、自分自身が民主的態度をとっていたかを振り返り、自身の能力の向上を図ること。
・授業以外の活動を通して、実際に社会と向き合い、自らの権利を守り、獲得することで、自分たちが社会に影響力を持っているという実感を得ていくこと。

　70年ぶりとなる選挙権年齢の引下げという大きな転換点を前に、生徒たちに対してどのような支援、環境を作っていくべきなのか、他国の取組も参考に改めて考えていく必要があるのではないだろうか。

原口　和徳（埼玉ローカル・マニフェスト推進ネットワーク）

主要参考文献等

• 国立国会図書館調査及び立法考査局「主要国の各種法定年齢　選挙権年齢・成人年齢引下げの経緯を中心に」2008年
• 宮下茂「憲法改正国民投票の投票権年齢18歳以上と選挙権年齢等」『立法と調査 No.323』国立国会図書館、2011年
• 柿内真紀「アクティブ・シティズンシップと学校カリキュラム―スコットランド独立住民投票に向けて―」教育研究論集第4号、2014年
• 小林庸平「スウェーデンの実例から見る日本の若者政策・若者▽政策の現状と課題」『季刊　政策・経営研究　2010 vol.3』三菱UFJリサーチ＆コンサルティング、2010年
• 嶺井明子（編）『世界のシティズンシップ教育―グローバル時代の国民／市民形成―』東信堂、2007年
• 高橋亮平ほか（編）『18歳が政治を変える！　ユース・デモクラシーとポリティカルリテラシーの構築』現代人文社、2008年
• 明るい選挙推進協会によるシティズンシップ教育関連文献
　・横江久美「アメリカの有権者教育」
　・近藤孝弘「ドイツの政治教育」
　・新井浅浩「イギリスのシティズンシップ教育」
　・山田真紀「フランスのシティズンシップ教育」
　・宮本みち子「スウェーデンのシティズンシップ教育」
　・橋本康弘ほか「フィンランドのシティズンシップ教育」
　・高選圭「韓国のシティズンシップ教育」
　・見世千賀子「オーストラリアのシティズンシップ教育」

・リヒテルズ直子「オランダのシティズンシップ教育」

• 小串聡彦「欧州諸国の 16 歳選挙権の動向と意義日本への示唆とは？」Commentary Vol. 057（2015 年 8 月 10 日）、EUSI

http://eusi.jp/mail-magazine/commentary/commentary_057/（2015 年 12 月 15 日アクセス）

• Association for Citizenship Teaching , "Teaching Citizenship Issue 41", 2015,

http://www.teachingcitizenship.org.uk/issuu/teaching-citizenship-issue-41

• International　IDEA

http://www.idea.int/（2015 年 12 月 15 日アクセス）

• Mock Elections UK

http://mockelectionsuk.tumblr.com/（2016 年 2 月 15 日アクセス）

• ProDemos

https://www.prodemos.nl/（2015 年 12 月 15 日アクセス）

• UK Parliament "Election Toolkit"

http://www.parliament.uk/education/teaching-resources-lesson-plans/election-toolkit-/（2016 年 2 月 15 日アクセス）

2 ドイツの政治教育

(1) 歴史的背景

　現在のドイツの政治教育は、ナチスが民主主義的なワイマール憲法の下で合法的に政権を簒奪し、人類に想像を絶するような惨禍をもたらしたことへの反省から始まった。第2次世界大戦終了当時、英米仏露の戦勝4か国は、ドイツの教育制度からナチズムと軍国主義を完全に除去し、民主主義を普及させなければならないという点では、意見が一致した（ポツダム協定）。そこでまず、ドイツのすべての学校は、公民としての責任と民主主義的な生活様式の教育に最大限の重点を置くべきであるとされたのである（連合国管理理事会指令）。

　とりわけ、アメリカは、その占領地域において、ドイツ国民の「再教育 Re-education」と学校への「政治教育」の導入を熱心に進めた。

ドイツの概要

人　　口	8,094万人（2014年）
面　　積	35.7km^2（日本の約94%）
首　　都	ベルリン（約343万人）（2012年, 連邦統計庁）
政　　体	連邦共和制（16州:旧西独10州, 旧東独5州及びベルリン州。1990年10月3日に東西両独統一）
議　　会	連邦議会（定数598）と連邦参議院（69議席）との二院制
選挙権年齢	18歳
被選挙権年齢	18歳

出典：外務省ホームページ

　西ドイツ全域においては、1950年6月、各州文部大臣常設会議が学校教育における特別科目としての「政治教育」の開始を決議している。

　1952年11月、学校における政治教育と歩調を合わせつつ、国民全体に対する政治教育を行うための機関として、連邦内務省に「連邦祖国奉仕センター」が設立された（1963年、現在の「連邦政治教育センター」に名称を変更）。

　1976年、バーデン・ヴュルテンベルク州の政治教育センターがドイツ南部の町で主催した集会において、政治教育学者等がその対立を乗り越えて、有名な「ボイテルスバッハ・コンセンサス」と呼ばれる政治教育の原則について合意した（後述）。

　1990年の東西ドイツ統一に際して、それまで共産主義体制下にあった旧東ドイツの地域に5つの新州が誕生し、西ドイツ地域と同様、各州の学校と政治教育センターにより、政治教育が進められることとなった。

　2003年には、「政治教育学および青少年・成人政治教育のための学会」が政治教育

のためのナショナル・スタンダードを定め、今日のドイツの学校における政治教育の指針となっている（後述）。

⑵　連邦と州の政治教育センター

　前述したように、1952 年以来、ドイツでは、連邦政治教育センターが政治教育における重要な役割を担っている。同センターは、連邦内務省に属する行政機関であり、ボンに所在している。その任務は、政治状況についての理解を促進し、民主主義的意識を強固にし、ならびに政治的な参加意欲を強化することである（同ホームページ。以下同じ。）。

　同センターには、連邦内務大臣の任命するセンター長が置かれ、センター全体を指揮監督するとともに、法的事項についてこれを代表する。

　また、同センターには、政治教育の基本的事項について審議するため、連邦内務大臣が 4 年の任期で任命する 12 人以内の専門委員で構成される諮問委員会が置かれている。

　同センターには、さらに、連邦議会の各会派の提案に基づき、同議会議長が任命する 22 人の議員からなる理事会が置かれ、同センターの政治的立場の均衡とその業務の政治的効果について監理する。

　センター長は、毎年度の予算、計画および活動報告を理事会に提出し、その意見を求める。センター長は、すべての重要な計画ならびに諮問委員会の勧告および意見について、適時に、理事会に説明しなければならない。

　センターは、州の管轄に関係するすべての事柄において、州の最高官庁と密接な連携をとるものとされている。

　また、16 の州の首相府または内務省には、それぞれ州の政治教育センターが設置され、連邦政治教育センターと同様、活発な活動を行っている。

　連邦政治教育センターと各州の政治教育センターは、民間の政治教育団体、マスメディアなどとも連携して（図表1）、政治情報に関する刊行物や学校に対する政治教材等の提供、教員やジャーナリスト、政治家などを対象とするセミナー、児童生徒による政治教育コンクール等を積極的に展開している。

【図表 1】　ドイツの政治教育とその関係機関

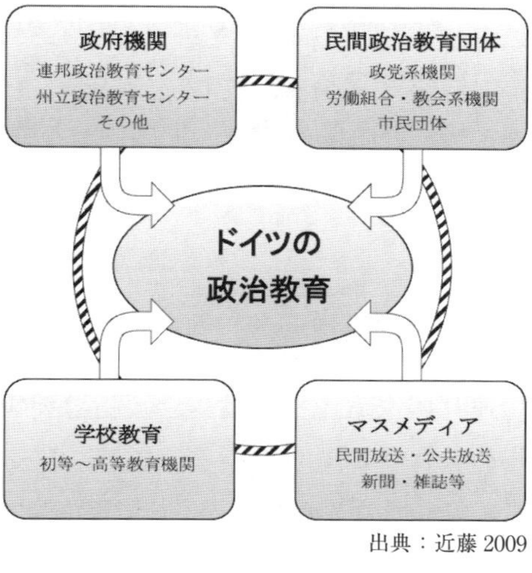

出典：近藤 2009

　連邦政治教育センターのホームページ（第 1 面）だけを見ても、現下の諸問題につ

いていかに、詳細で分かりやすい解説が多数掲げられているかが分かる（図表2）。

たとえば、ニュース風の入れ替わり画面で、「10月18日、スイスの選挙日」「ウクライナ」「ヒトラー『わが闘争』」「イスラムという概念」「1960年10月15日、アメリカがキューバに対する輸出入禁止措置を実施」といった記事が掲げられ、現下の政治問題に関係する情報を分析、解説している（2015年10月22日現在）。

その下の画面では、「Pegida（西洋のイスラム化に反対する欧州愛国者）」「（学校の先生向けの）歴史教育のQ&A」「ドイツの政党」「CDU（キリスト教民主同盟）」「SPD（社会民主党）」「左翼党」「緑の党」「バイエルンのCSU（キリスト教社会同盟）」の記事が並び、次いで「ウクライナの石炭産業」「コメンタール：ウクライナにおけるビジネス天気」「ロシアにおける婦人の状況」「婦人の権利は、人権か?」「スターバックスそれともカフェオレ：ワシントンとブリュッセルにおけるロビー活動の比較」「難民と報告」「難民受け入れ」「難民と亡命（の違い）」「（難民児童・生徒）歓迎クラスのための教材」「ドイツ統一25周年」等の解説記事へのリンクが並ぶ。

そして、最後の段落には、2015年10月21日から3日間、ウルムで地域の諸課題についてのパネルディスカッションが、同年11月4日、ベルリンでネオナチ組織に関する討論会が、同月5日からは、ボンで青少年メディア大会が開かれる予定であることが紹介されている。

また、画面の右の欄では、「外国人敵視」の解説、同センターの様々な出版物の紹介、難民についてのレポート、パレスティナ問題、FIFAの汚職、ナチ犯罪者に対する捜査を扱った映画の紹介、世界各国の戦争予算の状況等国内外の政治を理解するための情報、解説を提供している。

【図表2】 連邦政治教育センターのホームページ

出典：同ホームページから一部抜粋
2015年10月22日採取

(3) 学校教育

連邦国家ドイツでは、学習指導要領や教科書の検定を含むすべての教育権限は16州の教育省に属している。また、学校制度も、わが国とはかなり異なり、1年時から4年時までの基礎学校から上の段階になると、基幹学校、実科学校およびギムナジウムの3つの進学コースが並立している州が多い。

学校教育においては、前述のように、1976年の「ボイテルスバッハ・コンセンサス」

により、政治教育の3原則が確立された（図表3）。

これにより、生徒に自分自身の意見や政治的ポジションをもたせることが、政治教育の目標とされ、そのため、「生徒が意識していない問題、無意識のうちにタブー化している論点を意識的に取り上げ、常に教室の中に対立軸がある状態を保つことが重要だと考えられて」おり、「場合によっては、教師が特定の政治的な立場をとり、生徒に対して自分の意見を表明することになる」（近藤2005）。

さらに、2003年には、前述したように、「政治教育学および青少年・成人政治教育のための学会」が各州における政治教育課程の作成と授業実践の参考としてナショナル・スタンダードを定め、①政治的判断能力、②政治的行為能力、③方法的能力の3つの能力を養うことを提言した。

このうち、政治的判断能力としてはとりわけ9つの能力が、政治的な行為能力としては9つの能力が、方法的能力としては5つの能力が要求されている（図表4）。

実際のドイツの学校における政治教育では、州によって名称は異なるが、政治科や社会科などの政治教育教科がカリキュラムの中心に位置している。加えて、歴史科が特に重要な意味を持つとされ、ドイツの政治教育

【図表3】 ボイテルスバッハ・コンセンサスにより確立された政治教育の3原則

(1) 生徒を圧倒することの禁止（教師は自分の考えを生徒に押しつけてはならない）
(2) 学問的、政治的に論争がある事柄は、論争があるものとして伝えなければならない
(3) 政治教育は生徒一人ひとりが自分の関心や利害に基づいて、政治に影響を与えることができるような能力を身につけさせる

【図表4】 ナショナル・スタンダードで養うことを提言された3つの能力

政治的判断能力	(1) 自分にとって政治的な意思決定が持つ重要性を認識する能力
	(2) 複雑な政治問題を構造的に把握し、そのうえで中心的な論点を取り出す能力
	(3) 政治を多面的に、具体的にはその内容的側面（policy）、制度的側面（polity）、過程の側面（politics）から見る能力
	(4) 個々の政治的決定の意図しない結果を問う能力
	(5) 個々の政治的決定が経済的－社会的、または国家的－ヨーロッパ的－世界的次元でもつ意味を問う能力
	(6) 日々の政治的対立を、中長期的な政治的－経済的－社会的視点から分析する能力
	(7) 政治・経済・社会・法における具体的な諸問題を、現在および過去の政治思想と関連づけて理解し、自分自身の理解と比較する能力
	(8) 現実の政治的問題や決定を、民主主義の基礎的価値と関連づけ、批判的に考察する能力
	(9) メディアが政治を演出する論理とメカニズムを分析する能力
政治的行為能力	(1) 自分の政治的意見をたとえ少数派であっても客観的かつ説得力のある形で主張する能力
	(2) 政治的対立の持つ緊張に耐え、また場合によっては妥協する能力
	(3) 投書やウエブサイトなどのメディアを利用して政治的－経済的－社会的問題について意見を述べる能力
	(4) 自らの消費行動について反省的に振り返る能力
	(5) 他者の視点に立って考える能力
	(6) 文化的・社会的多様性を尊重し、差異に対して寛容かつ批判的に考える能力
	(7) 政治経済情勢を視野に入れて自らの経済的展望を持つ能力
	(8) 学校を含む様々な社会的状況の中で、自らの利害を認識する能力
	(9) 様々な社会的状況において、効果的に行動する能力
方法的能力	(1) 文章や図表等の読解力
	(2) 作業におけるスケジュール管理能力
	(3) 集団で協力して作業を進める能力
	(4) メディア活用能力
	(5) インタヴューやアンケート調査を行う能力　　など

訳は近藤2005による。

のコアの一部をなしている。そして、そのコアの周りに宗教・倫理、地理、自然科学、芸術、スポーツなどの、その教育内容の一部が政治教育と関係する教科群が位置している（近藤 2009）。

また、ドイツの学校現場では、特に実践的な取組として「Wahl-O-Mat」を用いた授業とジュニア選挙が行われている。

このうち「Wahl-O-Mat」は、連邦政治教育センターが開発し、ホームページで公開しているボートマッチであり、選挙の争点についての約 30 項目の質問に対する自分の答えを順に選択すると、自分と各政党との見解との一致度が分かるようになっている。

次に、ジュニア選挙は、第 7 学年以上 18 歳未満の生徒を対象としてドイツの多くの学校で取り組まれている模擬投票である。その特徴は、実際の選挙に際し特別に用意された教材を使用して模擬投票の前、3 ～ 4 週間にわたって必ず事前授業が行われていることである（以上、近藤 2009）。

以上、ドイツの政治教育は、政治をきれいごととしてのみ捉えるのではなく、「論争がある事柄は、論争があるものとして伝え」、「常に教室の中に対立軸がある」ことを重視することにより、単に政治の理解を促すというだけでなく、それに対する各人の判断力と行動力を育成し、ひいてはドイツ国民全員の意識と行動に民主主義を根付かせることを目指して行われているといえよう。

片木　淳（早稲田大学政治経済学術院教授）

参考文献

- 近藤孝弘『ドイツの政治教育 成熟した民主社会への課題』（岩波書店、2005 年）
- 同上「ドイツにおける若者の政治教育－民主主義社会の教育的基盤」（『学術の動向』Vol. 14（2009）No. 10）
- ドイツ連邦政治教育センター「政治教育」（同 HP "Gesellschaft | Kultur | Politische Bildung"、2015.10.22 閲覧）
- Joachim Detjen "Politische Bildung"（アデナウアー財団HP「Politische Kultur in Deutschland und Italien」、2015.10.21 閲覧）
- Wolfgang Sander "Handbuch Politische Bildung"（WOCHENSCHAU　Verlag、2005 年）

3 イギリスの政治教育

(1) 歴史的背景

イギリス^(注1)では、2002年からシティズンシップ教育が中等教育^(注2)における必修教科として採用されている。シティズンシップ教育の必修教科化に当たっては、シティズンシップ諮問委員会（Advisory Group on Citizenship）による「シティズンシップのための教育と学校で民主主義を学ぶために（Education for citizenship and the teaching of democracy in schools）^(注3)」（以下「クリック・レポート」という。）が大きな影響を及ぼしている。

同レポートに至るまで、イギリスにおけるシティズンシップ教育は、高い関心が向けられていたとは言えない状況にあった。しかしながら、1990年代から21世紀初頭にかけての社会状況がこの状況を一変させた。具体的には、若者の疎外^(注4)による若者の政治離れ

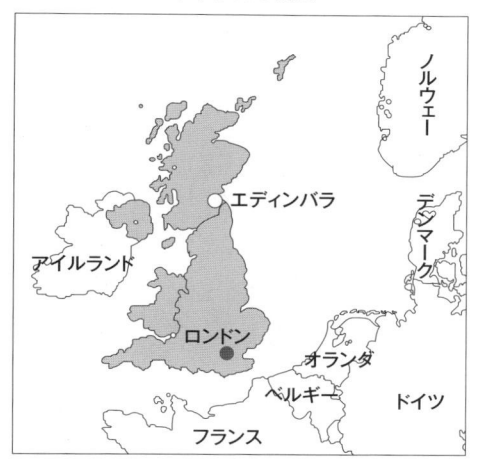

イギリスの概要

人　口	6,411万人（2013年）
面　積	24.3万km²（日本の約3分の2）
首　都	ロンドン（人口約842万人、2013年）
政　体	立憲君主制
議　会	上院（貴族院）及び下院（庶民院、定数650）の二院制
選挙権年齢	18歳
被選挙権年齢	18歳

出典：外務省ホームページ

や非行といった諸問題、移民の増加によるイギリス社会の多文化・多民族社会化とそれに伴う国民の間での共通の認識・価値観を共有することの要請、スコットランドやウェールズにおける自治政府の誕生とEU統合といった国家などのナショナル・アイデンティティの再検討を迫る出来事などが重なったことが挙げられる。このような状況において、シティズンシップ教育が地方や学校ごとにそれぞれの判断でばらばらに行われている状況が問題視され、シティズンシップ教育が義務化されることになった

(注1) イギリスは、イングランド、ウェールズ、スコットランド及び北アイルランドから構成されるが、本稿ではイングランドを対象として報告する。

(注2) イギリスの義務教育は、初等教育（KS1：5-7歳、KS2：8-11歳）、中等教育（KS3：12-14歳、KS4：15-16歳）に分けられる。

(注3) 同報告書の訳は、複数存在しているが、本稿では監訳書にならい、文中の表記を採用する。

(注4) クリック・レポートでは、若者の疎外感の結果、怠学、破壊行為、無差別暴力、計画的犯行、薬物利用等が生じているとされている。

のである。

(2) シティズンシップ教育の仕組み

イギリスにおけるシティズンシップ教育には、クリック・レポートの内容が多く反映されている。クリック・レポートにおいて目指された市民像は、社会に影響を及ぼす意思・能力・知識を有し、情報を慎重に評価できる批評眼を持つ行動的市民（Active Citizen）であり、シティズンシップの構成要素として次の3点が示されている。

【図表1】　シティズンシップの構成要素

社会的・道徳的責任	子どもたちが極めて初期の段階から、権威のある者ならびにお互いに対して、自信ならびに社会的・道徳的責任を伴う態度を教室の内外において身につけること。
社会参加	児童・生徒が自分たちの社会における生活や課題について学び、それらに有意義な形で関われるようになること。社会参加・社会奉仕活動を通じた学習もここに含まれる。
政治的リテラシー	児童・生徒が知識・技能・価値観を通じて、市民生活について、更には自身が市民生活において有用な存在となるための手段について学ぶこと。

また、シティズンシップ教育において習得すべき具体的な内容（本質的要素）は「主要概念（シティズンシップ教育の土台となる概念）」「価値観と性質」「技能と適性」「知識と理解」の4つの観点から、図表2のとおり整理されている。

これらの要素ついては、教育段階ごとの到達目標が具体的に示される一方で、学習課程の設計は学校に委ねられている。学校に裁量を与えることで、地域の状況や特有の課題に対応することや他教科や各学校の優れた実践との連携を具体化することが企図されている。

その後、移民の急増や2001年のアメリカ同時テロ以降の社会の不安定化をきっかけに多様性の問題に関心が高まり、イギリス人らしさに対する議論が活発化した。そして、2008年のカリキュラム改訂では、教科としてのシティズンシップの構成要素に、「アイデンティティと多様性」が4つ目の柱として取り込まれている。[注5]

先述のように、教科としてのシティズンシップは、2002年から中等教育において必修化されている[注6]。ただし、必ずしも時間割において特定の時間を設けて学ぶ必要はなく、「歴史」や「人格・社会・健康教育（PSHE：Personal, Social, and Health

---

（注5）改訂にあたっては、教育技能省の委託を受けて、キース・アジェクボ氏を長とする、カリキュラム・レビュー・グループによる『カリキュラム・レビュー：多様性とシティズンシップ』（『アジェクボ・レポート』）が大きな影響を及ぼしている。（奥村牧人「英米のシティズンシップ教育とその課題―政治教育の取組みを中心に―」、2009年）

（注6）初等学校においては、「人格・社会・健康教育（PSHE）」に含めるものとして必修科目に準ずるものとして位置付けられている。

【図表2】 シティズンシップ教育において習得すべき内容

主要概念	価値観と性質	技能と適性	知識と理解
■民主主義と専制主義 ■連携と対立 ■平等性と多様性 ■公平性、正義、法の支配、規範、法律および人権 ■自由と秩序 ■個人と社会 ■権力と権限 ■権利と義務	■公益への関心 ■人間の尊厳と平等性への信頼 ■紛争解決への関心 ■思いやりある理解に基づき、他者と協力したり他者のために働いたりする性質 ■責任ある行動をとる性向：例えば他者や自身への気遣い、自身の行動が他者に対してもたらすであろう影響についての事前の考察と予測、想定外のあるいは不運な結果に対する責任の受諾 ■寛容な態度の実践 ■道徳規範に基づく判断や行動 ■考えを主張する勇気 ■議論や証拠を踏まえて自身の意見や態度を抵抗なく変更できる姿勢 ■個人の自発性と努力 ■礼節と法の支配の尊重 ■公平に振る舞う姿勢 ■機会均等と男女平等の尊重 ■積極的なシティズンシップへのコミットメント ■ボランティア活動への参加 ■人権への関心 ■環境に対する配慮	■理路整然とした議論を口頭・文書の双方により展開する能力 ■他者と協力し効果的に働く能力 ■他者の経験や視点を考察し正当に評価する能力 ■異なる見解を容認する能力 ■問題解決に向けた取組を展開する能力 ■情報収集の際に最新のメディアや科学技術を慎重に利用する能力 ■目前に提示された証拠に対する懐疑的な姿勢と新たな証拠を模索する能力 ■操作や説得の方法を認識する能力 ■社会的・道徳的・政治的な課題や情勢を認識し、それに反応し、影響を与える能力	■地域・国・EU・イギリス連邦・国際レベルの時事的・現代的な問題や出来事 ■機能・変化のあり方をはじめとする民主主義社会の変質 ■個人・地域・ボランティア団体の相互依存関係 ■多様性・意見の相違・社会的対立の本質 ■個人や社会の法的・道徳的権利および責任 ■個人や社会が直面する社会的・道徳的・政治的課題が有する特質 ■機能・変化のあり方をはじめとする地域・国・ヨーロッパ・イギリス連邦・国際レベルにおけるイギリスの議会政治体制および議院法規制度 ■社会における政治的行為および自発的行為の性質 ■消費者・被雇用者・雇用者・家族および社会の一員として市民が有する権利と義務 ■個人や社会との関連性を有する経済制度 ■人権憲章と人権問題 ■持続可能な開発と環境問題

Education)」「宗教教育」といった単一の教科において学ぶこともあれば教科外活動、特別活動などを利用して学ぶこともあるなど、各学校の裁量が反映されている。

　なお、シティズンシップは、2013年のカリキュラム改訂において、必修教科から外れることも検討されたものの、引き続き必修教科として設定されている[注7]。

(注7) 藤井泰「イギリスにおける連立政権によるナショナルカリキュラムの見直しの動き―『ナショナルカリキュラムの枠組み』（2011年）を中心に―」松山大学論集第24巻第6号、2013年、citizenship foundation「Citizenship is here to stay! Reactions to the DFE final National Curriculum for 2014」http://www.democraticlife.org.uk/2013/09/18/citizenship-is-here-to-stay-reactions-to-the-dfe-final-national-curriculum-for-2014/

(3) シティズンシップ教育の原則

　意見の分かれる問題（controversial issues）は、それ自体が社会における重要な事柄であり、成人となるための準備として知っていてしかるべきものと考えられている。そのため、意見の分かれる問題を取り扱う場面が現れることを想定し、教授方法として一定の原則が示されている[注8]。本節では、クリック・レポートに記されたこれらの原則について確認する。

　はじめに、偏見や先入観を伴う危険性を避けるために自制するべきポイントとして、次の事項が挙げられている。

【図表3】　偏見や先入観を伴う危険性を避けるために自制するべきポイント

○証拠となる事実や事柄についてある特定のもののみを強調し、結果として当該事項を、それと同等の意義を有する他の情報以上に重要視すること。
○ある情報をあたかも別の解釈や見方ないしは反駁（ばく）が不可能であるかのように提示すること。
○自身が「事実」に関することのみならず意見に関しても唯一の拠り所であるかのように振る舞うこと。
○意見やその他の価値判断をあたかも事実であるかのように提示すること。
○他者に対する見解について、各種利益団体それ自体が表明した実際の要求や主張を示さずに、自身の考える根拠を提示すること。
○自身の好みを表情・身振り・口調などで表すこと。
○討論の際に特定の人物のみに発言の機会を与える、あるいは全ての児童生徒に自分の見解を表明する機会を与えないことで、自身の好みを暗に示すこと。
○あまりにも簡単に生じた意見の一致に対し、疑問を呈する姿勢をおろそかにすること。

　そして、これらの事項を踏まえた上での授業における振る舞い方として次の3つの類型が示されている。

【図表4】　授業における教員の振る舞い方

中立司会者 （Neutral Chairman）型	教員は一切の個人的見解や傾倒を表明してはならず、多種多様の証拠が検討の対象とされ、またあらゆる類の意見が表明されるよう努めつつ、議論のまとめ役としての役割のみを演じる。
均衡 （Balanced）型	問題に関する全ての見解を確実に押さえた上で、児童・生徒が自身の判断を下すための足掛かりとして、様々な別の見解に対し自分の意見を表明することが要求される。自分自身ないしはクラス全体が意見を異にする見解についても、できるだけ説得力のある形で提示するよう努めなければならない。
明示参加 （Stated Commitment）型	議論の促進を図る目的で最初から自身の見解を率直に表明し、それに対し児童・生徒は賛成又は反対を自由に表明することが望まれる。

　これらの類型には、それぞれ長所／短所が存在しており、教員はこれらの類型をベー

（注8）クリック・レポートでは、「情報に基づいた開放的な論議は健全な民主主義にとって何より不可欠なもの」と位置付けている。

スとして改良を加え、最も効果的と思われる指導法を実践していくことが要請されている。最後に、偏見や先入観が伴う危険性を回避するためのチェックリストを紹介する。

【図表5】 偏見や先入観が伴う危険性を回避するためのチェックリスト

□ この問題の主たる特徴および原因とされる事柄は何か。
□ これらの事柄は通常、どういった場面で、誰によって、どのように解決されるのか。
□ この問題は他の方法によって解決され得るのか。
□ この問題と密接な関係を有する主要団体はどこであり、彼らは何がなされるべきであると述べているのか。またなぜそのような主張をするのか。
□ 彼らが有する利害関係や価値観とはどのようなものか。彼らの政策がもたらすであろう影響とはどのようなものか。
□ どのように説得されれば人々は行動を起こしたり考えを変えたりするか。
□ 情報の正確性についてはどのように調査すればよいか。また追加の証拠や別の意見はどこで得ることができるか。
□ この問題はどのような形で我々に影響を及ぼすのか。また我々はどのような形で自身の見解を表明し、結論を導くに当たり影響力を有することができるのか。

イギリスにおいても意見の分かれる問題を学校教育で取り扱うことについては、様々な立場からの懸念が示されている。そのような状況において、イギリスにおけるシティズンシップ教育では、これらの問題を取り上げることを避けるのではなく、取り上げる上での原則を示すことで、教員が取り組みやすくなる環境を作り出すアプローチが採用されている。

(4) 模擬選挙の取組

イギリスのシティズンシップ教育では、模擬選挙も広く行われている。例えば、あるKS4（15〜16歳次の中等教育）の教科書では、「政党と選挙」の単元において、模擬選挙を含んだ選挙や投票に関する学習が取り組まれている[注9]。

同カリキュラムは、「事前学習」「模擬選挙」「振り返り」の各段階に分けられている。

事前学習では、世界には選挙で選ばれていない政府が権力を持っている国があることや、選挙における自由や公正の重要性、自由で公正な選挙の条件は何か、といったことをワークシートを用いながら学習する。

(注9) 以下の記述は、新井浅浩「イギリスのシティズンシップ教育」(2007年)、明るい選挙推進協会ウェブサイト [http://www.akaruisenkyo.or.jp/citizenship/]（2015年12月27日アクセス）による。

例えば、自由で公正な選挙の条件を考える際には、選挙の条件はこれまでも多くの努力によって整えられてきたことを確認した上で、次に示すような項目が、「基本的なもの」「望ましいもの」「必ずしも必要ないもの」のどれに当てはまるのかを分類し、議論していく。

【図表 6】　自由で公正な選挙の条件の選択肢

> 政党や候補が一つ（一人）以上あること／秘密選挙であること／男女とも選挙権があること／子どもに選挙権があること／候補者や政党は自分たちのマニフェストを公開し、もし選出されたら何をしたいかを皆に伝えること／候補者はテレビのコマーシャルなど選挙のキャンペーンに好きなだけお金を使えること／候補者や政党がキャンペーンに使える金額には厳格な制限があること　等

　その後、政党の意義や機能と選挙における政党の働きを学んだ上で、実際にイギリスに存在する政党についてどのような政策を掲げているかについて、ウェブサイトにアクセスして学ぶ。

　次に、模擬選挙の段階に進み、生徒たちがグループ（政党）を結成し、重視する政策課題を決め、マニフェスト、演説の草稿・ポスター作製、報道担当、立候補者（役）の役割を決め、クラス全体で選挙のキャンペーンを実施する。投票方法についても、生徒達で話し合い、代表者の選出方法（比例代表制か多数代表制か）や選挙監視の方法などを決め、実行するものとされている。

　なお、民主的な討議のための基本原則として、次の事柄がクラスで共有されるべきとされていることも注目に値する。

【図表 7】　民主的討議のための基本原則

正　直	意見を持ち見解を表明できることは人間の基本的権利です。
寛　容	討議とは対話です。他者の見解は聴かなければならないし、きちんと取り上げられなければなりません。
異質なものへの尊重	グループの誰もが等しく価値があり、けなされるべきではありません。
思いやり	発言する前に考えましょう。あなたの意見が人を傷つけるような表現の仕方になっていないか確認しましょう。自分の意見に根拠を持つようにしましょう。

　最後に、振り返りの段階では、選挙を実施して明確になった問題点について、クラスで討議を行うこととされている。

　模擬選挙の取組に対しては、様々な団体が支援を行っている[注10]。例えば、イギリス議会は、模擬選挙用のツールキットを作成し、ウェブサイトを通して配信している。議会制度に関する知識と理解の普及を目的とするハンサード協会は、学校での模擬選挙の取組のネットワーク化を進め、全国的な取組としている。シティズンシップ教育に取り組む教員のための団体である ACT（Association for Citizenship Teaching）では、総選挙のタイミングに合わせて、授業の指導プランや有益な外部リソースの紹介、選挙の争点解説記事などを発信している[注11]。また、同団体は、模擬選挙に限らず広

【図表8】 シティズンシップ教育に使用できる教材のダイジェスト集

Democracy and government

Phase	Title and publisher	Details
Primary	'Stories from Parliament' (Parliament Education Service)	www.parliament.uk/education/teaching-resources-lesson-plans/gunpowder-plot-part-1/ This is a series of audio dramas that each tell a story from Parliament's past. Each episode is accompanied by specially commissioned illustrations and images from the Parliamentary art and archive collections that bring stories to life.
Primary	Go-Givers (Citizenship Foundation)	www.gogivers.org/teachers/lessons/ks-2/democracy/ This is a three-part module explaining democracy in simple terms. It looks at how children can participate, and involves them in creating a new political party. It includes a short history of the suffragette movement.
Key stage 3 to Post 16	'Parliament and Government' (Parliament Education Service)	www.parliament.uk/education/teaching-resources-lesson-plans/parliament-and-government-whiteboard/ This whiteboard resource for key stage 3 to post 16 helps students explore the differences between parliament and government using interactive learning tools.
Key stages 3 and 4	'ACT Curriculum briefing 1 – The Electoral system and political parties' (Association for Citizenship Teaching)	www.teachingcitizenship.org.uk/member-resource/topic-guide-1-electoral-system-and-political-parties This briefing on The Electoral System and Political Parties is part of a series of guides produced by ACT to support the revised National Curriculum for Citizenship 2014. It is available free to members of ACT.
Key stages	'MP for a week –	www.parliament.uk/mpforaweek

Phase	Title and publisher	Details
Key stage 4/GCSE	Political Party websites and broadcasts	www.conservatives.com action.labour.org.uk/with-us www.libdems.org.uk www.ukip.org www.greenparty.org.uk www.snp.org www.plaidcymru.org www.mydup.com www.sinnfein.ie
Key stage 4/GCSE	Democracy Cookbook (Electoral commission)	cmsnew.pdst.ie/sites/default/files/Democracy%20Cookbook%20Part%202%20Recipes.pdf This resource which includes a range of teaching and learning activities as 'recipes' for democracy was developed by the electoral commission. It is now only available via other websites.

出所：http://www.teachingcitizenship.org.uk/home（2015 年 12 月 27 日アクセス）
"Resources and materials to support the revised National Curriculum for Citizenship 2014– a digest for teachers Association for citizenship Teaching" より抽出。シティズンシップ教育において使用できる教材のダイジェスト・リンク等が紹介されている。

くシティズンシップ教育に関わっており、シティズンシップ教育を担当する教員へのトレーニングや教材の提供、政策提言などの活動を行っている。

　ほかにも、Citizenship Foundation なども、政策提言やシティズンシップ教育に関する教材の開発などを行っている。イギリスにおけるシティズンシップ教育では、地域との協働に関する実践も重視されており、これらのコーディネートに大きな役割を果たしている団体もある。これらの団体間では、活動の連携も図られており、シティズンシップ教育が学校だけの取組となっていないことが分かる。

(注10) 本文では取り上げていないが、模擬選挙には政党も協力している。例えばハンサード協会による模擬選挙サイトでは、様々な党の候補者が生徒達と交流する様子を確認することができる。[http://mockelectionsuk.tumblr.com/] また、少し古くなるが、1997 年のイギリス総選挙においても、模擬選挙のために高校生が候補者の演説会に参加したり、政党が模擬選挙に向けた資料集を用意していることが報告されている。（横江久美「グローバル社会を生き残るために、今こそ子供政治教育を考えよう」松下政経塾　塾生レポート、1998 年、[http://www.mskj.or.jp/report/559.html]（2015 年 12 月 27 日アクセス））

(注11) Teaching Citizenship Issue 41 [http://www.teachingcitizenship.org.uk/issuu/teaching-citizenship-issue-41]（2015 年 12 月 27 日アクセス）において詳しく紹介されている。

(5) まとめ

　イギリスのシティズンシップ教育の特徴として、多様な主体によって若者のエンパワーメントが図られていることが挙げられる。そこでは、若者一人ひとりが社会に参加できるようになるために、知識に加えて、スキルや価値観を取得する取組が設計されている。特に、授業においてもディスカッションなどを活用することで、一方的な教示形式とならないように工夫がなされている。

　また、これらの活動は学校と生徒の二者の関係性においてのみ行われるのではなく、市民団体や政党など、様々な主体の理解、サポートのもと重層的に行われている。そのような重層的な取組が、義務教育の各段階において取り上げられることで継続的に学ぶことのできる環境を作り上げている。

　このように、イギリスにおいては社会に対して自ら働きかけていく行動的な市民の育成に向け、多様な主体が重層的かつ具体的な取組を重ねていることが確認できる。

原口　和徳（埼玉ローカル・マニフェスト推進ネットワーク）

参考文献

- 新井浅浩「イギリスのシティズンシップ教育」(2007 年)、明るい選挙推進協会 web サイト〔http://www.akaruisenkyo.or.jp/citizenship/〕
- 奥村牧人「英米のシティズンシップ教育とその課題—政治教育の取組みを中心に—」『青少年をめぐる諸問題』国立国会図書館、2008 年
- 窪田眞二「必修教科「シティズンシップ」で参加・フェア・責任をどう教えるか？」、嶺井明子編『世界のシティズンシップ教育－グローバル時代の国民／市民形成－』、東信堂、2007 年
- 長沼豊／大久保正弘　編著『社会を変える教育』Keystage21、2012 年
- 藤井泰「イギリスにおける連立政権によるナショナルカリキュラムの見直しの動き—『ナショナルカリキュラムの枠組み』(2011 年) を中心に—」松山大学論集第 24 巻第 6 号、2013 年
- 堀内かおる「英国における子どもの人格的・社会的発達支援教育の様相－ PSHE（Personal, Social, and Health Education）をめぐる歴史・社会的背景と教育現場の状況－」、横浜国立大学教育人間科学部紀要 I（教育科学）6 巻、2004 年
- "Resources and materials to support the revised National Curriculum for Citizenship 2014– a digest for teachersAssociation for citizenship Teaching", Association for citizenship Teaching, 〔http://www.teachingcitizenship.org.uk/home〕
- "Teaching Citizenship Issue 41", Association for citizenship Teaching, 〔http://www.teachingcitizenship.org.uk/home〕
- Citizenship Foundation〔http://www.citizenshipfoundation.org.uk/〕
- Volunteering Matters,〔http://volunteeringmatters.org.uk/〕
- Department for Education, "National curriculum in England: citizenship programmes of study for key stages 3 and 4", 2013,〔https://www.gov.uk/government/publications/national-curriculum-in-england-citizenship-programmes-of-study/national-curriculum-in-england-citizenship-programmes-of-study-for-key-stages-3-and-4〕

4 アメリカの政治教育

(1) 歴史的背景

アメリカにおけるシティズンシップ教育の源流は、19世紀末頃に見ることができる。当時、世界各国から大量に流入するようになった移民を「アメリカ市民」の一員として統合していく過程において形作られてきたものである。1916年には、全米教育協会中等教育再編委員会による「中等教育における社会科」において教科として扱う内容が明記され、学校におけるシティズンシップ教育の基礎となった[注1]。

その後、シティズンシップ教育の中身は時代と共に変化していくが、本書において重視している能動的な市民像としては1960年代中盤以降の変化が重要である。ベトナム戦争や公民権運動を前にして、「一人の有権者として国のために何ができるのか」を考え、それを実行する術を教えるという方向性が生まれたのである。その結果、アメリカの民主主義社会に対する基本知識の学習に加えて、争点の設定、議論、現場体験といった民主主義に参加する技術も学ぶようになったのである。

近年、個人と社会とのかかわりの希薄化のみならず、2001年のアメリカ同時テロ以降、社会の不安定さが増大している。そのような時代背景の中で、異なる意見や背景を理解し、尊重した上で、アメリカ人として合意形成する能力の必要性が高まっている。そのことは、同時にシティズンシップ教育を後押しする機運へとつながっている[注2]。

アメリカ合衆国の概要

人 口	3億875万人（2010年4月　米国国勢局）
面 積	962.8万 km²（日本の約25倍）
首 都	ワシントン D.C.
政 体	大統領制、連邦制（50州他）
議 会	上院（100議席）と下院（435議席）との二院制
選挙権年齢	18歳
被選挙権年齢	25歳

出典：外務省ホームページ

(注1) 同文書では、第8、9学年で教える「市民科」の目的・内容が明記され、第12学年の生徒を対象に「民主主義の諸問題」というコースの設置が提起された。

(注2) アメリカにおけるシティズンシップ教育の歴史及び枠組みに関する記述は、奥村牧人「英米のシティズンシップ教育とその課題―政治教育の取組みを中心に―」『青少年をめぐる諸問題』国立国会図書館、2008年及び横江久美『判断力はどうすれば身につくのか』PHP新書、2004年などによる。

(2) シティズンシップ教育の仕組み

　アメリカにおいて、教育は連邦政府ではなく各州が所管している。一般的なスタイルは、州が一定の基準を示し、具体的な内容は郡や学校区等で決定するものであり、連邦政府は、望ましい政策やプログラムに補助金を出すという形で関与するのみである。

　1994年に成立した「2000年の目標：アメリカ教育法[注3]」（以下「1994年アメリカ教育法」という。）では、連邦政府は各州に教育スタンダードの作成を促した。これを受けて、非営利団体の市民教育センター[注4]（Center for Civic Education）が連邦教育省等の支援を受けて策定した「市民科と政治の全米共通スタンダード（National Standards for Civics and Government)」は、同分野において大きな影響力を及ぼしている。

　同スタンダードは、シティズンシップ教育は「アメリカの教育目標の中心であり、健全なアメリカ民主主義にとって不可欠なものである。」と明記し、「内容」「スキル」「資質」のカテゴリーで編成されている[注5]。また、1994年アメリカ教育法では、スタンダードへの到達度を図る学力調査が行われている。この学力調査も、学習の到達度について各州に説明責任を求めたため、各学校におけるシティズンシップ教育の内容をある程度方向付ける役割を果たしている。

　アメリカにおけるシティズンシップ教育の内容は各州の定めるスタンダードを通して確認することができるが、一例として、メイン州のスタンダードを掲載する[注6]。各州のスタンダードを検討すると、「知識」に関するものが大半であり、技能や資質を含むスタンダードを有する州は限られていることが報告されているが、メイン州のスタンダードには全ての要素が記載されている。

(注3) 同法については、様々な訳があてられているが、本書では「2000年の目標：アメリカ教育法」にて統一する。

(注4) 当該機関の名称について、本書で参照している文献内でも複数の訳があてられているが、本文中は、市民教育センターにて表記を統一する。

(注5) 同スタンダードの中身については、唐木（2007）に詳しい。「内容」の項目は、アメリカの政治性の基本は何か等、政治に関する学習が中心となっている。また、「スキル」には、説明、分析といった知的スキル及び政治を監視する等の参加スキルが、さらに、「資質」には個人の価値や人としての尊厳を尊ぶ等が挙げられている。（唐木清志「アメリカ合衆国―「民主主義尊重」による「統一」と人格教育」、嶺井明子編『世界のシティズンシップ教育－グローバル時代の国民／市民形成―』、東信堂、2007年）

(注6) なお、メイン州のスタンダードでは、4段階の学年区分（Pre-K2/K3-K5/K6-K8/9-Diploma）を設け、それぞれに必要な内容を定めている。このうち、日本の高等教育にあたるのは、9-Diploma の過程である。

	履修内容の指針
知識、概念、主題、形態	生徒は、憲法で規定されたアメリカ政府とアメリカの政治システムの理念、目標、原理、構造、過程を理解し、同様に世界の他の政府及び政治システムの形態を理解する。 ・政治の学習には、政府の構造、機能、制度、形態とアメリカと世界の他の地域における政府と市民との関係が含まれることを説明する。 ・抑制と均衡、連邦制、憲法制定文書で示された統治上の合意を含む、アメリカ政治の民主的理念と憲法の原理を適用し、現在の問題を評価する。 ・民主的制度、民主的理念の解釈、憲法の原理は、時が経つにつれてどのように、なぜ変化するのかを説明する。 ・アメリカの政治システムの目標、構造、過程の特徴を述べる。 ・アメリカの政治システムと世界の他の国の政治システムとを比較する。
権利、義務、責任、市民の政治への参加	生徒は、憲法と法律に基づく権利、市民の義務と責任、憲法に基づく民主政における市民の役割、世界の他の政治形態における市民の役割を理解する。 ・憲法に基づく民主政における憲法及び法律上の権利と市民の義務及び責任との関係を説明する。 ・合衆国憲法、権利章典、画期的な判例を根拠として、政府と個人の関係を評価する。 ・憲法の原理、主な法律や判例における市民と政府の役割を分析する。 ・アメリカ市民の権利、義務、責任を他の国の市民のそれと比較する。 ・国民が政府にどのように影響を及ぼすか、また国民が投票、議員への陳情、地域コミュニティでの奉仕、市民的不服従（civil disobedience）への関与を含む、「共通善（common good）」のためにどのように活動するかを評価する。
個人的、文化的、国際的、世界的な結びつき	生徒は、メイン州の原住民を含む、メイン州、アメリカ、世界における統合と多様性の政治的、市民的側面を理解する。 ・メイン州、アメリカ、他の国における統合と多様性に関わる歴史的、今日的問題の憲法、政治、市民的側面を分析する。 ・メイン州及び他州のアメリカ原住民、またメイン州とアメリカにおける様々な新旧の移民集団、多様な世界の文化を含む、多様な文化の政治構造、政治権力、政治的視点を分析する。

出所：奥村牧人「英米のシティズンシップ教育とその課題―政治教育の取組みを中心に―」『青少年をめぐる諸問題』国立国会図書館、2008年

(3) シティズンシップ教育の原則

　アメリカでは、シティズンシップ教育[注7]は「未来を決める訓練[注8]」として重視されている。そこにおいて重視されている原則について、確認していくこととしたい。

　はじめに、シティズンシップ教育が目指す姿だが、市民教育センターによる「市民科と政治の全米共通スタンダード」において、「よい有権者」として定義される内容は、おおむね7項目に要約できると報告されている[注9]。

(注7) アメリカにおけるシティズンシップ教育をめぐっては、シティズンシップ教育以外にも有権者教育等の訳語があてられることがあるが、本稿ではシティズンシップ教育として表記を統一する。

(注8) トーマス・ジェファーソン第三代大統領は、「未来を決める訓練」という言葉で、判断力を身につけるための有権者教育の必要性を説いている。（横江久美『判断力はどうすれば身につくのか』PHP新書、2004年）

(注9) この記述は、横江久美『判断力はどうすれば身につくのか』PHP新書、2004年による。

【図表2】 「よい有権者」の定義

(1)　投票や政治的活動に積極的に参加する。傍観者ではなく、当事者として積極的に政治活動に参加する。

(2)　建国について関心が高く、政治過程や公的機関の活動に対する関心も高い。具体的には、議会、政府、司法について理解が深い。また、他国の政治問題にも関心を持つ。

(3)　多様性を認め、人として享受すべき事由についての関心が高い。お互いの意見を尊重しあい、協力できる。多数決の決定に従うが、少数意見にも耳を傾ける。

(4)　上記の3つを基本原則として、現在の問題を分析し、争点を判断できる。さらに、問題解決には特別な努力が必要であることを認識する。民主主義はコストを伴うことを理解している。

(5)　陪審員などの義務も積極的に遂行する。議論を重ね意見を調整し合意に至らしめる「技術」を身に付けている。

(6)　公共分野にかかわる仕事に携わる場合、自らの判断で計画から実現、ひいては事後評価に至るまで、実務的な分野で能力を発揮することができる。

(7)　連邦政府、地方政府やコミュニティの争点を発掘する能力が高い。社会の問題を把握し、解決に向けて問題の背景を考える。

シティズンシップ教育は、連邦教育省によって「一人ひとりの有権者が民主社会を遵守し、公共分野に参加する過程で必要となる知識と情報、価値行動の要領に関する教育」と定義されている。そこでは、特定の価値を押し付けるのではなく、価値を決める過程に必要なコツを教えることが重視されている。言い換えると、未来の有権者が判断の「モノサシ」を得ることを手助けする教育ということができる。

　このことの一例として、模擬選挙での事例を紹介する。先述の Kids Voting は、投票を行うための意思決定の方法として、投票行動を決定するために必要な情報収集から政策決定までのプロセスをチャート化し、合理的に教えている。

【図表3】　投票行動を決定するために必要な手順

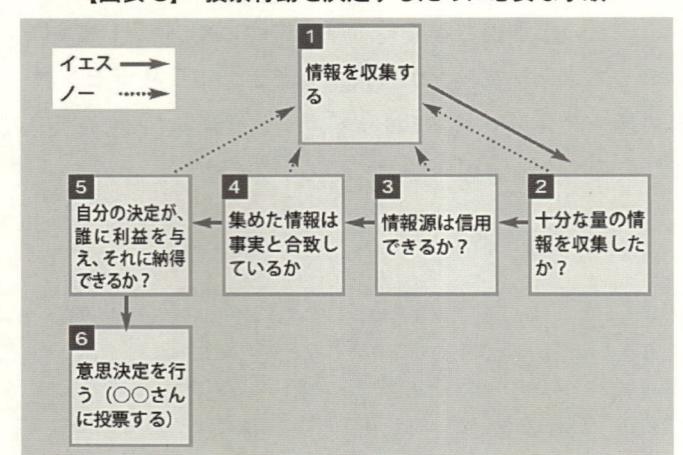

出所：横江久美「アメリカの有権者教育」(2005年) 明るい選挙推進協会ウェブサイト
〔http://www.akaruisenkyo.or.jp/citizenship/〕(2015年12月20日アクセス)

実際の授業では、教員から「どうしてその情報を信用できるとしたのですか」「投票する人々には、これらの意思決定プロセスを踏むための情報が十分に提供されていると思いますか」などの質問が生徒に対して行われる。このようにして生徒たちは情報の扱い方を学び、投票に至る意思決定の質を高める方法を学んでいくことになる。

なお、このように現実の政治を題材とするからこそ、その取扱いは、細心の注意を払う必要がある。争点[注10]を扱う際の具体的な方針は学校によって異なってくるが、共通の原則として考えられるものとしては次の３点が挙げられる。

【図表４】 争点を扱う際の共通の原則

> (1) 具体的な争点について議論するとき、賛成か反対かの立場を明確にすること。
> (2) 争点学習では話題の問題を取り上げること。つまり、社会の争点に挙がっている時事的な事柄をテーマにする。
> (3) 異なる意見が存在することと、十分な議論の後の決定には従わなければならないこと。

これらの原則を基に取り組むことで、生徒達は、何が問題であるか、その問題をめぐってどのような意見があるのか、自分はその問題についてどのような意見を持つのか、と論理的に自らの意見を導く訓練を行い、判断の「モノサシ」を磨くことが可能になる。

(4) 模擬選挙の取組

アメリカにおけるシティズンシップ教育は様々な場面で行われているが、本書に関係したテーマとして、模擬選挙の様子も交えて紹介したい。

アメリカにおける模擬選挙は、先述した Kids Voting 以外にも、NSPME（National Student/Partner Mock Election）などの団体によって実施されている[注11]。

これらの取組のポイントとしては、未来の有権者を支える様々なアクターによって支援され、実施されていることが挙げられる。

たとえば、政治家の取組である。大統領候補者の事務所では、学生から政策比較のための資料提供依頼などが寄せられるのに対応して、大人向けとは別に学生向けに作成した説明資料を用意し、質問に回答する体制を整えている。また、大統領や知事を

(注10) 英語の issue にあたる言葉として、「争点」を用いている。「英語の政策（Policy）は、政党や政府の方針といった大きな枠組みを意味し、日本語でいう政治家の個別政策に関する考え方は争点（Issue）であるとされ」ている。（横江久美『判断力はどうすれば身につくのか』PHP 新書、2004 年）

(注11) 2008 年の大統領選挙において行われた模擬選挙において、NSPME をはじめとする少なくとも８つの団体が活動していることが紹介されている。その中で、最も利用されたのが NSPME であり、実施主体の 73% から利用されている。（『未来を拓く模擬選挙』悠光堂、2013 年）

はじめとする政治家や政府高官が、シティズンシップ教育の一環として学校を訪れて生徒達と接することも頻繁に行われている[注12]。

　ウェブサイトによる情報発信も充実している。例えば、2016年の大統領選挙に向けたヒラリー・クリントン氏のサイトでは、自身の主張する政策について、動画や文章（メッセージおよび具体的政策）を組み合わせて、分かりやすく伝えることに主眼をおいた情報量の豊かな情報発信を行っている。

【図表5】　ヒラリー・クリントン氏のウェブサイト

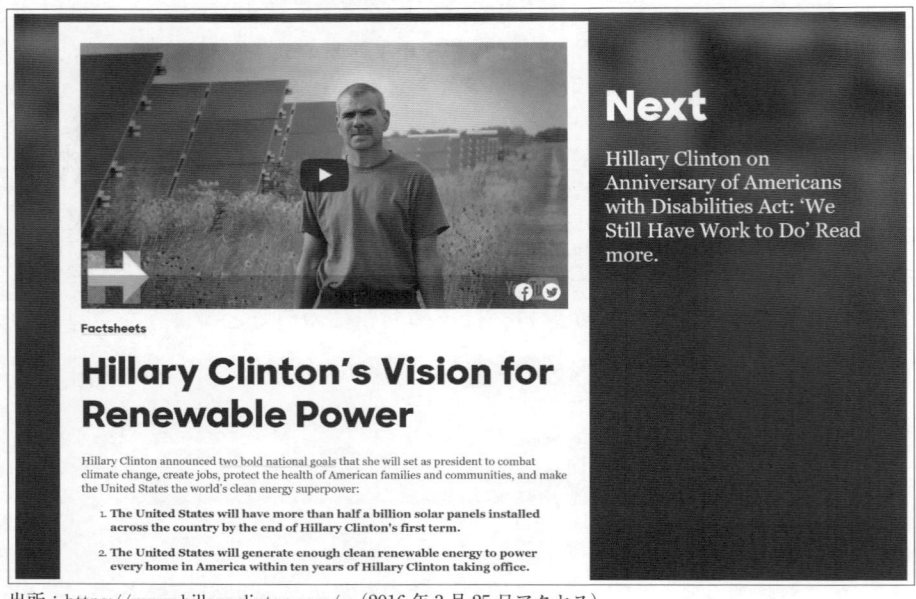

出所：https://www.hillaryclinton.com/　（2016年3月25日アクセス）
"Hillary for America starts right here" 内の「Climate change and energy（気候変動とエネルギー）」に関する政策の1つ

　また、アメリカのシティズンシップ教育では、民間団体の活動も盛んに行われている。先述のNSPMEをはじめとする模擬選挙の支援団体による支援や、市民教育センターなどによる模擬選挙も含んだシティズンシップ育成への広範な支援が実施されている。市民教育センターなどは、シティズンシップを獲得するための具体的な教材やカリキュラムを複数用意し、すぐ学校教育に取り入れることのできる環境を提供している[注13]。

　同様に、ペンシルバニア大学の附属機関であるアネンバーク公共政策センター（Annenberg Public Policy Center）が運営するアネンバーククラスルーム（Annenberg Classroom）では、時事ニュースや授業カリキュラムの定期的な提供に加えて、オン

（注12）たとえば、2001年のアメリカ同時テロが発生したときに、ブッシュ大統領が小学校を訪問中であったことなどは象徴的な出来事として挙げられる。

ライン上でのディスカッション環境も提供されている。例えば、"SPEAK OUT！"
と題されたオンライン上のディスカッション環境では、授業でもそのままディスカッ
ションの導入資料として用いることができるように配慮された争点をめぐる論点をま
とめた問題提起用の記事が定期的に配信されている。

　これ以外にも、アメリカでは、選挙期間には書店に選挙コーナーが設けられ、若年
層に向けた書物も多数出版されるなど、身近なところでも選挙を感じることができる
ようになっている。他にも、高校生を対象としたワシントン D.C. への訪問プログラ
ムなども財団などの様々な主体によって企画されており、若者と現実の政治を結びつ

【図表 6】　アネンバーククラスルームのウェブサイト

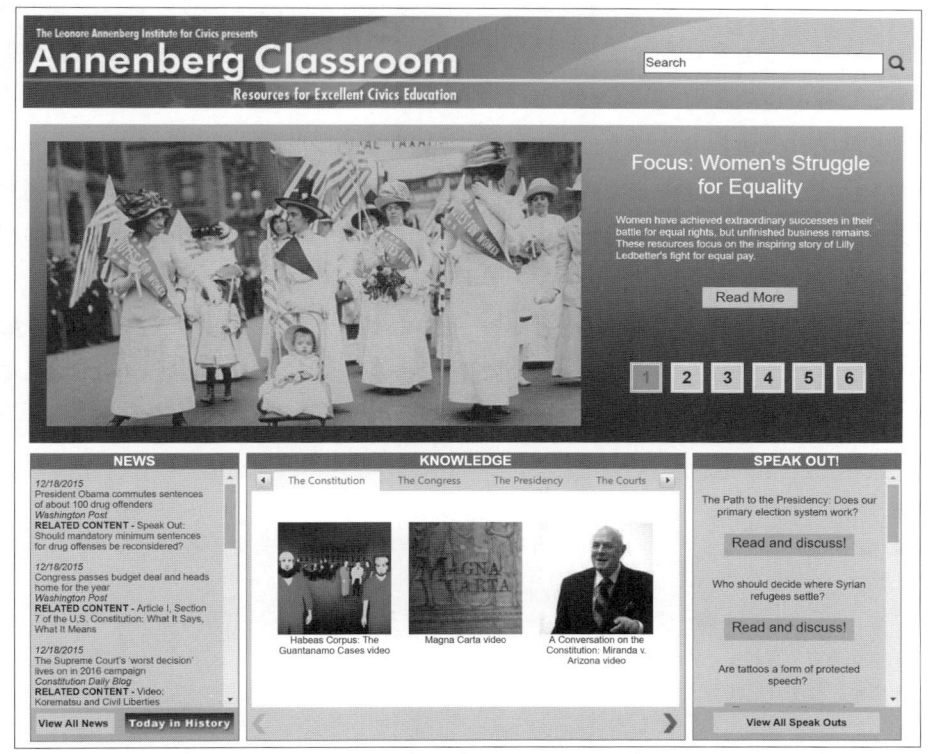

出所：http://www.annenbergclassroom.org/（2016 年 3 月 25 日アクセス）
画面右端の "SPEAK OUT!" では、争点をめぐる論点をまとめた問題提起用の記事が用意されており、ディ
スカッションがオンライン上で行われている。画面では、大統領選挙での予備選挙やシリア難民の受け入れ
をテーマとしたディスカッションが行われていることが確認できる。

（注 13）同センターの代表的なプログラムである "We the People…PROJECT CITIZEN" は『プロジェクト
　　　シチズン　子どもたちの挑戦』現代人文社、2003 年として邦訳、出版されている。同プログラムでは、
　　　「自分の意見を表現すること」「政府のどの機関があなたの問題を扱うのが最も適切かを判断すること」
　　　「政府の政策決定に影響を与えるようになること」を目的として構成されている。生徒たちは教師と大
　　　人のボランティアの協力を得ながら、問題設定、情報収集、政策分析、政策立案、政策提言といった
　　　取り組みを進められるように手順やワークシート等が用意されている。（Center for Civic Educarion
　　　（著）、全国法教育ネットワーク（訳）『プロジェクトシチズン　子どもたちの挑戦』現代人文社、2003
　　　年）

ける仕掛けが重層的に用意されている。

(5)　まとめ

　アメリカのシティズンシップ教育は、民主主義社会に対する共通の理解を得た上で、質を伴った意思決定のできる市民を育てるために、多様な主体によって重層的に取り組まれている。現実の政治と若者を結び付けるために、広く争点学習のための原則が共有されるとともに、学校への情報提供の仕組みが厚いことが特徴的である。本稿でも紹介したように、シティズンシップ教育に関する教材やプログラム、ディスカッション用の記事提供などにより、学校外の主体から学校へと、あらかじめ多様な価値観に配慮した取組が行えるような配慮がなされた素材が提供されている。この取組が、政治家の側でも積極的に取り組まれていることも、日本との比較では印象的である。加えて、提供される情報も、伝えるための工夫が随所になされ、非常に分かりやすい形で提供されている。ありのままの情報を開示するのではなく、読み手にとって意味のある情報として編集し、適切な形で届けようとする努力が行われていることも、特に記しておきたい。

　このように、アメリカにおいては、民主主義の質的な側面を強めるためのシティズンシップ教育が、多様な主体によって重層的に取り組まれていることが確認できる。

原口　和徳（埼玉ローカル・マニフェスト推進ネットワーク）

参考文献

- 奥村牧人「英米のシティズンシップ教育とその課題―政治教育の取組みを中心に―」『青少年をめぐる諸問題』国立国会図書館、2008 年
- 唐木清志「アメリカ合衆国－「民主主義尊重」による「統一」と人格教育」、嶺井明子編『世界のシティズンシップ教育－グローバル時代の国民／市民形成－』、東信堂、2007 年
- 自治体国際化協会『米国の初等中等教育における教育制度と結果に対する説明責任～ NoChild Left Behind 政策を中心に～』、Clair Report No.328、2008 年
- 杉浦正和「アメリカ大統領選挙における模擬選挙について」明るい選挙推進協会『平成 20 年度中央研修会講演録』2009 年
- 橋爪貞雄『2000 年のアメリカ―教育戦略―その背景と批判―』黎明書房、1992 年
- 横江久美『判断力はどうすれば身につくのか』PHP 新書、2004 年
- 横江久美「アメリカの有権者教育」（2005 年）明るい選挙推進協会ウェブサイト［http://www.akarui senkyo.or.jp/citizenship/］（2015 年 12 月 20 日アクセス）
- 横江久美「米国の有権者教育」高橋亮平他（編）『18 歳が政治を変える！ユース・デモクラシーとポリティカル・リテラシーの構築』現代人文社、2008 年
- Center for Civic Educarion（著）、全国法教育ネットワーク（訳）『プロジェクトシチズン』子どもたちの挑戦』現代人文社、2003 年
- 『未来を拓く模擬選挙』編集委員会『未来を拓く模擬選挙』悠光堂、2013 年

- Annenberg Classroom [http://www.annenbergclassroom.org/]
- Hillary for America starts right here [https://www.hillaryclinton.com/]
- 市民教育センター『市民科と政治の全米共通スタンダード』"National Standards for Civics and Government" [http://www.civiced.org/standards]

5　学習指導要領改訂の動き（日本の今後）

⑴　次期学習指導要領に対する18歳選挙権の影響

　本書でもたびたび言及されているように、18歳までの選挙権年齢引下げは、70年ぶりとなる選挙権拡大の法改正である。そのインパクトは大きく、総務省と文部科学省による『私たちが拓く日本の未来　有権者として求められる力を身に付けるために』（以下「副教材」という。）も全高校生に配布され、主権者教育は社会的に大きな注目を集めている。そして、18歳選挙権は現在進められている学習指導要領の改訂作業にも影響を生じさせている。

　2014年11月の「初等中等教育における教育課程の基準等の在り方について（諮問）」では、18歳選挙権に関連する事項として、以下の事項が取り上げられた。

○高等学校教育について、中央教育審議会における高大接続改革に関する議論や、これまでの関連する答申等も踏まえつつ、例えば以下のような課題についてどのように改善を図るべきか。
・今後、国民投票の投票権年齢が満18歳以上となることや、選挙権年齢についても同様の引下げが検討されるなど、満18歳をもって「大人」として扱おうとする議論がなされていることも踏まえ、国家及び社会の責任ある形成者となるための教養と行動規範や、主体的に社会に参画し自立して社会生活を営むために必要な力を、実践的に身に付けるための新たな科目等の在り方
（以下省略）

　同諮問に対しては、現在（2015年末時点）、論点整理資料がまとめられたところだが、当該資料から18歳選挙権に関連した動向を確認してみたい。

⑵　次期学習指導要領における「公共（仮称）」の設置

　次期学習指導要領におけるキーワードの1つとして、「社会に開かれた教育課程」が挙げられる。そこでは、学校が社会や地域とのつながりを意識する中で、社会の中の学校であるためには、教育過程もまた社会とのつながりを大切にする必要があるとし、地域との連携を意識した方向性が示されている。そして、「社会に開かれた教育課程」を実現するという理念の下、学習指導要領等に基づく指導を通じて子供たちが何を身に付けるのかを明確に示していく必要があるとし、学習指導要領改訂の視点として、子どもたちの視点に立って「何ができるようになるのか」「何を学ぶのか」「どのように学ぶのか」の観点から整理が行われている。

　そして、「何を学ぶのか」として整理された項目の1つとして、「国家・社会の責任

ある形成者として、また、自立した人間として生きる力の育成に向けた高等学校教育の改善」が位置付けられ、その中に公民科における「公共（仮称）」の設置といった方向性が示されていることが確認できる。

【図表1】 学習指導要領改訂の視点

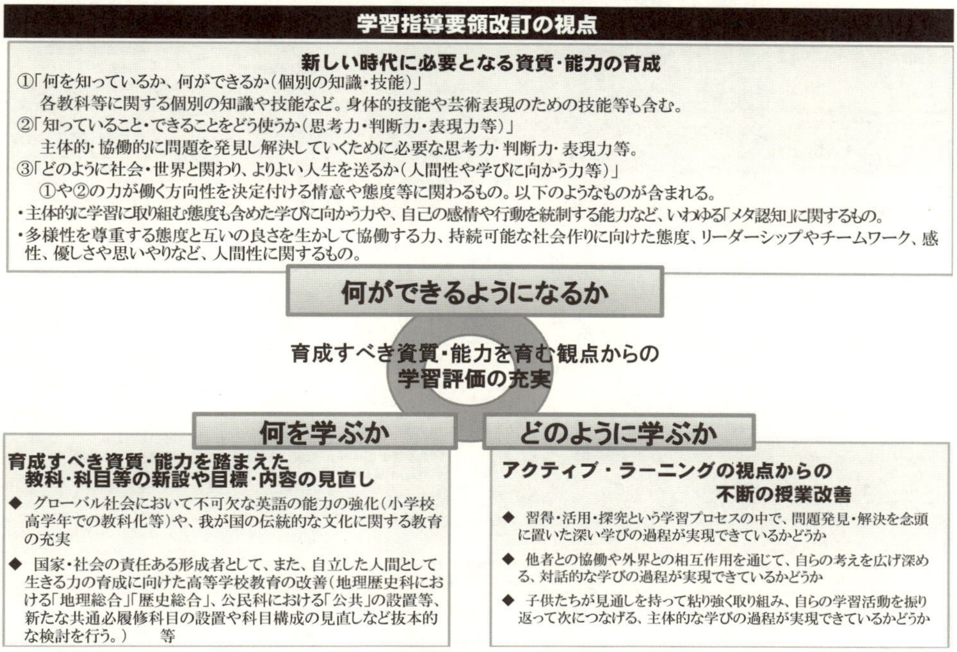

出所：中央教育審議会（第101回） 配付資料「教育課程企画特別部会 論点整理 補足資料(1)」、
〔http://www.mext.go.jp/b_menu/shingi/chukyo/chukyo0/gijiroku/1362371.htm〕（2015年12月28日アクセス）

それでは、具体的に「公共（仮称）」の中身を確認したい。

次期学習指導要領に向けた社会科の課題としては、特に高等学校教育において、自分の参加により社会をよりよく変えられると考えている若者の割合が国際的にみて低いこと等が指摘されている。公民教育に関する現状として、高校生・若者の意識や実態として、「積極的に社会参加する意欲が国際的に見て低い」「理論や概念の理解、情報活用能力が十分身に付いていない」一方で、「政治や経済の仕組み、働く意義等を学ぶことへの関心は高い」ことが指摘されている。また、課題解決的な学習や調べたことを発表させる活動を取り入れた授業を行っていると考えている教員が少ないことも指摘されている。

次期学習指導要領に向けては、「どのように学ぶか」といった学びの質や深まりが重視されており、特に高等教育においては、課題の発見・解決に向けた主体的・協働的な学びであるアクティブ・ラーニングの活用が強調されている。子どもの学びに向かう力を引き出すためには、実社会や実生活に関連した課題などを通じて動機付けを行い、子どもたちの学びへの興味と努力し続ける意思を喚起する必要があるとされて

おり、この部分は「公共（仮称）」とのつながりが期待される。

【図表2】　高等学校　公民科目の今後の在り方について（検討素案）

高等学校　公民科目の今後の在り方について（検討素案）

課題

① 積極的に社会参加する意欲が国際的に見て低い

② 現代社会の諸課題等についての理論や概念の理解、情報活用能力、自己の生き方等に結びつけて考えることに課題

③ 課題解決的な学習が十分に行われていない

④ キャリア教育の中核となる時間の設定

※新科目の構成においては、現行の関連する科目だけでなく、各教科・科目等との連携・役割分担を念頭に置きながら検討。
※具体的なスキル・リテラシーとしてどのような力を、どのような学習活動を通じて育むかという議論も必要。

資質・能力

○立場や文化によって意見の異なる様々な課題について、その背景にある考え方を踏まえてよりよい課題解決の在り方を協働的に考察し、公正に判断、合意形成する力　課題解決のための論理的な思考

○様々な課題を捉え、考察するための基準となる概念や理論を、古今東西の知的蓄積を通して習得する力

新科目を通じて育成する資質・能力

○公共的な事柄に自ら参画しようとする意欲や態度

○現代社会に生きる人間としての在り方生き方についての自覚

（新科目「公共」（仮称）のイメージ）

国家・社会の形成者として、必要な知識を基盤として選択・判断の基準を形成し、それを使って主体的な選択・判断を行い、他者と協働しながら様々な課題を解決していくために必要な力※

- 法的主体となること
- 経済的主体となること（生産者、消費者、労働者・・・）
- 政治的主体となること（主権者、有権者・・・）
- 様々な情報を発信・受信する知的主体となること
- 自立した生活を営む主体及び家族の構成員となること
- 倫理的主体となること
- 地域社会の構成員となること
- 持続可能な社会づくりに向けた役割を担う主体となること
- ・・・となること

学習活動の例

討論、ディベート
模擬選挙、模擬投票
模擬裁判
外部の専門家の講演
新聞を題材にした学習
体験活動、インターンシップの準備と振り返り・・・

関係する専門家・機関

弁護士
選挙管理委員会
消費者センター
報道機関
留学生
企業 経済団体
起業家
NPO、NGO・・・

「公共」の扉（なぜ「公共」を学ぶのか）＜仮＞
社会的・職業的な自立や社会参画に向けた意識　社会と個人との関わりについての倫理思想　アイデンティティー　自己実現・・・

様々な主体としての私たちの生き方＜仮＞
社会保障（年金、健康保険等）　情報　消費行動　契約　財政と納税　雇用　政治参加（選挙など）　家族（制度的側面など）　自由・権利　責任・義務・・・

持続可能な社会づくりの主体としての私たち＜仮＞
文化と宗教の多様性　国際平和　社会的な課題発見・解決に向けた探究・・・

＜参考＞
・学校における道徳教育は、…人間としての在り方生き方に関する教育を学校の教育活動全体を通じて行うことにより、その充実を図るものとし、各教科の属する科目、総合的な学習の時間及び特別活動のそれぞれの特質に応じて、適切な指導を行わなければならない。（「高等学校学習指導要領第1款　教育課程編成の一般方針」）

出所：中央教育審議会（第101回）　配付資料「教育課程企画特別部会　論点整理　補足資料(2)」、
　　　［http://www.mext.go.jp/b_menu/shingi/chukyo/chukyo0/gijiroku/1362371.htm］（2015年12月28日アクセス）

　「公共（仮称）」は、公民科における共通必履修科目として、家庭科や情報科をはじめとする関係教科・科目等とも連携していくこととされている。そこでは、主体的な社会参画に必要な力を、人間としての在り方や生き方の考察と関わらせながら実践的に育む科目として設置されることが求められている。また、同科目については、社会的・職業的な自立に向けて必要な力を育むキャリア教育の中核となる時間として位置付けることを検討することとされ、インターンシップの在り方や位置付け等についても併せて検討される。

　他にも、「公共」の科目イメージにおける特徴として、政治分野にとどまらず、法律や経済活動への言及がなされていること、多様な学び方、多様なアクターとの連携の必要性が指摘されていることが挙げられる。本書は18歳選挙権に焦点をあてて編まれているため、政治的な領域についてのみ言及してきたが、本来、シティズンシップが発揮される分野は政治的な領域に限られない[注1]。この点は、「公共（仮称）」のイメージと合致するものと言える。中央教育審議会では「新しい時代の教育や地方創生の実現に向けた学校と地域の連携・協働の在り方について（諮問）」にこたえる形で、コミュニティ・スクールや地域における緩やかなネットワークの構築による地域での

協働による教育の仕組み作りが検討されているが、これらの仕組みとの協働も期待されるところである。

(3)　次期学習指導要領の実現スケジュール

　次期学習指導要領の改訂に向けたスケジュールとしては、平成28年度中に中央教育審議会における答申を取りまとめることが目指されている。平成27年末時点では、学校段階等別・教科等別にワーキンググループ等を設置し専門的に検討が進められている段階である。仮に、平成28年度中に答申のとりまとめがなされた場合、前回改訂時のスケジュールを踏まえると、高等学校において改訂後の学習指導要領が反映されるのは平成34年度となることが見込まれる。

(4)　次期学習指導要領までの取組

　次期学習指導要領までの取組としては、副教材を活用した授業実践が行われることが想定されている。次期学習指導要領が実施されるまでは、副教材等をベースに公民の授業や「総合的な学習の時間」を活用して、政治参加のための実践的な主権者教育を充実させていくことになっていると指摘するものもある[注2]。文部科学省による「高等学校等における政治的教養の教育と高等学校等の生徒による政治的活動等について（通知）」においても、政治的教養の教育について、学校が政治的中立性を確保しつつ、現実の具体的な政治的事象も取り扱い、生徒が有権者として自らの判断で権利を行使することができるよう、より一層具体的かつ実践的な指導を行うことが明記されている。このことからも、今後、生徒たちが公共（仮称）で目指されることの1つである「政治的主体となること」をより意識した教育が行われていくことが推察される。

　また、全ての高校生に身に付けさせる資質・能力を表す「コア」の中には、「社会・職業への円滑な移行に必要な力」や「市民性（市民社会に関する知識理解、社会の一員として参画し貢献する意識など）」が位置付けられている（図表3）。学習指導要領とコアの関係については、現在の学習指導要領が示す必履修教科・科目等は、高等学

（注1）例えば、経済産業省「シティズンシップ教育と経済社会での人々の活躍についての研究会報告書」2006年。同レポートでは、シティズンシップなしには成立しえない分野として、①公的・共同的な活動（社会・文化活動）、②政治活動、③経済活動を指摘している。また、前節で紹介した諸外国における取り組みにおいて取り上げた市民団体においても、法教育の取組みは行われている。例えば、Center for Civic Education（米）、Citizenship Foundation（英）、ProDemos（蘭）とそれぞれ法教育に係るプログラムを持っている。

（注2）『18歳選挙権に対応した先生と生徒のための公職選挙法の手引き』pp.18-19

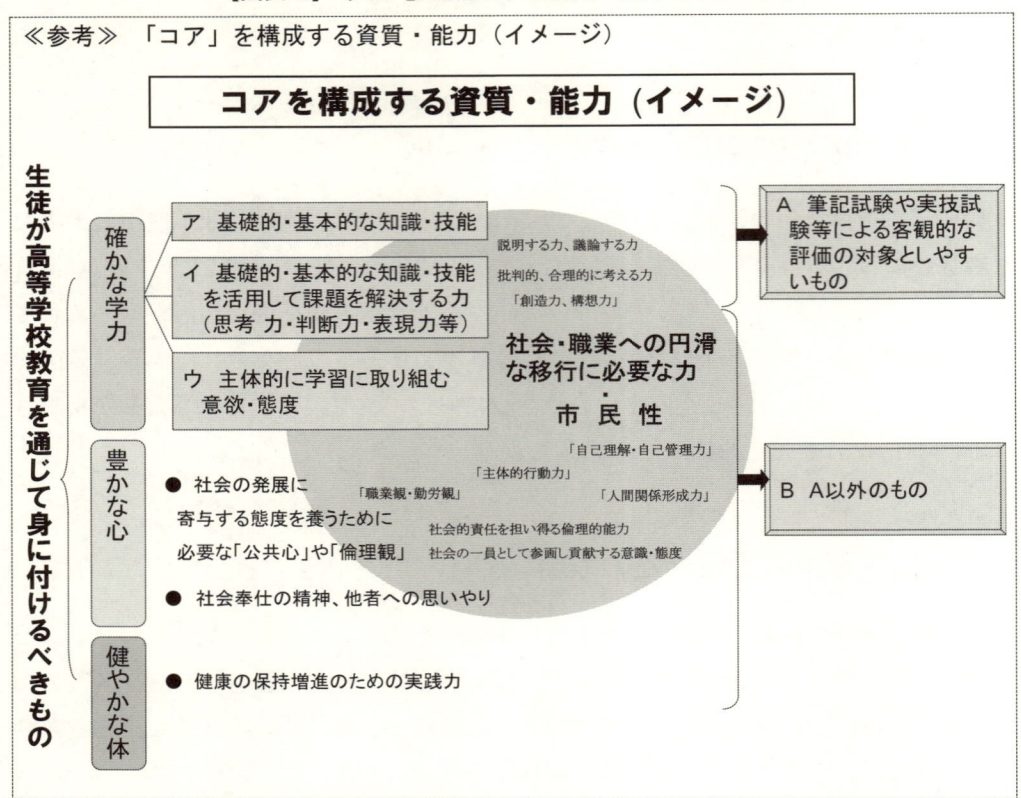

出所：中央教育審議会初等中等教育分科会高等学校教育部会「初等中等教育分科会高等学校教育部会　審議まとめ―高校教育の質の確保・向上に向けて―」、
〔http://www.mext.go.jp/b_menu/shingi/chukyo/chukyo3/047/houkoku/1349737.htm〕（2015年12月28日アクセス）

校において全ての生徒が身に付けるべきコアの内容を、教科・科目等の形で示しているものと捉えることが可能とされている[注3]。

　これらを踏まえると、主権者教育が目指す取組は、学習指導要領において科目として明記されていないものの、現在の学習指導要領の中でも工夫をしながら取り組まれていくであろうことが推察される。

(5)　今後の課題

　ここまでに確認してきたように、学習指導要領の改訂により、主権者教育に関する様々な要素が次期学習指導要領の中に取り込まれていくことが想定されている。本節の最後に、今後、注視をしていかなければならない点、課題を挙げてみることにしたい。

（注3）中央教育審議会初等中等教育分科会高等学校教育部会（2014）p.16

1点目は、具体化の方法についてである。他国の取組を見ても分かるように、シティズンシップ教育は、学校以外の主体のサポートを受けながら重層的に取り組まれていくことで、活動に広がりや、深みが生まれる。生徒たちが地域の課題を「自分ごと」として捉え、その解決に主体的に取り組む姿勢を身に付けていくためには、中央集権的な取組ではなく、地域の実情に合った取組、地域の様々な主体との連携が望まれる。具体的な学習課程の設計が、地域及び学校に委ねられることは望ましいことであるが、学校の資源には限りがある。そのための環境づくりについて、そのすべてを学校任せにしてしまうのではなく、連携先となる組織の育成など、他国にもみられるように政治・行政の側からの支援が考慮される必要があるだろう。

　2点目は、初等教育における取組である。中央教育審議会における議論では、高等学校への進学率が98％に上ることが繰り返し言及されている。しかし、このことは少なくとも残りの2％の当該世代の若者には、副教材をはじめとする高校での主権者教育が届かなくなっていることを意味してもいる。また、シティズンシップ教育は、高校だけで突然取り組むものではなく、小学校、中学校とそれぞれの段階と連携しながら深められていくことが望ましいものである。しかしながら、小学校、中学校におけるシティズンシップ教育については、高等学校における「公共（仮称）」ほどには具体的な言及がなされていない。この点が、今後、どのように配慮されていくのかについても注視していく必要がある。

　18歳選挙権が2016年夏に実現されるのに対して、次期学習指導要領が導入されるのは、小学校で2020年頃、高等学校では2022年頃となることが想定されている。学習指導要領が改訂されるまでの間は、本節で確認したような次期学習指導要領において生徒たちが身に付けるべきとされる知識や能力、姿勢を踏まえた上で、主権者教育を実践していくことが求められる。

原口　和徳（埼玉ローカル・マニフェスト推進ネットワーク）

参考文献

- 「教育課程企画特別部会　論点整理」中央教育審議会（第101回）配付資料、2015年
- 中央教育審議会初等中等教育分科会高等学校教育部会「初等中等教育分科会高等学校教育部会　審議まとめ―高校教育の質の確保・向上に向けて―」2014年
- 経済産業省「シティズンシップ教育と経済社会での人々の活躍についての研究会報告書」2006年
- 18歳選挙権研究会監修『18歳選挙権に対応した先生と生徒のための公職選挙法の手引き』国政情報センター、2015年
- 広田照幸（著、監修）、北海道高等学校教育経営研究会（著、編集）『高校生を主権者に育てる―シティズンシップ教育を核とした主権者教育』学事出版、2015年
- 文部科学省「高等学校等における政治的教養の教育と高等学校等の生徒による政治的活動等について（通知）」2015年

6　民主主義と政治教育

(1)　18歳選挙権の課題

　「民主主義は万全な制度ではなく、次善の制度である」という言葉があるように、民主主義はそれ自体が完成された制度ではなく、様々な問題を内包している。これまでの歴史を振り返ってみても、そうした問題を乗り越えながら現在まで持続してきたことが分かるが、その一つの手法が選挙権の拡大だった。他の一般的な人権とは異なり、選挙権は、「財産」「教養」「性別」という要件による制限がある。わが国では、「財産」、次に「性別」という順に要件がなくなり、最後に残ったのが年齢による制限である「教養」だった。選挙の基本的な性質を表す際に、「普通選挙制」ということがいわれる。しかしながら、20歳未満の人には選挙権を認めてこなかったわけであるから、その実態は、「制限選挙」であったということに注意する必要があろう。

　選挙権が拡大されていった過程をみると、政治に自分たちの意思が反映されていないと考えた人々が権利を要求し、それに応えていくということが繰り返されてきた。そうすることで、民主主義はその基盤を強化し、安定した制度になり得たのである。しかしながら、今回の18歳選挙権への拡大は、これまでとは状況が違うようだ。「シルバーデモクラシー」に反対する18、19歳の若者が権利を要求したというよりは、20代を中心とする若年層の低投票率の問題に配慮したという側面の方が強そうである。すなわち、権利を獲得するための主体的な運動があったのではなく、ある意味、「与えられた権利」ということになるだろう。それゆえ、若い有権者の主体的な行動に期待するだけでなく、それを促すような仕掛けが必要となるが、そこには課題が山積している。

(2)　政治教育のあり方

　第一に、政治教育のあり方である。「制度的知識」だけでなく、「政策的思考」を涵養する教育が求められる。これまで、政治的中立性に過度な配慮をしてきた結果、教育現場で「生きた政治」が取り上げられる機会はほとんどなく、政治制度の説明に終始してきた。教育基本法第14条は、「良識ある公民として必要な政治的教養は、教育上尊重されなければならない」と定めているが、この規定が本来の意図とは違ったように解釈され、「現実を扱う政治教育はなるべく触れない」ということになってしまった。本来、この規定が意味するところは、「特定の政党を支持する、あるいは反対する党派的な政治教育」を禁止するということである。また、教育内容に関する憲法と

もいえる学習指導要領をみると、「生きた政治」を扱う内容となっている。たとえば、「政治・経済」の内容の箇所を見ると、「日本国憲法における基本的人権の尊重、国民主権、天皇の地位と役割、国会、内閣、裁判所などの政治機構を概観させるとともに、政治と法の意義と機能、基本的人権の保障と法の支配、権利と義務の関係、議会制民主主義、地方自治などについて理解させ、民主政治の本質や現代政治の特質について把握させ、政党政治や選挙などに着目して、望ましい政治の在り方及び主権者としての政治参加の在り方について考察させる」としている。これは、まさに、今後の政治教育に求められる内容そのものを的確に表している。学習指導要領では、「生きた政治」を授業で扱い、主権者に求められる資質とは何かを考えさせることをポイントにしていることがわかるだろう。

次に、政治に対する関心は、大人になるにつれて急速に高まるものではないので、幼少期からの教育が必要である。政治意識は、年をとれば政党や政治家に信頼感を高めるような変化がなく、若い頃に冷めた感情を持つと、それが変化しにくいことが分かっている。したがって、選挙権をもつことになる高校3年生だけに政治教育をするのではなく、小学校の頃から計画的にする必要がある。しかしながら、現在の議論では、選挙権を持つことになる18歳に対して高校でどのような教育をするかが検討されている。そうではなく、小学校の時から地域のことに関心を持たせるなどの工夫が必要である。実際に、小学校社会、中学校社会および高校公民の学習指導要領の目標は、「平和で民主的な国家・社会の形成者として必要な公民的資質を養う」ことで共通している。小学生や中学生に、地域のことや課題について関心を持たせる教育も立派な政治教育である。

最後に、今回は、国民投票法との関連から、選挙権年齢が引き下げられたという経緯があった。そのため、本来であれば、「大人とは何か」という重要な問題が避けられてしまった。成人年齢は、社会が何歳から大人として扱うかの基準である。少年法やより身近な飲酒や喫煙の年齢制限などの問題とセットで議論すれば、より関心が高まったとも考えられるが、法律ごとにより慎重な検討が必要だという意見があり、結論が先送りになった。今回は、年齢引下げの対象とならなかった被選挙権とあわせて、より総合的な観点からの検討が必要になるだろう。

(3)　政党と政治家のあり方

第二に、政党や政治家のあり方である。政治に携わる者が、若い世代に魅力ある存在に慣れるかどうかが問われている。20代前半を中心とする若年層が選挙に行かない理由は、そもそも政治に関心がないからである。確かに、健康で、働く仕事もあり、差し迫った問題がないこの年代は、政治の力を必要としないかもしれない。それゆえ、

政党や政治家は、若年層を相手にせず、投票に必ず行ってくれる高齢者に手厚い政策を並べるという批判すらある。こうしたことが政治不信につながっているとみるべきだろう。

18歳選挙権の実現に伴い、政治教育が進んだとしても、先にあげたような政党や政治家の意識が変わらなければ、政治不信はそのままで、若年層の投票率はあがらないだろう。2015年4月の統一地方選挙では、各政党や候補者が若年者層向けの政策をとり入れたりするなど、18歳選挙権を見据えた活動がすでに始まっている。しかし、いくらそのような政策をつくったとしても、それを若い人々に届ける努力をしなければ意味がない。公職選挙法が改正され、選挙期間中にもSNSを含むITツールが使用できるようになった。しかしながら、現状では、選挙時にはこういったツールが一時的に使われるが、選挙が終わると、ホームページを更新しない政治家はたくさんいる。「地盤、看板、カバン」だけに頼らない選挙のあり方、政治のあり方も検討すべきである。

また、教育の世界は、これまで外部との接触を避けてきたという事情があり、外部から批判されることを懸念している。実際に、地方議会で、政治的中立性に十分に配慮しなかった学校や教員の問題が取り上げられ、糾弾に近いような状況がおきることもしばしばみられる。確かに、そのような教育に問題があるのは事実だが、批判に徹し、外部にいるだけでは何も変わらず、むしろ、「生きた政治」にふれない学校で政治不信を抱えた子どもたちを教育していることにつながっているとみるべきだろう。現在、いくつかの地方議会では、議員がグループを組み、住民を対象に議会報告会をしている。たとえば、こうした取組を学校現場に応用し、議員が児童や生徒と意見交換をする場を設けたり、議会の活動について分かりやすく説明する授業をつくるなどの取り組みができるだろう。国会議員や首長に比べれば、地域により密着している地方議会にこそ、できることもあるはずだ。

⑷　公職選挙法のあり方

第三に、公職選挙法のあり方である。立法権を担う国会には、公職選挙法の改正という重い宿題が課されている。公職選挙法は、条文を次々に追加していったこともあり、多岐にわたると共に複雑な内容となっている。そのため、本来、そのことに一番詳しくなければならない政治家でさえ、理解ができず、問題を起こしてしまうことも多々見られる。これは、「していいこと」と「してはいけないこと」の線引きがきわめて曖昧になっているからである。学校における政治教育でも同じことが問題となる。総務省と文部科学省が作成した副教材でも、「選挙運動期間中に模擬選挙を実施する場合には、法律について深い見識を持つ選挙管理委員会等との連携を図ることが望ま

れる」とし、学校が独自で行うことは難しいとしている。たとえば、公職選挙法第142条の2では、選挙運動期間中に、パンフレットやポスターなどの選挙運動用の文書図画を頒布・掲示することを制限している。この規定の目的は、「資力だけによって左右されない選挙」を実現することにある。しかし、この規定をつくった際には、マニフェストなどが学校の教育現場で積極的に活用されることは想定すらしていなかった。そこで、副教材では、マニフェストを活用するためには、生徒が自ら入手したり、ホームページでダウンロードする必要があるとしている。ただし、公職選挙法で禁止されていると言い切ることはできず、あくまで「違反するおそれがある」という微妙な表現をしている。そもそも、有権者にとって分かりやすい内容となっていなければならない内容であったり、教育現場で「生きた政治」を取り扱いにくいような規定は、すぐに見直さなければならない。公職選挙法のため、学校が政治教育に躊躇するようであっては、「民主政治の健全な発達を期すること」を法律の目的としている公職選挙法の存在は何なのかということになるだろう。

(5)　広報啓発のあり方

　第四に、広報啓発のあり方である。公職選挙法第6条第1項は、「総務大臣、中央選挙管理会、参議院合同選挙区選挙管理委員会、都道府県の選挙管理委員会及び市町村の選挙管理委員会は、選挙が公明かつ適正に行われるように、常にあらゆる機会を通じて選挙人の政治常識の向上に努めるとともに、特に選挙に際しては投票の方法、選挙違反その他選挙に関し必要と認める事項を選挙人に周知させなければならない」とし、常時啓発について定めている。これまでの選挙管理員会の活動を振り返ってみると、学校における政治教育と同じく、積極的な啓発活動をしたり、中には、選管マニフェストを作成し、これまでのあり方を見直すような所も出てきている。副教材の中で何回も言及されているように、選挙管理委員会が学校と連携していくことが何よりも求められるだろう。そして、そのためには、選挙時の啓発活動だけでなく、学校現場と連携する事業を毎年行っていかなければならない。2015年11月に行われた大阪市長選挙の際に、クラーク記念国際高等学校大阪梅田キャンパスの生徒30人に、「町中で探す大阪市長選挙」という課題を課した。普段、自分たちが通るところで、選挙に関係するものを写真に撮って、それを地図に貼り付けようという企画である。キャンパスは大阪市の中心部にあり、人通りも多いところである。ところが、いざ選挙について探し始めたが、なかなか見つからない。ポスター掲示場も、学校の裏の1か所しかなかった。また、候補者を見つけたとしても、車であっという間に通り過ぎてしまうので、写真に収めることもできない。その結果、集まった写真は、20枚にもならなかった。

選挙の際に、有権者は何を見て判断するのだろうか。新聞やテレビのニュースの力が大きいことも事実だが、選挙管理委員会の果たす役割は何かということを考えなければならない。ティッシュやチラシを配布することは大切なことかもしれないが、それよりも政策を届ける努力である。いつ放送されるのか分からない政見放送、どこで配布されるのか分からない選挙公報、どこにあるのか分からないポスター掲示場などなど、政治教育の前にも解決すべき課題はたくさんある。有権者にフレンドリーな選挙管理委員会になれば、学校や子どもたちにとってフレンドリーな選挙管理委員会になるはずである。

⑹　日本のゆくえ

　今回の選挙権の拡大は、若年者層の声を政治に反映させるということ、それによって政治への信頼を高めることを目的としてスタートした。日本が抱える政治課題はそうした若年者の未来と直結している。今後、その世代が中心となってわが国を担っていくわけであるから、将来の政策もその声に耳を傾けた上で、決めなければならない。もちろん、投票率が低いだけでなく、数自体も少ないので、投票率が上がったところで、たいした影響はないという見方もあろう。しかし、このチャンスをいかすことができなければ、おそらく、国民と政治の関係について見直す次のチャンスはなかなかこないだろう。それゆえ、18歳選挙権の実現が大改革として機能するためには、今後の未来を担う世代が社会と自分とのつながりを感じ、政治に関心を持ち、投票に行くということにならなければならないだろう。

林　紀行（環太平洋大学次世代教育学部准教授）

討論民主主義と主権者教育

民主主義と主権者教育

　人類の歴史に国家が登場して以来、どの時代においても為政者は、自らの支配の安定と強化を狙って、多かれ少なかれ、国民に対する「政治教育」を行ってきた。中でも、特に悪逆非道なものとして記憶から消し去ることのできないのは、ヒトラーのナチスが進めた「政治教育」である。ワイマール憲法の民主主義的手続によって政権を簒奪したナチスは、ドイツにおける「教育の全領域を統合する中心」として、民族共同体、人種主義および知性の否定と感情の優位を核とする「政治教育」を推し進めたのである（近藤 2005）。

　しかし、民主主義国家において、為政者が自分の都合のいいように国民を教化するということは、本来、許されるべきものではない。逆に、国民は、主権者として為政者を監視し、その政治および行政運営に過誤や非違が有ると判断した場合には、自らその責任を追及するとともに、それらの政策を是正しなければならない。民主主義国家における「政治教育」は、そのように「国民が主権者である」との基本的考え方の下に、国民の自覚を促し、国民の政治や社会への参加を促すようなもの——すなわち「主権者教育」でなければならない。

　特に、わが国においては、清教徒革命、フランス革命、アメリカ独立革命等を経た欧米先進国はもちろん、近年の韓国、フィリピン、インドネシア等の市民とも異なり、民主主義を自ら勝ち取った歴史的な経験がないことから、その制度の形だけは整えられていても、人々の意識や活動に民主主義が根付いていないと指摘されている。とりわけ「討論」による民主主義——互いにその理由を示して意見を表明し、討論し、それを通じて最善と思われる結論に到達していくという民主主義——がほとんど定着していないという問題を抱えている。このため、これらをいかに「主権者教育」として推進していくかが大きな課題となっているのである。

民主主義と討論の重要性

　民主主義の本質は「社会の各層での討論を経て意見が集約されてくる過程」（バーカー）にあり、野党の反対意見も含めた「討論」によって結論を求めようとするということがなければ、たとえ多数決によって結論を出したとしても、それは専制的な「多数支配」にすぎないのであって、到底、民主主義とはいえない。

　このような「討論による民主主義」が成立するためには、単なる話合い（discussion）だけでは不十分であって、「『肯定側』と『否定側』の2つに分かれて、徹底的に分析

し、意見を戦わせ」る議論（debate）が必要である。そして、その議論を行うために必要となるのが討論（argument）能力である（植田他）。

井上奈良彦によれば、議論は主張したい「結論」、その「根拠」、そして両者の間をつなぐ「論拠（推論過程）」から成り立つ（図表）。

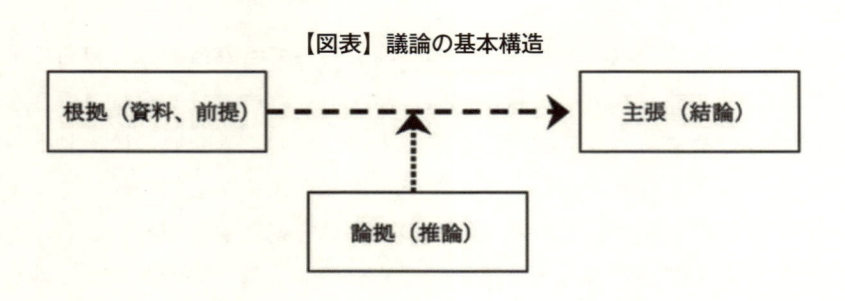

【図表】議論の基本構造

（井上）

討論能力とは、このような「議論」において「根拠」を前提に、「理由を挙げて、自らの意見を論理的に主張する」能力であるが、欧米人に比べて、日本人は残念ながら一般的にこの討論の意志と能力に欠け、そのため、話が一貫性に欠け、反論（counterargument）もポイントからそれ、議論がかみ合っていないことが多々あるといわれている。逆に、日本では、「ぺらぺらとよく話す口の軽い人間は信用できない」といった文化的な背景を反映して、「演説のうまい能弁な政治家よりも、訥弁で何を話しているのかよくわからない政治家のほうが、人気が出たりする」わけであるが、このようなスタイルは国際的なビジネスの場でも通用せず、今や、能弁に対する伝統的な考え方を変える必要があるとされている（井洋次郎他）。

諸外国における主権者教育

欧米においても、近年のコミュニティ機能の低下、政治的無関心の増加、投票率の低下、若者の問題行動の増加等を背景に、1990年代から主権者教育（シティズンシップ教育）が注目されるようになったといわれているが、その内容は、いずれの国においても上述のような「『肯定側』と『否定側』の2つに分かれて、徹底的に分析し、意見を戦わせ」る議論に重点を置き、討論能力の養成を目指すものである。

たとえば、前述したように、従来から、連邦および各州によって設置された「政治教育センター」が教材の開発、教員の研修等幅広い活動を行っているドイツでは、学校教育においても、現実の政治的論争・対立を積極的に取り扱い、「常に教室の中に対立軸がある」ことを重視し、そこでの議論等を通じて、生徒一人ひとりに自分の意見や政治的ポジションをもたせる政治教育が行われている。

また、2002年に中等教育のカリキュラムにシティズンシップ教育を導入したイギリスにおいても、学校における政治教育の鍵は「争点を知る」ことにあるとし、単な

る制度や仕組みの学習ではなく、時事的・論争的な問題に関する意見の発表や討論を中心に、対立を解決するためのスキルを身につけることを目的とした教育が行われている。

　アメリカにおいても、時事問題に関する争点学習が政治教育の基本と考えられており、子どもたちは、時事的なテーマについて自らマスメディアからの情報を収集し、賛成・反対の立場を明確にしてディベートを行う教育が実践されている。

　さらに、アメリカ、ドイツ、スウェーデンなどでは、大統領選挙などの実際の選挙の際に、子どもたちの大規模な模擬選挙が行われているが、それは、単に投票を体験するというよりも、各政党の政策や選挙戦術などを学ぶことに重点が置かれているとのことである（以上、次に述べる総務省研究会報告書による。）。

総務省研究会報告書と「18 歳選挙権」に向けた政府の対応

　平成 23 年 12 月、総務省「常時啓発事業のあり方等研究会」（座長：佐々木毅 学習院大学法学部教授。以下「総務省研究会」という。）は、最終報告書「社会に参加し、自ら考え、自ら判断する主権者を目指して～新たなステージ『主権者教育』へ～」を取りまとめて公表した。

　同報告書は、近年、わが国がグローバリズムの進展する中で人口減少時代に突入し、経済の低迷、深刻な財政問題、社会保障制度改革、少子化対策、地球温暖化問題、市場の開放など多くの政策課題に直面し、若者も年配者も社会的知識の欠如や政治的無関心では通用しない社会になったことから、主権者教育を進める必要があらためて指摘されるようになってきたと指摘する。

　そして、政治を決めるのは最終的には有権者の資質であり、数多くの課題に対処し、適切な選択を行うためには、高い資質を持った主権者、すなわち、国や社会の問題を自分の問題として捉え、自ら考え、自ら判断し、行動していく新しい主権者像が求められているとし、「シティズンシップ教育の一翼を担う新たなステージ」としての「主権者教育」を提言した。

　その際まず、学校教育における政治教育の課題としては、教育基本法第 14 条第 1 項が「良識ある公民として必要な政治的教養は、教育上尊重されなければならない」と政治教育の重要性を謳っているにも関わらず、同条第 2 項が「法律に定める学校は、特定の政党を支持し、又はこれに反対するための政治教育その他政治活動をしてはならない」と政治的中立を要請していること等から、学校の政治教育に過度の抑制が働いたため、十分に行われず、「政治的中立性」の要求が「非政治性」の要求と誤解され、政治的テーマ等を取り扱うこと自体が避けられてきた傾向にあると指摘した。そして、「将来の有権者である子どもたちの意識の醸成」を図るため、出前授業・模擬投票や、未成年模擬選挙の推進、子ども議会の普及・促進、全国規模のコンクール事業と表彰、

次期学習指導要領において政治教育をさらに充実させるための課題の整理及び実現に向けた関係各省の連携による具体的な取組みを掲げた。

　さらに、地域の明るい選挙推進協議会についても、参加者が徐々に固定化、高齢化、減少し、活動も停滞ないしマンネリ化し、財政上の制約等から行政による活動支援が低下していること、選挙の「公正中立」を標榜するあまり、政治との距離を取り過ぎ、その結果、活動にインパクトがなく、社会の関心を呼ばなくなった面があることを批判した。そして、その活動の活性化について、選挙事務への協力（参加・体験による啓発）の拡大、地域の協議会の学習活動の活性化、公開討論会、政策討論会等の推進、NPO 等との連携の強化、常時啓発の活動実績の報告、評価、今後の展開等に向けたシンポジウム等の開催を掲げている。

　平成 27 年 9 月 29 日、以上の総務省研究会の報告を踏まえ、また、平成 28 年 6 月から施行される選挙権年齢の満 18 歳への引下げに対応し、総務省と文部科学省が連携して、学校現場における政治や選挙等に関する学習の内容の一層の充実を図るため作成した「私たちが拓く日本の未来」（生徒用副教材、教師用指導資料）を公表し、平成 27 年 12 月、学校への配布を始めた。この高校生向け副教材は、「解説編」「実践編」「参考資料編」の 3 部から構成され、「解説編」では国や地方の選挙制度等をわかりやすく紹介するとともに「実践編」では政治参加の体験を目指し、ディベートや模擬選挙の実施を盛り込んでいる。

　次いで、同年 10 月 29 日には、文部科学省が高校生の政治活動を全面的に禁止していた昭和 44 年の通知を見直し、各都道府県等に対して新たな通知を発出した。その中で高校生について「国家・社会の形成に主体的に参画していくことがより一層期待される」と明記し、休日や放課後などに校外で実施される政治活動についても「家庭の理解の下、生徒が判断し、行うもの」として容認した。ただし、生徒が政治活動に熱中し学業や生活に支障があると認められる場合は、学校側が必要かつ合理的な範囲内で制限や禁止を含め適切に指導するとともに、教員には特定の政治的立場に立って生徒に接しないよう求めている。

主権者教育の今後の課題

　国民、市民が主権者として、政治に参加していくためには、それぞれが一人前の成人として自立すること、すなわち「未成年状態」を脱していることが前提である。

　かつて、ドイツの哲学者カントは、「啓蒙」とは、「人間が自分の未成年状態から抜け出ること」と定義し、「未成年」とは、「他人の指導がなければ、自分自身の悟性を使用し得ない状態である」と指摘した。そして、この「未成年状態」は、人間がみずから招いたものであるから、彼自身に責任があり、その原因は悟性が欠けているためではなく、「自分自身の悟性を敢えて使用しようとする決意と勇気とを欠く」から

であるとしている（同著「啓蒙とは何か」）。

　今日の「啓発」のあり方としても、まず、個人個人が自主的に「悟性」（理性）を使用するための勇気と決意を持たせ、そのための条件を整備し、自発的に一刻も早く「未成年状態から抜け出す」ようにすることが基本となる。

　そして、その上で、これまで述べてきたように、今後の「主権者教育」としては、現実の政治上の意見の対立を前提に、民主主義的な議論のための実践的な討論能力の養成を核として、「学問的、政治的に論争がある事柄は、論争があるものとして伝え」、「常に教室の中に対立軸がある」ことを重視することにより、単に政治の理解を促すというだけでなく、それに対する各人の判断力と行動力を育成し、「生徒一人ひとりが自分の関心や利害に基づいて、政治に影響を与えることができるような能力を身につけさせる」（前述のドイツの「ボイテルスバッハ・コンセンサス」）ことをめざすべきであろう。

　そのためには、また、従来、惰性的かつ不活発な授業に安住してきたと批判されている教職員自身を含め、われわれ「大人」も全員が、民主主義国家・社会を担う「主権者」の一員として、討論の意志と能力を有する自立した市民に自己変革を遂げていくことが求められよう。

早稲田大学政治経済学術院教授

片　木　　淳

参考文献

第4章「2　ドイツの政治教育」（206ページ〜210ページ）で掲げたもののほか、

- エルンスト・バーカー『現代政治の考察　討論による政治』（足立忠夫訳、1968年、勁草書房）
- 植田一三・妻鳥千鶴子『英語で意見を論理的に述べる技術とトレーニング』（2004年、ベレ出版）
- 井上奈良彦『ディベート入門』（九州大学ウェブサイト、2011年改訂）
    http://www.flc.kyushu-u.ac.jp/~inouen/intro-debate-inoue2.pdf
- 井洋次郎他『英語ビジネススピーチ実例集』（2000年、ジャパン・タイムズ社）
- 総務省・常時啓発事業のあり方等研究会最終報告書「社会に参加し、自ら考え、自ら判断する主権者を目指して〜新たなステージ『主権者教育』へ〜」（2011年12月）
- カント「啓蒙とは何か 他四篇」（篠田英雄訳、岩波文庫、1974）

執筆者一覧

【編集】

早稲田大学マニフェスト研究所 シティズンシップ推進部会

　北川正恭氏を顧問とするマニフェストに関する総合的研究を行う研究所。当部会では、主権者教育／広報啓発の方策など諸課題について、学際的な研究を行う。

http://www.maniken.jp/citizenship/

【執筆者】

北 川　正 恭（元三重県知事、早稲田大学名誉教授、早稲田大学マニフェスト研究所顧問）

片 木　　淳（自治省選挙部長、総務省消防庁次長等を歴任。早稲田大学大学院教授）

林　　大 介（東洋大学社会学部助教、模擬選挙推進ネットワーク事務局長）

林　　紀 行（環太平洋大学次世代教育学部准教授、早稲田大学マニフェスト研究所招聘研究員）

佐 藤　　淳（青森中央学院大学経営法学部准教授、早稲田大学マニフェスト研究所招聘研究員）

原 田　謙 介（NPO 法人 YouthCreate 代表）

風 巻　　浩（神奈川県立麻生高等学校教諭）

硤 合　宗 隆（私立玉川学園教諭）

中 川　貴代志（私立クラーク記念国際高等学校教諭）

水 野　　悟（三重県立桑名西高等学校教諭）

華 井　裕 隆（埼玉県立高等学校教諭）

原 口　和 徳（埼玉ローカル・マニフェスト推進ネットワーク）

中 村　　健（早稲田大学マニフェスト研究所事務局長、早稲田大学政治経済学術院非常勤講師）

青 木　佑 一（早稲田大学マニフェスト研究所事務局次長）

（職名は執筆時現在）

┌─── **ダウンロードサービスのご案内** ───┐

　本書で紹介したワークシートその他の学校模擬選挙の実践に役立つデータを
ダウンロードすることができるウェブサイトを開設しました。次の URL にア
クセスし、案内に従い会員登録の上、ご活用ください。

【URL】http://shop.gyosei.jp/mogi
【会員登録に必要なキーワード】mogisenkyo

└──────────────────────────┘

実践　学校模擬選挙マニュアル

平成 28 年 4 月 30 日　　第 1 刷発行

編　　集	早稲田大学マニフェスト研究所 シティズンシップ推進部会	
協　　力	模擬選挙推進ネットワーク、NIE	
発　　行	株式会社　ぎょうせい	

〒 136-8575　東京都江東区新木場 1-18-11
電話　編集　03-6892-6508
　　　営業　03-6892-6666
　　　フリーコール　0120-953-431

URL　http://gyosei.jp

印刷　ぎょうせいデジタル株式会社
※乱丁・落丁本はお取り替えいたします。　　　　　©2016　Printed in Japan
ISBN 978-4-324-10143-8
(5108229-00-000)
〔略号：模擬選挙〕

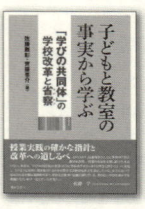

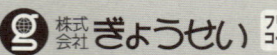

○公職選挙法

（昭和二十五年法律第百号）

（公務員等の地位利用による選挙運動の禁止）

第百三十六条の二 次の各号のいずれかに該当する者は、その地位を利用して選挙運動をすることができない。

一 国若しくは地方公共団体の公務員又は行政執行法人若しくは特定地方独立行政法人の役員若しくは職員

二 沖縄振興開発金融公庫の役員又は職員（以下「公庫の役職員」という。）

2 前項各号に掲げる者が公職の候補者若しくは公職の候補者となろうとする者（公職にある者を含む。）を推薦し、支持し、若しくはこれに反対する目的をもつてする次の各号に掲げる行為又は公職の候補者若しくは公職の候補者となろうとする者（公職にある者を含む。）である同項各号に掲げる者が公職の候補者に推薦され、若しくは支持される目的をもつてする次の各号に掲げる行為は、同項に規定する禁止行為に該当するものとみなす。

一 その地位を利用して、公職の候補者の推薦に関与し、若しくは関与することを援助し、又は他人をしてこれらの行為をさせること。

二 その地位を利用して、投票の周旋勧誘、演説会の開催その他の選挙運動の企画に関与し、その企画の実施について指示し、若しくは指導し、又は他人をしてこれらの行為をさせること。

三 その地位を利用して、第百九十九条の五第一項に規定する後援団体を結成し、その結成の準備に関与し、同項に規定する後援団体の構成員となることを勧誘し、若しくはこれらの行為を援助し、又は他人をしてこれらの行為をさせること。

四 その地位を利用して、新聞その他の刊行物を発行し、文書図画を掲示し、若しくは頒布し、若しくはこれらの行為を援助し、又は他人をしてこれらの行為をさせること。

五 公職の候補者又は公職の候補者となろうとする者（公職にある者を含む。）を推薦し、支持し、若しくはこれに反対することを申しいで、又はこれに反対した者に対し、その代償として、その職務の執行に当たつて、当該申しいで、又は約束した者に係る利益を供与し、又は供与することを約束すること。

（教育者の地位利用の選挙運動の禁止）

第百三十七条 教育者（学校教育法（昭和二十二年法律第二十六号）に規定する学校及び就学前の子どもに関する教育、保育等の総合的な提供の推進に関する法律（平成十八年法律第七十七号）に規定する幼保連携型認定こども園の長及び教員をいう。）は、学校の児童、生徒及び学生に対する教育上の地位を利用して選挙運動をすることができない。

○義務教育諸学校における教育の政治的中立の確保に関する臨時措置法

（昭和二十九年法律第百五十七号）

（特定の政党を支持させる等の教育の教唆及びせん動の禁止）

第三条 何人も、教育を利用し、特定の政党その他の政治的団体（以下「特定の政党等」という。）の政治的勢力の伸長又は減退に資する目的をもつて、学校教育法に規定する学校の職員を主たる構成員とする団体（その団体を主たる構成員とする団体を含む。）の組織又は活動を利用し、義務教育諸学校に勤務する教育職員に対し、これらの者が、義務教育諸学校の児童又は生徒に対して、特定の政党等を支持させ、又はこれに反対させる教育を行うことを教唆し、又はせん動してはならない。